竹山道雄の世界

手紙を通して読む

平川祐弘 編著

藤原書店

竹山道雄（1903-84）

道雄、1930年の帰国のとき牛込南町にて（後列左から三人目）

鎌倉の行きつけの喫茶店にて（1957～58年頃）

書斎にて（1955年）

信濃境にて依子、護夫夫妻それぞれの孫たちと
（1976 年夏）

ヨーロッパの旅先にて（年代不明）

竹山夫妻、娘の依子と平川家の孫たちと（材木座の家の庭にて）

最後の京都への旅にて（1983 年秋）

竹山道雄の遺影（1984 年）

手紙を通して読む　竹山道雄の世界

目次

第II部 竹山道雄と戦中・戦後

手紙を通して読む

竹山道雄の世界

凡例

一　引用は原則として常用漢字に統一し、仮名づかいは原文にしたがった。

一　『竹山道雄セレクション』全四巻（藤原書店、二〇一六―一七年）に収録された竹山の作品には、（　）で『セレクション』巻数を添えた。

序論　竹山道雄の生涯と仕事

平川祐弘

本書の説明

『手紙を通して読む　竹山道雄の世界』について説明させていただきます。この本は私が先に著わした竹山道雄（一九〇三年―一九八四年）の伝記『竹山道雄と昭和の時代』（藤原書店、二〇一三年）の姉妹編で、その内容を補完する書簡集です。竹山が書いた手紙やはがき、受取った手紙やはがきを選んで活字にし、解説をそえることで、竹山道雄が生きた戦前・戦中・戦後の昭和時代をより多角的、かつ鮮明に伝えようと試みました。時代の証言といいましょうか、書簡集の常として証拠文献ともいうべき性質を帯びますが、読物としても面白いのではないでしょうか。内外人との交流に非常な幅と深みがあり、竹山個人のみか国際関係の中から見た昭和日本の姿が如実に浮かんで見える点に特別の価値があると思われます。

前著『竹山道雄と昭和の時代』の眼目は、明治三十六年に生まれ昭和五十九年に亡くなった竹山の生涯をたどるとともに、竹山を通して見た戦前・戦中・戦後の昭和の歴史を描き出すことでした。伝記を書きながらおどろきつつ感じたのは、竹山道雄の生涯をたどることが――つつましやかな試みではありましたが――それが世界の中の昭和日本の歴史の再解釈にそのままなり得たらしいことです。文芸評論家高橋英夫は拙著を評して「《『ビルマの竪琴』の竹山道雄〉が〈昭和の時代の竹山道雄〉になった」（二〇一三年三月二十九日平川宛書簡）といいました。そのような視野転換が可能であったのは、竹山道雄が昭和の精神史の要《かなめ》に位置していたからです。竹山は一介の語学教師のような顔をしていましたが、どうして世界の中の日本の位置を見据えて語るだけの学問的知性と政治的感受性を備えた稀有《けう》の知識人でした。そう遅ればせながら再確認しました。

『手紙を通して読む　竹山道雄の世界』は、竹山が書いた手紙やはがきに、竹山が受取った手紙やはがきを選んで添えたものです。おおむね竹山家に残されたものから拾いました。竹山の蔵書と共にこれらの資料を神奈川近代文学館に寄贈するに先立ち、平川が整理して選びました。竹山が交際した人々の手紙をそえることで、竹山道雄の手紙の世界がより鮮明になり、竹山が生きた戦前・戦中・戦後の昭和時代がより多角的に見えてくるかと思います。竹山の思わぬ面も如実に伝わることかと思います。

教授としての前半生

竹山道雄は天賦《てんぷ》の才に恵まれた人でした。東京府立四中（現在の都立戸山高校）四年修了で一高にはいり、大正十五年に東大独文学科を卒業しました。ドイツ人教授の家に寄寓してそこから本郷に通う竹山青年は他の学生たちには日本人離れした別世界の人のように見えたでしょう。竹山の周辺には四中・一高・東大へと進んだ仲間がいて、いずれも複数外国語を習得した人たちでしたが、竹山は一九二六年、学士号を得るやただちに満二十三歳の若さで第一高等学校に職を得ました。月給六十六円六十六銭でした。抜群の大秀才だったからとはいえ、非常な僥倖《ぎょうこう》だったと思います。そして一高に竹山が若き教授としてつとめていたことは日本のためにも真によかったことと思えてなりません。もっとも本人は自分よりも年長の生徒もいる教室で教壇に立つこととなりいささか戸惑いもし緊張もしました。動詞 sein までも念のために辞書で引いて下調べをしたこともあった由です。

第一高等学校に職を得るやいちはやく一九二七（昭和二）年七月四日横浜を出港、ヨーロッパへ留学しました。ドイツ語の実力をつけねばならぬと感じたからでしょう。文部省留学生名義だが実際は私費でした。親から月に二百五十円の仕送りを受けました。それだけに留学先を自由に選ぶことができました。当時の混乱したドイツを現地で観察し、言葉だけでなくペン画でもスケッチもしました（竹山は画才のある人でした）。ワイマール・ドイツの動揺も、両大戦間の甘美なフランスも知りました。従兄の一木隩二郎《いちきいくじろう》が画家志望でパリ郊外のムドンにいたからドイツへ行く前にまずそこに寄った。そして一月いた。それだから後にフランス語学習にパリへ来るたびにムドンに下宿することになったのだと思います。

その昭和初年の下宿先の一家とは戦後に再会し、西洋の友人との親しいつきあいは昭和五十年近くまで長く続きました。こうしてベルリンだけでなくパリでも勉強したことがよかった。深く西洋に憧れた竹山でしたが、外国文学研究者の通弊である研究対象国への一辺倒に陥ることなしにすんだのは、二十代半ばに三点測量を可能にする素地ができたからです。昭和五年に帰国して一高で教え、夏休みを利用して戦前・戦中と再度中国に旅しました。

国際的に不穏になりつつあった千九百三十年代の日本の革新派将校のテロ、右翼勢力の擡頭、ナチス勢力のドイツ支配、日支事変、第二次世界大戦の勃発、対米英戦争への突入、学徒動員、空襲などを身近に、というか現場で、経験しました。伯父は憲法学者で天皇機関説のゆえに非難を浴びた枢密院議長一木喜徳郎《きとくろう》でしたが、その家では一木夫人の葬儀のおりに右翼の壮士が白刃《はくじん》をふるって脅しに来る様を目撃しているのです。二・二六事件が起きるや竹山は現場まで出向いて眺めています。その様は関東大震災が起きたあと現場まで出向いて観察した様に似ています。このような事件を目にした日本人は何人もいました。しかしその出来事に対して竹山のように鋭敏に反応し、正確に把握し、明晰な言葉で書きとめ、説明できた人はきわめて少なかった。

日本の知的中枢

安倍能成校長の下、一高の中堅幹部となり、戦争末期には幹事として中寮に泊りこみ、この日本のエリート校の学生と苦楽を共にしました。アメリカ占領軍とそれに協力した日本側勢力によって一高が取り潰され東大の教養学部に変身する一九五〇（昭和二十五）年まで、一高のプリンスと呼ばれた教授として「天下の英才」を教え、その後はさらに東大教養学科の非常勤講師として教歴は三十年に及びました。日本の知的中枢《ちゅうすう》にいた、といえましょう。その駒場で戦中戦後、安倍校長についでもっとも影響感化のあった教授は竹山でした。一高教師の番付表という教室の壁の落書きに「有能」の横綱として竹山の名前は記されていました。

そのような要《かなめ》の職にいた日本人はほかにもいたでしょう。しかしその地位にいて、そこが要の職だと自覚していた人がはたして何人いたでしょうか。竹山には自覚がありました。師弟関係、そして内外の知性との社交を重んじました。私自身は昭和後期に一高の後身である東京大学教養学部に奉職した者ですが、大学紛争後になると師弟関係が冷淡になり、自宅に学生を招く教師はにわかに少なくなりました。ましてや内外の客人をもてなす人は少なかった。それは日本の教師が貧しかったせいかといえば、どうもそれだけではない。外国人の知己などない人の方が多かったというのが実情だったのではないでしょうか。しかし内外の知性と学問的社交をきちんとされている方は、少数でしたが、立派な方々がいました。そうした方々は、国際関係論にせよ、文化人類学にせよ、比較文学比較文化にせよ、みな国際的にも認められた学者でした。軍人にも一等大将から三等大将までいたように、教授にも一等教授から三等教授、いやそれ以下までいるのが東京大学の実態といえましょう。

ユダヤ人問題

竹山はすでに戦前から広く東西に旅し、複数の外国語を習い、内外の人々とつながっていました。自分も外国へ行き人と交わったが、外国人も竹山の家を訪れるという交際が戦前戦後も続き、その点では世界の中の日本を見据えることのできるきわめて恵まれた地位にいたといえましょう。戦前の一高には一時には五人ものドイツ人教師がいたが、その相手はおおむね竹山がしていたようです。それというのは岩元禎先生であるとか菅虎雄先生であるとかの名物教授は、そうした交際はお得意でなかった。「偉大なる暗闇」と漱石に呼ばれた岩元先生ですが、ドイツの古典文学を深く尊び厳しく授業はされましたが、同僚のドイツ人講師がその思想のゆえに在日ドイツ大使館から圧迫を受け、悩んでいるというようなことはあまりご存知なかった。反ナチスを公言し、しかも最後まで日本にとどまったペッツオルト先生が、ドイツ大使館から不当な人事干渉を受けないよう竹山は天皇の勲章授与を文部省に願い出、その運動は功を奏しました。しかし当時一高でペッツオルトと竹山からドイツ語を習った生徒たちはその種の問題が生じていたことなどまるで気づいていなかった。後年、日本社会のしかるべき地位についた人々でしたが、後年になってもなにが問題だったのかわかっていない人が大部分でした。ペッツオルトは戦争中「本国にいれば命はないのだが、外国にいるからまだしも楽だ」と竹山にいいながら日本で暮らし、戦後一九四九年に亡くなりました。そののちペッツオルトの家族はカナダへ移住し、子息はヴァンクーヴァーで建築家となり同市の日本人とは連絡を保って仕事をしていました。私はたまたま一九八二年、その地で知りあいましたが、一高がドイツ大使館からの圧力からペッツオルトを守ってくれたような経緯は、子息が在日当時はまだ小さかったこともあり、何もご存知でありませんでした。

ドイツ大使館による在日ユダヤ人圧迫が強くなり出したころ、日本国籍をとることで迫害を免れようとしたユダヤ人がいて、竹山に養子にしてくれと頼みこんだことは一九四九年に竹山が書いた文章に出てきます。その『国籍』（『セレクションI』所収）という話は二〇〇九年にはドイツ語にも訳されました。しかしこんな接触は竹山のほかの日本人ドイツ語教授にはまずなかった。開戦前に日本に安住の地を求めたユダヤ人美術史家を竹山は世話しました。そんな陰徳をほどこした竹山でしたからこそ、日本人がまだ外貨持出しが制限されていた昭和三十年代、スイスのタイレ家に長逗留できたのです。

レーリング判事

さらに奇とすべきは東京裁判の最中にオランダ代表レーリング判事（Röling, B. V. A. 当時は日本の新聞にはローリングと英語読みされていました）が、竹山を見込んで話を聴きに来たことでしょう。レーリングとは弟竹山謙三郎家での出会いがまずあり、ついで鎌倉海岸での出会いがあり、という偶然が重なった結果とはいえ、扇谷のガラスの割れた家にまでレーリングが訪ねてきたとは、余人にはあり得ることではありませんでした。（ちなみにNHKスペシャル『東京裁判』に二〇一六年十二月十二日に写しだされた材木座の家とは別の建物です）。竹山の見方がレーリング判事を捉えたからこそ、再三訪ねに来たので、二人は英語でずいぶん突っ込んだことも話しました。東京裁判の法廷にはスケープゴートがいる可能性に竹山がふれたことが、レーリング判事にとってはレヴェレーションでした。よくもそれだけの意見を説得的に英語で伝達できたものと思います。そんなことが出来た日本人は昭和二十二（一九四七）年の占領下の日本には指でかぞえるほどもいなかったでしょう。レーリング判事は廣田、東郷、重光、木戸、畑を無罪とする個別意見書を法廷に提出しますが、帰国に先立ち、その五名の名前の下に線を引いた個別意見書のコピーを竹山に手渡しました。

その二人が後年再会できたのはニューヨークの国連代表部に勤務したレーリングがその書籍販売部で『ビルマの竪琴』の英訳本 *Harp of Burma* を見つけ、懐かしさを禁じ得ず中央公論社気付で竹山宛に葉書を書いたからでした。その英訳は後年出たヒベットの英訳に比べるとややぎこちない日本人の手になる訳でしたが、しかしレーリングと竹山の間をとりもち、竹山のオランダ訪問のきっかけとなったことを思うと、それだけでも貴重でした。

そんな竹山でしたから、当初は同じような教職にいた人たちと、いつのまにか見方も生き方もずれ出して、異なる文筆活動に打ち込む、別格の異次元の人となりました。戦後日本の閉鎖的情報空間を抜け出してしまった竹山です。駒場キャンパスでも、元外交官で長くヨーロッパで勤務し外国語教師に転じた前田陽一氏や大賀小四郎氏のような人は竹山をたよりにするというか、竹山ならば理解してもらえる、という関係になっていました。その竹山は日本論壇の有様を片目で見ながら、他の物書きとはおよそ質的に異なる著作を次々とあらわしました。別言すると、竹山は彼が生きた時代の大問題を正面からとりあげたのです。その意味で大知識人といってよく、昭和の時代に日本人が直面した内外の重要問題の核心に迫ろうとしました。斎藤茂吉が竹山の書いたものに目を瞠ったことを『ももんが』を主宰した田中隆尚が書き留めています。

生前ドイツ文学者などと肩書を書かれましたが、そしてその時代の日本の最優秀のドイツ文学者の一人であったことは間違いはないが、竹山はゲルマニストの専門家になろうとはしませんでした。ゲーテやニーチェやマンなども訳しましたが、志はさらに高かった。三十六歳の第一高等学校教授が戦争中に『ツァラトストラかく語りき』を訳したのは、まずなによりもナチス擡頭の精神的背景を探りたくて読んだからでした。竹山は戦後、本郷独文学科の主任になることを乞われたが、辞退しました。そのときは教職は辞して文筆に専念しようと決めていたからでしょう。

大切な問題とは何であったのか

私は学生として駒場で一九五三年、非常勤講師竹山の *Faust* の講読をまことに興味深く聞いた一人でした。竹山の講読の妙趣は高橋英夫氏が『果樹園の蜜蜂』（岩波書店、二〇〇五年）に収めた『ギリシア』や『ドイツを読む愉しみ』（講談社、一九九八年）に収めた『認識と遍歴――竹山道雄の思考系』などの章に活写されていますが、私も竹山をドイツ文学者として認識していました。アカデミック・ジョブに憧れていた学生であっただけに新潮文庫の広告に竹山道雄訳『ファウスト』の予告が出た時は早く竹山訳を読みたいと思いました。竹山自身も訳を始めたらしく原稿が何枚か残されています。しかし一九五五（昭和三十）年に戦後初めて海外へ旅する機会が与えられるや、そのような翻訳の仕事よりもはるかに大切な仕事があることを自覚しました。竹山はゲルマニスティークの枠内に学問を限定する人ではありません。むしろそのような形式に囚われることに疑念を抱いていた人と思います。

では大切な仕事とは何であったのか。一九四〇年前後の日本のドイツ研究者の最大責務は、ナチズムとは何か、ヒトラーのドイツとは何であるか、その正体を究めることにあったのではないでしょうか。竹山は三国同盟を結ぼうとする日本の有識者に向かってナチス・ドイツとは何かを、その実態をゲッベルス宣伝相の言葉を引くことで明確に示し、具体的に説くことで大胆に結論しました。竹山は一九四〇（昭和十五）年四月号の『思想』に「事「思考の自由」という一点に関する限り、英仏側が勝てば、少なくもわれらの生きている間位は、これは何らかの形に於て救われ得る。独逸が勝てば、そんなものはわれらから立ちどころに根柢的に奪われるであろう。」（『独逸・新しき中世?』『セレクションI』所収）と結論したのです。それは竹山の周辺にいた複数外国語に通じた仲間たちによって分かち合われた意見でもあったからできたことでしょう。

竹山はそれによってひそかに褒《ほ》められもしたかもしれないが、ドイツ文学関係者から貶《けな》されもしました。しかし昭和十年代に軍部批判、ナチス批判を行なった自分の判断が正しかったという自信に支えられたからこそ、戦後は左翼全体主義の批判も行ない得たのだと思います。その立場を貫いてゆらぐことはありませんでした。竹山は自由主義陣営の論壇の雄《ゆう》として、イデオロギーがせめぎあう昭和日本の只中を生き抜きました。そして書くべきことを書きました。戦前戦後を通して反専制主義の立場を変えることはありませんでした。余人をもって代えがたい人だったと思います。

しかし歿後の今から振り返るからこそ竹山は悠々と生きたといえるので、三十代の竹山自身は戦時下の昭和十年代の日本で旧制高校の教授として暮らしながら「つぎつぎと起る不可解な事件にただ驚倒しているだけで、誰が主役でどこをどう動かしているのか、国はどちらへ行きつつあるのか、皆目《かいもく》分らなかった」(『昭和の精神史』一『セレクションI』所収)といっています。実感でしょう。また昭和二十六年三月、教職を辞し、満四十七歳で筆一本の生活を選んだのは、内に自信は秘めていたのでしょうが、いかにも思い切った実存的投企だったと思います。一高教授をやめてそれで生計を立てるために『ハイジ』の翻訳を口述で試みたりもしたのでしょう。そのおよそゆるぐことのない思想的立場ゆえに「豪傑」などと本多秋五氏に評されましたが、その豪傑は結構デリケートな感受性の持主で、睡眠薬などを服用していた時もあるようです。そうした薬は安直に処方してくれないヨーロッパでは、旅先の宿で眠れない夜に困ったこともあるようです。

ノーマン批判

その竹山が傑出している点は戦前戦中の皇国史観でいろどられた大新聞の情報に感化されなかったことにもありましたが、それよりもさらに例外的な点は、戦後の占領軍や日本左翼から示された昭和史解釈にもおよそ納得せず、自分の眼で確かめ、広く調べ、自身の頭で考え抜いたという後者の点にあります。謙虚な人でしたが、自分の判断に自信をもっていました。その正体をよく知りもせずにE・H・ノーマンを讃えるような愚かな真似はしませんでした。というか講座派マルクス主義の羽仁五郎、E・H・ノーマン、遠山茂樹教授らのドグマであった、重臣・政党・財閥・官僚・軍閥をもって構成された「天皇制」が侵略戦争の原因だという説明にいちはやく疑問を呈したのは竹山でした。

アメリカの反ベトナム戦争世代の日本史学者は、一九五七年に自殺し、一旦は学界からも忘れられたE・H・ノーマンを一九七四年になってかつぎ出し、ほとんど神格化しました。そのような陣営の人はそれより二十年前の昭和史論争の際に、羽仁・ノーマンの『日本における近代国家の成立』という左翼の経典に疑義を呈した竹山をほっておくわけにいかず、二十一世紀になってからも竹山を論難しています。日本左翼よりひとまわりもふたまわりも遅れて北米のキャンパス・レフトと呼ばれる日本史学者たちは、『心』『自由』グループについて否定的に論述するようになりました。

ご承知のように戦後の北米の日本研究は戦時中に言語将校として特訓を受けた第一世代が学者となることで強力な牽引力を発揮しました。するとこの英才世代を菊花倶楽部（天皇制肯定論者）とレッテルを貼ることで反抗的な第二世代は登場してきました。私はそんな北米の戦後第一世代と第二世代の世代間闘争の激しさから、竹山の『昭和の精神史』の価値に逆にあらためて気づかされたほどです。その反ベトナム戦争世代の第二世代がノーマンをかつぎあげて近代化論者を攻撃した様は拙著『戦後の精神史――渡邊一夫、竹山道雄、E・H・ノーマン』（河出書房新社、二〇一七年）に述べたので繰返しません。

竹山が八巻本『竹山道雄著作集』（福武書店）の第一巻を『昭和の精神史』としたのはその書物に本人がそれだけの意義を認めたからだと思います。竹山はその第一巻にほかに『妄想とその犠牲』『ドイツ・新しき中世？』『若い世代』『ハイド氏の裁判』を加えましたが、それらを自己の代表作品とみなしたからではないでしょうか。読者が竹山の生涯をたどることで視野が世界大に広がることを感じ、昭和の日本をあらためて再認識するようになるのは、竹山の複眼的な見方の方が戦後の日本でこれまで模範解答であるかのごとく示されてきた「東京裁判史観」と呼びならわされてきた歴史観よりもより深い説得力があるからではないでしょうか。それもあって、今あらためて竹山の文章を読みたいと願う人がふえているのかと思われます。

敗戦後の日本にもなお誇るべきもの

しかし意外と感じられるかもしれませんが、私は竹山が三十代に雑誌『世代』などに発表した『希臘の想出』などがもっとも鮮やかに竹山の天分が示された作品ではないかとひそかに感じています。竹山が戦後『希臘にて』(『セレクションⅢ』所収)と改題して発表したとき三島由紀夫が感激し川端康成にあてて「竹山道雄さんの『希臘にて』をお読みになりましたか? 一生に一度でもよいから、パルテノンが見たうございます」と昭和二十五年三月十八日付の手紙に書きました。竹山自身、人は三十代四十代に一番良いものを書く、と私に言いましたが、しかし昭和十一年から十六年にかけて連載されたということもあり発表当時は世間から注目されませんでした。[1]

竹山道雄が名をあらわしたのは敗戦前後の混乱期で、それはその時期の青年の問題をきちんと論じた時からで、いかにも鮮やかだからです。敗戦直前の一九四五(昭和二十)年七月二十二日、第一高等学校寄宿寮で行なわれた全寮晩餐会での竹山の講演『若い世代』(『セレクションⅠ』所収)は、林健太郎氏が解説したように、戦時中の竹山の心境を示すと共に、このような講演が行なわれた当時の一高の知的雰囲気の高さを示すものでした。竹山は第一次世界大戦後にドイツが落ち込んだ思想状況を知悉《ちしつ》するがゆえに敗戦後の日本の思想状況を予見して適切な言葉を述べ得たのです。私は自分自身がその一高に最後の生徒の一人として入学し、その精神的伝統に連なり得たことを有難いことに感じます。敗戦後の日本にもなおそこには誇るべきものがあると感じました。

竹山道雄は戦後、ナチス・ドイツや日本の失われた青春を語ることで文壇に登場します。竹山は昭和二十年代から四十年代にかけて『新潮』『文藝春秋』など日本の代表的な雑誌に多く書き、広く読まれ、その文章はつぎつぎに単行本にまとめられました。竹山は文壇の文士たちとつきあう文学者ではありませんでしたが、戦後日本の代表的西欧派知識人として総合雑誌の主要執筆者の一人であるのみか文芸雑誌でも尊重されました。新潮社や文藝春秋社の幹部は竹山を大事にしました（今日の『文藝春秋』ではありません。池島信平三代目社長のころまでの同誌は自由で闊達で面白かった）。竹山は多くの新聞にも執筆しました。ジャーナリズムの世界では表面的には左翼が優勢な日本でしたが、竹山はそうした中にあって「時流に反して」も発言を続けました。なぜ書き続けることができたのか。それは竹山が常に時代の最重要課題を真正面からとりあげ、ひるむことなく巧みに論じたからでしょう。そしてそれを支える読者層がいたからでしょう。その活動の詳細は拙著『竹山道雄と昭和の時代』の方をお読みください。その竹山も古希を越え、昭和五十年代になると外国行きの旅は止み、執筆活動もやや衰えたかに見えました。それでも亡くなる年にも『文藝春秋』に冴えた巻頭随筆を書いていました。キリスト教とアンチ・セミティズムの関係についてももはや余計な遠慮はせずに述べました。そこは理知的で情に流されない竹山でしたから、一部の人からはかたくなな人のように思われたかもしれません。

知欧派竹山の紀行文

竹山は戦前の一高でも外国人生徒とよくつき合った教授でした。台湾旅行の際は大陸から逃げてきた昔の教え子の豊かとはいえない自宅に招かれています。改革開放路線が打ち出された後は、北京からも一高特設高等科出身者から招待の手紙が来たりしました。しかしそうした学内での関係だけでなく学外での交際範囲も広かった。一高を辞して文筆活動に専念した後は文化自由会議の日本代表として国内外で活動しました。一九五五年以後の二十年間、ヨーロッパをもっとも頻繁かつ長期にわたって訪れた日本知識人は竹山だったのではないでしょうか。(2)

知欧派竹山の紀行文は広く読まれました。昭和三十九年までは日本人は気軽に海外渡航はできなかったから、竹山の『ヨーロッパの旅』『続ヨーロッパの旅』（新潮社、一九五七・五九年）は愛読されました。私は自分自身ヨーロッパにいながら竹山の紀行文を愛読したものです。自分はとてもここまで深く西洋の生活にはいりこめていないと感じたりもしました。第一にパリからピレネー山中に洞窟画を見に行くような贅沢は金銭的にも問題外だったからです。第二に留学生の自分の交際範囲は人間的にも狭く限られていたからです。

竹山の文章は定評がありました。それだから、後には新聞社や航空会社から旅費を提供され渡欧して記事を書いたこともあります。その一連の文章の中で竹山は、ナチス・ドイツにせよ東ドイツにせよ、強制収容所にせよベルリンの壁にせよ、専制主義の実態を臆することなく報じました。現地の人と接しての話を聴いた上で、しかも資料をよく調べて書いた記事が多く、それだけに読みごたえがありました。昭和三十七年一月、その海外紀行文に対し読売文学賞が授けられたのはまことにむべなることでした。

反大勢の私

私は昭和二十年代の末に日本脱出をすることを得た例外的に少数の学生でした。しかも二度にわたり計六年留学しました。フランス政府とイタリア政府の給費留学生試験に合格したからですが、パリに留学していた一九五六（昭和三十一）年、東ドイツからの脱出者であるハルトムート・ホフマンを竹山に紹介すると、竹山は一夕彼をカルチエ・ラタンの中華料理店に招いていろいろ身の上話を聴いた。私はそんな留学生でしたから、竹山の記憶に残ったのかもしれません。

私はソ連圏からの亡命学生を知ってしまったから、共産圏に対する否定的な見方をいちはやく身につけてしまい、早くから竹山氏と同じ感じ方になっていたのでしょう。それで帰国直後の安保騒動のとき「安保反対の反対」をぬけぬけと主張して周囲の顰蹙《ひんしゅく》を買ったのでしょう。後輩学生の一人が後に「あのころの平川さんの日本不適応の様は見ていられなかった」と郷に帰って郷に従わぬ異質な私をカルチャー・ショックで説明したりしました。

大学院生の会合で一人そんな突出した意見を平気で言う外国帰りの私を島田謹二教授が「平川、一緒に帰ろう」と脇へ呼び、タクシーに乗ると低い声で「あんな騒動を仕掛けるデモ隊の方の責任だってある。あんな騒ぎ方をすれば女子学生が一人くらい死ぬのが当然じゃないか」といわれ、私も内心でうなずきました。国会周辺のデモで片目を失明した学生が「事故に遭ったと思ってあきらめています」という声には救いがありました。それと反対に安保騒動で亡くなった娘は正義の闘争の犠牲であると思いこまされた母親はお気の毒でした。――もっともこれは私の感想で、竹山がどう判断したか、詳らかにしません。安保騒動当時、竹山はずっとヨーロッパにいたからです。ゼンガクレンについて質問されてはなんと説明してよいか、返答に困っていたことでしょう。

第一級の存在感

竹山は日本自由主義陣営の旗頭《はたがしら》の一人でした。昭和の戦後精神史の上で非常な存在感のある知識人でした。それだけに伝記でも説明しましたが、『朝日新聞』の陰険な演出によって一九六八（昭和四十三）年には原子力空母エンタープライズ号の寄港に一人だけ賛成した評論家として浮彫りにされ、集中砲火を浴びました。いわゆる「ビルマの竪琴論争」です。左翼ジャーナリズムの目の敵とされた竹山は『朝日新聞』の「声」欄でさんざ叩かれました。それでは抗議の電話が毎日竹山家にかかってきたかというと、そうしたことはなかった。それはなぜかというと一つには当時の日本はまだ貧しくて、皆さん東京から離れた鎌倉までの電話料を気にしていた時代だったからでしょう。またもう一つには日本社会ではまだ節度が守られていたからでしょう。

なお世間に知られていませんが「ビルマの竪琴論争」の最終結果はおよそお粗末なものでした。「声」欄の関係者が竹山を意図的に悪者に仕立てた経緯（竹山に対しベトナム戦争について「許されるのか独立運動圧殺」「対話の継続を望む」などの投書があり、そちらは「声」欄で採用しておきながらそれに対する竹山の返事は不採用にし、あたかも竹山が一方的に論争を打切ったかのように演出したこと）が明らかにされるや、さすがの朝日新聞社内でもやましさを覚えた人がいたと見えて、『朝日』の投書欄にあれほど白熱した議論はなく、東京本社だけで二百五十通をこす投書があり「みのりあった」はずの論争の投書は、一九八四（昭和五十九）年、同じ朝日新聞社出版の文庫本『声』では賛成も反対も一通も再録しないという決定が下されたからです。ただしそれは竹山の没後のことでした。

しかしそのような多勢に無勢の際も論戦に応じ、自己の立場を筋道をつけて明確に説明し、言うべきことを平然と述べた竹山道雄でした。竹山と周囲とのやりとりを眺めるうちに、千九百三十年代、四十年代、五十年代、六十年代の世界と日本の姿がおのずと見えてきます。

『竹山道雄セレクション』

竹山道雄は昭和天皇に二年遅れて一九〇三（明治三十六）年に生まれ、昭和天皇に五年先立って一九八四（昭和五十九）年満八十歳で亡くなりましたが、亡くなる前年には八巻本『竹山道雄著作集』が福武書店から出、それを補うべくさらに講談社学術文庫も出ました。しかしいまでは手に入りがたくなりました。さいわい二〇一六年から一七年にかけ藤原書店から新たに四巻本『竹山道雄セレクション』が出ました。身内の私がいうのはいかがかと思いますが、竹山道雄は森鷗外の系譜につらなる知識人と私は巨視的に位置づけています。世間の多くの人は竹山道雄を『ビルマの竪琴』の著者ととらえますが、それだけではないのです。今回の各巻にはそれぞれ秦郁彦、佐瀬昌盛、芳賀徹氏以下の解説があり、中堅若手の論客も寄稿していますが、ここに四巻本『竹山セレクション(3)』に収めた内容を私からも紹介させていただきます。

第Ⅰ巻『昭和の精神史』。戦争に突入した日本の歴史を戦後の日本人にもっとも納得的に説明した一冊はこの本ではないでしょうか。講座派に連なる羽仁五郎、E・H・ノーマン、遠山茂樹教授らの「上からの演繹」と竹山が呼ぶところの左翼の割切り史観や、また軍事戦闘本位の歴史叙述とは異なる軍国日本のメンタリティーの分析です。昭和の戦争とは何であったのか。なぜ戦争に追い込まれたのかという竹山自身の切実な探索が昭和の精神史を解き明かす原動力となっています。竹山は自分の眼で見、自分の頭で判断しました。戦時下の一高や同時代のナチス・ドイツはいかなる状況にあったか。軍部やナチズムに疑義を呈した竹山は、戦後は左翼全体主義に対しても批判を呈しました。『台湾から見た中共』などは、同時期の日本の大新聞が読者に提供していたニュースとはかなり異なるタッチで共産圏の事情に率直にふれている点が興味ふかいと思います。なお戦後の日本の言論空間がいかなるものであったかは『ペンクラブの問題』などに語られています。これは日本における思想の自由の上での一大事件でした。実は日本の作家たちにそれが大事件だという認識が欠けているところに問題の深刻さがひそんでいるといえましょう。ここに小泉信三が竹山道雄に宛てた昭和三十四年六月一日付の手紙を掲げます。

『新潮』六月号への御寄稿『ペンクラブの問題』を後れて拝見しました。

周到厳正、一言弁駁の余地もないもので、あのやうな行き届いた議論はなかなか出来るものではないと、失礼乍ら感服いたしました。割合に目だゝぬ雑誌で、ひろく世論を動かすには少し演壇のジミ過ぎることが唯一の遺憾です。

いはゆる進歩主義の偏った物の見方に対し、どうやら世間に多少の批判も起ってゐますが、ジャーナリズム全体の上に於ける偏向は、まだまだ一層の批判を要するやうに思はれます。『世界』や『中央公論』にも、機会がありましたらあの種の御意見を御発表願ひたいものです。『世界』は岩波茂雄君と小生との古い関係上、『世界』の傾向に対し批判的なことをいっても或る程度までは受け容れるやうですが、これ等の進歩雑誌そのものの誌上で、進歩主義の批判をすることこそ年少の読者をあやまらぬ為め最も必要なことゝ思ひます。友人の書いたソ連批判の寄稿を二三回小生から『世界』に紹介しましたが、欣然か否かは知らず、兎に角編集者はそれを拒絶しませんでした。『世界』の編集者も、一方には身に進歩的偏向の病を抱きながら他方には真実を尊重するといふ前主人以来の店の伝統を公然放棄することは敢てし難いといふ気持ちもあるやう、小生は見てゐますが、或は見方が甘まいかも知れません。
御寄稿を読んで大へん心強く感じましたので、手紙を差上る気になりました。
小泉信三
竹山道雄様

第Ⅱ巻『西洋一神教の世界』。竹山は二・二六事件のあとには将軍たちを、昭和十五年、日本が三国同盟を結ぼうとした時には、ナチス・ドイツを真正面から批判する文章を発表した人です。戦前・戦中、日本軍部、ナチス・ドイツを批判したのみか、戦後は東ドイツ、ソ連、中共をふくむ全体主義の実状を報じました。勇気ある筆の人でした。それらのルポルタージュは「全体主義事情」という国際関係論的な視角内のみでとらえては収まりきれない幅の広さがあります。随所に竹山の人間観察が光っているからでしょう。

自分の眼で見て、感じて、考える現地観察が進むと、やや異質な次元の議論も繰り広げられます。しかしナチスのユダヤ人焚殺《ふんさつ》の歴史的背景をさぐるうちに、キリスト教とアンチ・セミティズムの関係にまで踏みこんだところに竹山の思想家としての歩みが認められます。文明史的な議論は「聖書とガス室」の学問的考察に及ぶからです。

第Ⅲ巻『美の旅人』。竹山は旅の達人でした。そして美しいものを見わける術を心得た人の珠玉の文章をこの巻に集めてあります。いまや交通手段の発達によりスペインへ行くのもギリシャへ旅するのも簡単・安直になりました。だがはたして読者の誰が竹山のような旅をよくなし得るでしょうか。芳賀徹、高階秀爾と私はパリで戦争をはさんで二十五年ぶりにヨーロッパを旅する竹山とご一緒しましたが、ドイツ文学者の肩書で知られた竹山の方が同席された東大のフランス文学教授の川口篤先生よりもアット・ホームといおうか chez soi という感じでした。

竹山は国内でも国外でも旅行上手な人でした。「身軽で旅するために髭剃り道具は持参せず宿屋で剃刀一枚を指ではさんで髭を剃っていた」と前田陽一教授がいわれたことがありました。旅する竹山を見かけたことのある具島洋一氏（豊島区椎名町在）は昭和四十年八月九日付でこんな葉書を竹山に寄せています。氏が竹山から『京都の一級品――東山遍歴』（新潮社、一九六五年）をいただけると聞いてよこした返事です。

拝復　いつか先生が長崎に御出になつて雲仙に出発される朝、とても重くて大きなトランクを一人でバスの棚に押し上げられるのを見て何だか修道僧のようなたくましさを感じたことが御座居ました。そして曾て上海の街を飛ぶ様に速く若い修道僧が歩くのを見たことを思い出しました。先生が益々御元気にいろいろの方面に新しい御開拓の途を拓かれることを楽しみに拝見しているもので御座居ます。どうか御自愛御専一に祈りあげます。御本を頂戴出来るとのこと近く娘と京都旅行の約束もあり楽しみに待つて居ります。艸々頓首林健太郎は一九五七（昭和三十二）年に日本文化フォーラムで竹山の報告『日本文化の位置』をもとに行なわれた『日本文化の伝統と変遷』（新潮社）は、戦後日本で支配的だった講座派マルクス主義的日本解釈に対して有力なアンチテーゼを提出した歴史論文として高く評価しています。

第Ⅳ巻『主役としての近代』。この随筆・学術篇の巻には従来の著作集・単行本に収録洩れとなった文章やコラムも拾いました。竹山は彼が生きていた時期の日本でもっとも西欧文化に通じていた人に相違ありませんが、日本文化の位置を論じてもその比較文化史的な視点は驚くほど新鮮で確実です。

一見、軽やかに書かれたかに見える、反専制主義者竹山のコラムはいま読んで新しく今日的な意味をもっています。これだけ生命力の長いコラムを書いた竹山の文才には驚かれます。そしてこのような文章活動はたいへん大事です。皆さまもこれらを読むうちに自分自身でコラムを書きたくなるような気持に誘われるのではないでしょうか。

手紙の世界

ところでこの『竹山道雄セレクション』四冊にもなお収めきれないきわめて貴重なものがあります。それが竹山道雄に宛てられた数多くの手紙や葉書、また竹山自身が書いた手紙や葉書で、それから拾い出して一冊にまとめたのがこの『手紙を通して読む　竹山道雄の世界』です。竹山は戦前から内外の男女と多彩な交際がありました。自由主義を貫いた先賢の安倍能成、戦後は共産党に票を投じたこともあるらしい渡邊一夫などの同時代人、中国や南方に応召された友人大野俊一、など数多い内外各地の旅先からの家人へのたより、そこにはフランス人女性やドイツ人カトリック神父などさまざまな国籍、種々の信仰や信念の人が文通相手として登場します。日米戦争前夜、ロマン・ロランの紹介状を持って日本に亡命してきたユダヤ系ドイツ人の美術史家アルベルト・タイレに助けの手を伸べたのは竹山道雄と片山敏彦でしたが、このような国際派日本知識人は当時としては真に稀でした。「あの二人だけではなかったか」と竹山の没後タイレは私に語りました。若くして独仏に学んだ人だからこそあり得た交際だったと思います。夥しい数のタイレの手紙が竹山家に残されていましたが、『手紙を通して読む竹山道雄の世界』には竹山の戦前の葉書を一葉、最後にタイレに送ったであろう手紙の下書きを収録するにとどめました。また世間が思っているのとは違って『ビルマの竪琴』は単なる児童文学の書物ではないと思い、『ビルマの竪琴』にまつわるさまざまな人の手紙や文章も収めました。

戦後の日本には竹山道雄のようにはっきりと自由主義陣営を支持せず、共産主義陣営にもシンパシーを抱いた知識人もいました。当時、竹山と並んでとりあげられ、竹山以上に人気の高かった人は渡邊一夫ですが、二人の間の公開書簡によるやりとりは、いいだももと竹山とのやりとりも含めて、拙著『戦後の精神史』で詳しく述べたので本書ではとりあげません。それでも、そこでふれなかった私信が一通あるのでここに記録しておきます。

渡邊一夫が、発行の時期から推して『まぼろし雑記』か『仙人掌の歌』のいずれかと思われる本を竹山に謹呈した際、竹山が礼状をよこしました。ひょっとして竹山の礼状が渡邊家に保存されているならばさらに興味深いのですが、そこに述べられた竹山の意見に対し渡邊は次のような返事を書きました。封筒の表紙に「弁解についてなど」と書き添えてあるのは、竹山が渡邊の日本のインテリについての見方に異論を呈したからにちがいありません。本郷局のスタンプから推して昭和二十五年九月二十日付と思われる渡邊の手紙のみ掲載しますが、渡邊の「卑下慢《ひげまん》みたいな物の言いかた」(『人間』一九五〇年五月号匿名座談会『続現代人物論』)がやはり出ています。なお渡邊には竹山が相当なフランス語知識の持主であることがすでにわかっていたらしく、フランス語単語を当然解する人として横文字をそのまま書いています。「民衆の sagesse」は「民衆の知恵」、「人間を traquer する」は「人間を追いつめる」の意味です。

つまらぬ雑文集に対し、お礼のお手紙などいたゞき恐縮しました。

御教示のことは、実は案外でした。つまり小生は、日本にはインテリなど申すものは、形しかないと思って居り、自分をインテリの一人だなどとは、一度も考へたことはありません。その上、民衆の sagesse も心得てゐるつもりです。従って、立派なインテリは、明治大正時代にもあったかもしれないが、昭和にはあまり多くなく、目下苦しんでゐる日本人のなかから、いづれ生れてくるかもしれぬとなど思ってゐます。

大兄の接せられる人々と、小生の接する人々とが多少異るので、或は、喰ひ違ひもできるのかと思ひますが(そして、このことは、大兄のはうがよりインテリである証拠になるわけで、多少口惜しいなどと申したくもなりますが、)「ぶったぎる」ことをモットーとする日本人は、全然なくもありませんし、恐らく日本人のみならず、人間を traquer すると、そんな気になると思ってゐます。これは、精神病学と生物学とにも関聯する、などとも思ってゐます。

しかし、御忠言は、ありがたくいたゞきました。大兄の如き方に、あのやうに見られてゐる以上、それは小生の存在の欠点であり、表現の不足であります。ありがとう存じました。

いづれお目にかゝり、モーツァルトのレコードをかけながら、弁解ならぬ弁解をきいていたゞきませう。楽しみにして居ります。

渡邊一夫

二十日

竹山学兄

私は竹山道雄の身内であり、手紙の選択や引用に私の史眼や史観とともに私感や主観がまじることは避けがたいことです。それでも公平を念じ、過去を取り繕うことはせず、西洋女性をも含むさまざまなやりとりもありしがままに具体的に示そうとつとめました。

私は千九百五十年代後半の留学生時代、滞在が長過ぎて学生寮に住む権利もなくなり、しまいにはパリ二十区のトノン病院の薬剤師の宿直室に居候として転がり込んで、そこを天国と観じていた者でした。そんな私に比べると、同じころ十七区のルジャンドル街一六一番地あたりで暮らしていた竹山は段違いに恵まれた御身分だなどと当時はずっと思っていました。がいまインターネットで地図検索すると、それは五階建て、エレベーターはなさそうな下町でした。トイレも階ごとに共用だったのかもしれません。

そんな私自身はその二十年後の一九八〇年にはパリ第七大学で教える身となって一変して七区のセザール・フランク街六番地という瀟洒なブルジョワが住む一劃で家族と共に暮らしました。それはひとえに日本の経済成長のお蔭でした。フランスの女性の首相は日本製電気製品に対する関税障壁の必要を説き、ポワチエの戦い、などと口走っていました。しかし私は勤勉な日本国民に感謝せずにはいられません。私の娘たちはそこから仏英両語使用の École Active Bilingue へ通ったのですが、その学校生活がどんなものであったか、今度祖父母宛に送られた私の娘たちの手紙を読むことではじめて知った次第です。私事に偏するかとも思いましたが、道雄の半世紀昔のフランス語学習の一端がそこにかいまみられるのでやはり掲げました。

歴史を見る目

竹山道雄が昭和の精神史の要《かなめ》に位置していた、と前に述べました。国際社会の中の日本の位置を見据えて語るだけの学問的知性と政治的感受性を備えた竹山は世界の中の日本を政治的にも、歴史的にも、そしてさらには宗教的にも例外的に明断に見て感じて考えていました。『心』同人の中では小泉信三博士だけは例外的で政治的にもすぐれた判断をされていたようです。しかし宗教問題については別だったのではないか。

同じころの本郷の法学部教授に竹山ほど世界を見通せる人は何人いたのでしょうか。岡義武教授とは同じような考え方をしていました。岡と竹山はきわめて親しい仲で、家族ぐるみの付き合いでした。ワイマール・ドイツやナチス擡頭のドイツを二人とも現地で見ています。また国内の革新派の動きを竹山は身内のこととして体験していました。日本における戦争終結の見通しについて二人は「宮中でのクーデーターで終戦内閣ができるだろうか」などと話したこともある由です。あのころ中学生であった私たちは遊びの最中、敵方に寝返る仲間が出たりすると「バドったな」と叫んで笑いました。ムッソリーニの失脚とバドリオ内閣の成立によるイタリアの降伏を私たちは子供心に裏切りと感じたのですが、そこに別種の可能性を認めていた人もいたのでした。

西洋の歴史知識について、竹山のドイツをはじめとする生きた知識に比べると、日本でドイツ史学の第一人者と目された林健太郎教授すらもどうも見劣りしました。戦時中の林がソ連邦を理想化していた若気の過ちについて述べているのではありません。竹山はヨハネス二十三世が提起したカトリック教会の自己批判にいちはやく注目し、アンチ・セミティズムの一根源としてのキリスト教のことを論じたフリードリッヒ・ヘーアの著書に丁寧に目を通し、夥しい書入れをしています。竹山は一九六九年も五月十七日に出国し十月六日に帰国しますが、旅先でもこの種の著作を読み耽っていた。しかし林はその Friedrich Heer, *Gottes Erste Liebe* や *Der Glaube des Adolf Hitler* などをどうやら知らなかったらしい。無理もないことで、その『ヒトラーの信仰』が出た一九六八年、林東大文学部長は過激派学生によって本郷キャンパス内で百七十四時間にわたり軟禁された年で、その後の東大総長に選出された林健太郎氏には学問する時間はまずなかったに相違なかったのですから。——

歴史家かアマチュアか

竹山は『昭和の精神史』の中で「歴史を解釈するときに、まずある大前提となる原理をたてて、そこから下へ下へと具体的現象の説明に及ぶ行き方は、あやまりである」という指摘をしていますが、読み出して最初にそれに私は同感しました。一高の社会科学研究会で私が感じたのは「唯物史観は正しい」とか「マルクスは正しい」とかいう前提に基いて歴史や政治を説明する愚かしさでした。上田建二郎ともあろう理系の秀才になぜそのことがわからないのか、いや、わかっているくせに、とかげで思っていました。しかし一旦党内にはいり不破哲三と名乗ればイデオロギー的な歴史観を斥けるわけにもいかなかったのでしょう。竹山が戦後十年『昭和の精神史』を世に問うたとき、非常な興味と共感をもって読んだ私は竹山がその本に引用した書物の大半を古本屋で求めて読みました。グルーについてはわざわざ英語原書 *Joseph Grew, Ten Years in Japan* を読みました。しかしそれでも私は竹山の『昭和の精神史』をアマチュアの歴史書のようにずっと思っていました。私は自分が歴史学科の出身でないものだから、『西欧の衝撃と日本』とか『平和の海と戦いの海』を書き、ケンブリッジの日本史に執筆するよう依頼された身でありながらも、自分はアマチュアのように感じていたのです。しかもそれと同じ感覚で竹山道雄も見ていました。しかしどうしてそんなものであるはずはない。竹山道雄、平川祐弘、竹山護夫の三人を並べて史学科卒業の護夫だけを歴史学者として扱うのは間違いでしょう。義弟は四十四歳の若さで亡くなりましたが『竹山護夫著作集』全五巻が名著刊行会から世に出ています。護夫は父道雄が関心を抱いた「昭和陸軍の将校運動と政治抗争」「北一輝」「戦時内閣と軍部」など昭和の歴史を綿密に調べました。父と張り合っていたようでもありましたが、父を深く尊敬していました。道雄の『昭和の精神史』を護夫は実証的に補完する仕事をしたといえるかと思います。父道雄にも『昭和の精神史』を筆頭に著作集があります。幸い私にも著作集が出つつあります。だとすると三人の中での違いは護夫は史学科卒業で日本史を大学で教授したから大学入試や共通一次入試の歴史の問題作成に関係することを得た、ということになるのではないでしょうか。

そこで浮かび上がるのは、国史科出身者が日本史試験問題作成権をほぼ握り、教科書執筆権もかなり握っている、ということです。その辺に戦後の日本の歴史教育の問題点は潜んでいたのではないでしょうか。さいわい今の日本からは極端な皇国史観や、そしてそれと同じくらい極端であった唯物史観も影が薄くなりました。だがしかし受験派史学だけはかなり根深く残っているのではないでしょうか。センター試験はそうした意味で日本受験派史学の隆盛に少なからぬ貢献をした。それは良かったか、悪かったか――竹山家の食卓を賑わわしたのはこんな類の話題でした。

筆一本の生活

ここでドイツ文学者としてだけでなく、また『ビルマの竪琴』のような文学作品だけでなく、なぜ本人は意図せずとも「昭和史論争」を惹き起すような歴史考察をなし得た竹山道雄という多力者が生まれ出たのか、その背景を一瞥します。

まず道雄は竹山家の中でどのように位置づければよいのか。母親に大事にされました。七人の兄弟姉妹がいた中で夫の竹山純平に先立たれた母逸が晩年道雄をたよりに、その材木座の家（というかもとは純平夫妻の鎌倉の別荘）に道雄と一緒に住んだのも道雄が鍾愛《しょうあい》した男の子だったからでしょう。扇谷にまだ住んでいた昭和二十二年、道雄は夏休み弁当持参で材木座の家へ行き、そこで『ビルマの竪琴』を書いていたとのことです。

ところがいちはやく一高教授の職に恵まれた道雄は、実は昭和九年十一月、満三十一歳のときに、翌年三月で教職を辞して「三年程は一心不乱に目的の為に没頭する積りでゐるのです」「勤人を止めても決して遊民になる積りはありません」「嫁さんを貰つて高等学校の教師を続けお目出度く老い朽ちて了ふよりは、むしろ独身でこの趣旨を貫き度く思ひます」「寧ろ自分の好む仕事と討死した方がいゝのです。そしてその仕事はあります」と世間の目から見れば非常識なことを言い出して母親を驚かせました。母親逸の説得でこのときは決心を翻しましたが、戦後は自分のかねてからの決心を貫いた、ということでしょう。しかし父親でなく母親に墨で巻紙に手紙を書いたところが母親と次男道雄の関係の深さが暗示されていると思います。廃校となった一高に殉じた、とか一九五〇年の学生ストライキがきっかけで学園を去ったという説は当たらないのではないかと私は思います。しかし戦前と違って旧家であろうとも家の資産などあてに出来ない戦後によくも思い切って筆一本の生活に身を投じたものと思います。

燃料

道雄は傑出した資質を具え、豊かな知識の吸収源に恵まれ、さまざまな交流を重ね、ひろびろとした体験に身をまかせるだけのゆとりのある教養人でした。世の評論家と呼ばれる人にはこせこせした人もいますが、竹山はそこが違いました。たとえば江藤淳は日本を留守にすると論壇活動で不利になると言いましたが、そしてそれは事実なのでしょうが、竹山は日本をしばしば留守にしてもなお論壇の一方の旗頭でした。なにしろ一度ヨーロッパへ渡ると、竹山はなかなか戻りません。一九五六年八月一日の家人あての手紙の末尾に「それにしてもよく燃料がつゞいたものなり」とあるのは、ヨーロッパを旅する自分を飛行機にたとえた口調ですが、燃料とはこの場合、旅行資金のことです。この時は戦後第一回の渡欧ですからほぼ一年一ヵ月の長期にわたった滞在となったともいえますが、その後もヨーロッパへ旅して日本へすぐとんぼ返りするようなことは一度もありませんでした。たとえば一九七二年には四月二十八日に出国して十月十一日に帰国しています。今の人にはわからないかもしれませが、現在と違って当時は旅費が相対的に非常に高くついたから渡欧の機会を最大限生かそうとしたのです。

竹山が海外渡航を繰返した昭和三十年代、四十年代は一ドルが三百六十円、外国滞在の一日に許可される外貨が二十ドルでした。上智大学関係者の紹介状に「ドイツ語はたいへん見事である。宿所は出来る限り安価な部屋をお世話願いたい」と実に率直に出ていました。竹山は気楽に筆が走る人のように見えますが、そんな旅先の安宿でも執筆を依頼された新聞社などに対する約束を意外に律義に気にかけています。帰国後も外国滞在の経験を反《はん》芻《すう》していろいろ考えています。紀行文の中には帰国してから時間をかけ細かく吟味して、文章を熟成させたのちに発表したものもあります。ヨハネス二十三世の『悔悛の祈り』についてはその前後の事情も実に丁寧に調べています。

晩年

そんな旅行好きの竹山でしたが、一九七五年四月十四日に羽田を出て九月一日に帰国したのを最後に海外旅行はやみました。その翌年、脚を折り三ヵ月入院したこともありましたが、かねて竹山の滞欧中なにかと親切にしてくれたソリニャック夫人が南仏で亡くなったことも無関係ではなかったでしょう。竹山も古希を越え、昭和五十年代になると、執筆活動に陰りが見えました。——平川家五人は一九七七年八月末から八二年四月末まで米仏加の三国に長期滞在を繰返しました。それでも帰国するたびに鎌倉へ行きましたが。しかしタイレに書きかけた竹山の手紙を読むと、世間に忘れられはじめた、と本人は述べています——それでも一九八二年に『竹山道雄著作集』刊行の話が持ち上がり、自己の文章を読み直したこともおのずと刺戟となりました。一九八三年には校正の仕事で疲れたと後で言いました。その昭和五十八年は著作集が仕上がり、秋には竹山夫妻と平川夫妻と四人で京都へ旅しました。京都では竹山の順序の良い案内で密度の高い説明をうかがいました。亡くなる八四年にも『文藝春秋』に冴えた巻頭随筆を書いていました。キリスト教とアンチ・セミティズムの関係についても、直球でずばりと、自己の主張を述べています。私は『竹山道雄セレクション』や『手紙を通して読む 竹山道雄の世界』を編纂して、ロゲンドルフ神父などの反論が論として体裁をなしていないことの方にむしろ淋しさを覚えました。

竹山の知的遺産

昭和五十年代も半ば過ぎたころ、もう遠出はしなくなった竹山に「自伝を書かれてはいかがです」とすすめたことがあります。しかし自己について語ることははしたない、という古風な感覚が竹山にはどこかありました。竹山は含羞《がんしゅう》の人で、『竹山道雄著作集月報』の最後に「私はよほどえらい人のものでなければ、断簡零墨まで追究するようなことは意味がないと思っている」と「あとがきにかえて」書いています。それは実は『竹山道雄著作集』の年譜を編んだ際「ご自分のお書きになったものをもう少しきちんと整理されたらいかがです」とややきつい声で言った私に対する返事で、その答えは確かに一説ではあります。

私の家内の依子も自分たちの名前が表に出ることを好みません。依子は子供のころ外で「竹山道雄の娘」と呼ばれるのがいやでたまらず、なぜ父はペンネームを使ってくれないのかと思ったそうです。――それなのにこんな打明け話を加えるのはいかがかと思いますが、一つだけ記させていただきます。『竹山道雄著作集』が刊行された一九八三年、竹山道雄は解説を書いた人たちを鎌倉の宴席に招待しました。材木座の竹山家から持参すべきものがあり私だけ到着が遅れました。西義之氏が「先生は平川君のようないいお婿さんがいて、めでたく著作集も出てお仕合せですね」というと、竹山はすかさず「仕合せなのは平川君の方だ。依子のような優しいいい嫁さんをもらって」と応じたので、皆が笑った由でした。このことはどこかに書くぞ、といっていた西さんも死んでしまいました。

私は竹山道雄の傍にいながら、自分自身の仕事にかまけて、もっと早くするべきであった竹山の知的遺産の整理をこの年まで延ばしてしまいました。竹山道雄は伝記を書くことで、そしてその周辺の手紙を書物に編むことで、さらに新しい光がます人ではないか。それだけに文献学的アプローチはなおきちんとなされてしかるべき「えらい人」なのだと私は信じています。竹山の旧蔵書ほかは神奈川近代文学館に七〇〇〇点（洋書はその向かいのフェリス女学院大学図書館に）、二〇一一年に寄贈されました。後世の研究者が公正に扱うことを希望します。和書と洋書と二ヵ所に分れて管理されてしまいましたが、竹山の知的世界は本来和漢洋が渾然《こんぜん》一体であるところに意味があるので、外国語の読めない国文学者に竹山の世界の満足のゆく研究ができるとも思われません。またイデオロギー先行の竹山をめぐる戦後史研究などおよそつまらぬものです。「こうした頭の不自由な人は死ななければ直らないなあ」などと竹山の元学生たちが笑いました。

石頭のイデオロギー左翼が強かった日本の戦後言論界の只中で、それにしてもどうして竹山道雄のような人間が出て来て、活躍できたのか。それはさらに調べるに値いすることではないでしょうか。一元的な言論支配が政治的にも、感情的にも行なわれやすい近隣諸国と違って、日本だからこそ許された言論活動だと思います。私は日本に生まれて、まあよかったと感じています。

竹山は満八十歳十一ヵ月で亡くなりました。その年齢を過ぎてはや五年、もはや残された時間が多いとはいえない私です。自分の仕事はあとにまわしても、竹山道雄の知的遺産の整理につとめました。林和人氏は葡萄作りで生計を立てる文学士ですが、竹山道雄に敬愛の念を抱き、多くの資料をこの書物のためにも見つけてくれました。この書物の以下の章は雑誌『正論』（1、2、3、6、7、9章）『歴史通』（5章）『こころ』（8章）の各誌にあらかじめ掲載することを得ました。藤原書店の藤原良雄氏と刈屋琢氏には『竹山道雄と昭和の時代』『竹山道雄セレクション』全四冊に引続き今回もお世話になりました。

編者はさまざまな内外人との交際を、ありしがままに示そうとしましたが、おのずと偏りが出たのでしょう。「補

論　竹山道雄の遺したもの」を書いた足立節子は私の長女ですが、この「序論」についても「盛り込み過ぎの感があり、話があちらこちらへ飛ぶ」と校正原稿にポストイットが貼ってありました。その批評に応えて平明に書き直し、角《かど》のある言い方は時に削りましたが、しかし時にはわざと残しました。ポリティカル・コレクトネスを気にしすぎていたら、言論の自由のヴァイタリティーは衰えてしまうのではないでしょうか。孫の足立杏子は曾祖父のもとに寄せられた手紙の整理を助けてくれました。名前を記して謝意を表する次第です。

註

（1）三島は誤って「パンテオン」と書いているので、訂正しました。

（2）マイニアは英文竹山道雄一冊選集、R. Minear, *The Scars of War: Tokyo During World War II, Writings of Takeyama Michio*, Rowman & Littlefield, 2007 のイントロダクションで、竹山がパリに本部を置く文化自由会議から旅行資金を得たように述べていますが、マイニア氏の記述はミスリーディングです。文化自由会議出席のための旅費宿泊費はともかく、それ以外の長期滞在の費用はもちろん自弁でした。当時の日本では外貨の持出し制限があり、そのために竹山が文筆家として平均以上の収入があろうとも、私的目的の海外渡航のためには国内では外貨が工面できませんでした。それで竹山家から東京の日本の文化自由会議事務所に円で金を渡しパリの文化自由会議本部からフランで受取るように手配してもらった、ということでした。これは当時の外貨持出し事情に通じていない人にはわかりにくいことかと思います。実は私は一九六二年イタリア政府給費生として第二回の洋行をしましたが、東京で十月七日竹山の長女依子と結婚し、神戸の港で別れてひとりで貨客船でナーポリに向かいました。依子は十二月になって飛行機でローマ空港へ到着しました。そのようなことになったのは当時は普通には外貨の持ち出しが許されていなかったから、私費外国渡航のためには裏口の便法を講ずる必要があり、それに時間がかかったためです。なお当時は学者の洋行は戦時の兵隊の出征と同じように妻は国に置いて行くのが当り前と思われていました。

（3）なおこの四巻本には人物論、ドイツ文学論、『ビルマの竪琴』などは残念ながら収めておりません。

第I部

竹山道雄とヨーロッパ

1　戦前パリの青春——「知られざるひと」のこと

知られざるひとへの手紙

それにしてもどうしてこんな文章が生まれ得たのだろうか。

竹山道雄は敗戦後四年の一九四九年の夏、満四十六歳、その六月に予定より大幅に遅れて開学に漕ぎつけた駒場の新制東京大学でドイツ語を教えていた。全校生徒あわせて千二百人だった第一高等学校のキャンパスにそれに三倍する学生を収容するべくにわかに造られた東大教養学部である。竹山はそこの一番大所帯のドイツ語教室の主任であり、一高以来の生え抜きの教授である。駒場に欠くべからざる中心人物で、それだけに雑務も多い。だがそんな業務と事務の合間にこんな、およそ周囲の現実からかけ離れた、フランスの光景をちらちらと思い出していた。雑誌『新女苑』に昭和二十四年の八月から十二回にわたり連載された、『知られざるひとへの手紙』[1]をよすがに「竹山道雄とヨーロッパ」について語りたい。

もうずいぶん前のことになりました。

あの台所から庭に出る煉瓦の閾《しきい》の上で、あなたが卵を二つお手玉にとっていたことがありましたね。台所の食卓について料理ができるのを待っていた人たちは、それを眺めながら笑っていました。そして卵が落ちて割れはしないかとひやひやして、ときどきおもわず椅子から腰を浮かせました。あなたも体中で笑って歌をうたいながら、なお緊張して頬をあからめて、素足にはいた靴をたくみに左に右にふみ交しては、お手玉をつづけていました。卵は抛り上げられて、かわるがわる白い条をひいて空を舞っていました。

あの光景がときどき絵のようにふと私の頭にうかびます。そしてその背景も。

閾の外には、しめった空が銀鼠色にたれこめています。石塀でかこまれた菜園には、キャベツが濡れて光っています。その巻いた葉末にほそい雨足があたって、つぶやくような音をたてています。そして、菜園の奥の小屋の窓には、前の日にあなたのお父さんが木靴をはき青い仕事着をきて屠って剝いだ兎の毛皮がつるさがっています。それを鞣《なめ》して自家用につかうとのことでしたが、そのときにはまだ裏に黄いろい脂の層がのこっていて、ところどころには血までついているのです。このなめらかになまなましく垂れている生きものの皮は、妙に私の目をひき、神経をいらだたせました。日にいくどとなくこの毛皮をながめて、「西洋だなあ――」と思いました。食卓には、この兎の肉がシチューになっていて、それに葡萄酒の壜とカマンベールのチーズとが並んでいます。そして、塀のむこうの木立では、雨が一しきり過ぎると、木々が身をふるわせ、にわかにいくつもの夜鶯のなきごえがおこります。……

こんなことを、あなたはもう覚えてはいないでしょう。しかし、私はあの光景を、ときどき――夜眠りに落ちる前などならまだしも、混んだ電車の中に立っているときとか、新聞を読んでいる最中などに、ちらと思いだすのです。とはいっても、こうした思い出はあまりに断片的だし、人に話して感慨をつたえるよしもなく、ただ自分ひとりの記憶にしまっているのです。

（第一の手紙、一九四九年八月）

これは一九二八、九年ごろ竹山が下宿したパリ郊外のフランス人一家の思い出である。昭和初年の竹山はまだ二十代の半ば、若くして第一高等学校のドイツ語教師の地位を得たが、ただちにドイツに留学した。表向きは文部省留学生だが実際は私費で、それだけに自由に行動もできたのだろう、休暇ごとに約三ヵ月ずつパリに滞在した。フランス語は以前に本郷文学部の学生時代、第三外国語として習ったが、豊島与志雄講師は『レ・ミゼラブル』の翻訳に追われて週一回の授業は手を抜きがちであった。パリではベルリッツから始めてアリアンス・フランセーズへ通った。マドモワゼル・ブリュッゲという三十ほどの女の先生が、実に熱心であった。生涯に出会った先生の中で東京府立四中の数学の坂田先生と北フランス生まれのブリュッゲ先生にいちばん敬服した。『家なき子』などから読みはじめたが、そのフラマリオン書店から出た二巻本の第一冊はぼろぼろになるまで読んだ。文法構造が似ているから、ドイツ語にすでに習熟していた竹山のフランス語の進歩は著しく早かったのである。竹山青年はその一家の暮らしに溶け込んでいた。

それから二十年後、竹山は第二次世界大戦後の日本で両大戦の間の平和だったころのフランスの家庭生活を思い返して自問自答する。

「あの『知られざるひと』はいいむすめさんだったなあ」

「無邪気で、快活で、素朴だった……」

「ああ、よく顫え声で『アルルの女』をうたっていたっけ。卵をお手玉にしながらもうたっていた」

「あかるすぎるくらいだったね」

「しかもよくはたらいていた。毎日曜日には階段をさかさまになって拭いているのにはびっくりした」
「あのひとのお母さんに、――この国の娘さんはみなこんなによくはたらくのですか、ときいたら、お母さんはほこらしげに、――いいえ、と断言した。怠け者の遊び好きが多いのを憤慨しているようでもあった」
「恋なんていうものじゃなかったよ。兄妹だったね――」
「あのひともうもういい年だろうな。子供もあるだろうな」
「戦争でやられやしなかったかしらん」

（第三の手紙、一九四九年十月）

四十代の半ばを過ぎた竹山は二昔前の青春を思い返す。なんだか本人にも夢のような、ましてや敗戦後の日本人読者には想像だにしかねる別天地である。――当時の日本はアメリカ軍の占領下にあって、その占領政策をきちんと施行する政府の下、外国へ行くことはまったく許されなかった。その状態は実は独立回復後も外貨持ち出し制限の名の下に一九六四年まで引き続いたのである。

敗戦後の日本は解放されて自由になった、第二の開国だなどと騒がれたけれども、その実は鎖国状況下にあったので、またそれだから米国占領軍と日本左翼が手を握るや、きわめて特殊な言論空間が出来上がり、それが日本人の思考の枠を長期にわたり支配し続けることとなるのである。しかしそれとても「一億玉砕」が唱えられた時期に比べれば、生命の危険から解き放たれたという意味ではまことに自由な世界であったから、その幻覚に真実味がなかったわけではない。敗戦に浮かれた日本人たちが「敗北を抱きしめた」と目されもしたのはそのためだろう。

だが事実問題としては、自由どころか、日本人にはパスポートは発給されない。国外へ渡航するに必要な外貨を手に入れる手立てもなければ、そもそも収入もない。そんな日本国がかつてなく貧窮した中で暮らしていたときに、竹山は過去のリアルな体験をまざまざと思い返して、彼女に呼びかけていたのである。

あなたは健康ですか。しあわせに暮していますか。ひさしいあいだの戦乱でさぞおそろしい目にもあわれたことと思います。

御家族のみなさんもお変りはないでしょうか。あの菜園もあのままでしょうか。いまでもあの小屋に、ときどき剝いだ兎の皮がつるしてあるのでしょうか。古く錆びた壁に夕陽があたって、そこに兎がほそくながく、さかさまに背のびをしたような恰好をしている……。さっと雨がすぎると、表の森で夜鶯がなき声をたてるのでしょうか。あの食堂兼台所にはたのしいさざめきがわきあがっているのでしょうか。そして、あなたは姉さんと笑いこけて、くるしくなると地下室ににげこんで笑うのでしょうか？　あの地下室には、蜘蛛の巣の中に葡萄酒の甕がつんであって、前の大戦のときにはあなたがたは爆撃をさけてもぐりこんだということでしたが、こんどもそうしたのでしょうか？

あなたがたが丈夫でいてくれればいいが、と心からねがいます。

（第四の手紙、一九四九年十一月）

竹山道雄は昭和二十二年に『失われた青春』を、二十三年に『ビルマの竪琴』を出すことで、文筆家として独自の地位を確立した。昭和二十四年当時はすでに『新潮』の固定寄稿者になっている。敗戦後の日本は活字文化が稀に見る盛況をきわめた時期だった。その中で学内でも竹山は日本の西欧派知識人の第一人者として駒場の学生に非常な人気があり「一高のプリンス」とも呼ばれていたが、いまや学外の文壇でも寵児となっていたのである。上品で彫りの深い風貌の竹山はまた女性に理解ある近代知性の人と目され、女性雑誌からも多く寄稿を求められた。それもあって普通の文芸雑誌には寄稿しなかったであろう文章も書いた。『不滅の女たちの会話』『誘われたがっている女』『たそがれのパリ女たち』などがそれである。

だがそれにしても当時の竹山に、戦前のパリの青春をゆったりと懐かしむゆとりが実際にあったことが私には不思議に思われてならない。竹山家の日々の生活はどのようなものであったのだろうか。ひょっとして「知られざるひと」を思い出したのは日本の日々の家庭的現実から目をそむけたくて、それで過ぎ去った青春の日の西洋の異性へのあこがれを書き記したのだろうか。だがそれにしては思い出はいかにも素直で清らかで美しい。これは――メリメの *Lettres à une inconnue* という書簡体文学の真似をしたのだろうか――「知られざるひとへの手紙」と題されているが「知るひと」の思い出ではないか。しかもいかにも具体的である。その人の姿がまのあたりにまざまざと見え、笑いが耳に響いてくる。空間的にも時間的にもいかにも身近である。しかしだからこそ逆にそんな当時の外国から精神的にシャットアウトされていた日本で、どうしてこんな人間的な情景を思い出すことができたのか、と私にはいまさらのように怪訝に思われるのである。

ちなみに当時の私は新制東大の一年生だったが、体育館に似た仮普請の大教室で何百人かの学生の一人として竹山のゲーテの『ミニョン』の講読に熱心に耳を傾けていた。竹山が当時の東大では数少ない外国留学体験者であることは私も承知していた。だが雑誌『新女苑』に『知られざるひとへの手紙』を連載したことは知らなかった。私はまだ頭は丸坊主の足には軍靴を履いていた満十八歳の若造で、女性雑誌など視野の外だったのである。また竹山の文章が視野の中にあった人びとにとっても、その多くは「知られざるひと」という題に惑わされて夢物語と思っていたのではあるまいか。

ムドンの一家

第一次世界大戦に敗れたドイツは、一九二二年からマルクの価値下落が始まり二三年には大暴落、天文学的なインフレーションに襲われた。それが原因で物質的にも精神的にも、そして政治的にも荒廃した。左翼からは共産党がまず進出し、右翼からはそれに対抗するように遅れてナチスが進出するのである。竹山青年が留学以前の東京でドイツ人教授の家に下宿していたのは、在日ドイツ人が祖国の自分たちの預金が無に帰した経済事情に直面し、その立て直しの一助として日本人学生に寄寓の機会を提供し始めたからである。その頃からドイツ人を身近に観察していた竹山は、書籍的知識でもってドイツを理想化する日本の帝国大学系の教授たちとはおのずと異なる立場に立つようになる。

竹山が留学したのはワイマール・ドイツだが、それは一面では知的活動が盛んであったが、他面では失業者が多く社会は乱脈をきわめていた。一九二七年のベルリンでは大学の近くに娼婦が立っていたりもしたのである。そんな実態を見て感じて考えていた竹山であるだけに西洋という研究対象国を観念的知識でもって過度に美化するようなことはついぞなかった。

昭和初年の竹山青年にとって好ましい国はドイツよりはむしろ平和なフランス――両大戦間の甘美なるフランスであった。ベルリンを発ちドイツ国境を越えるたびに気持がよかった。そんな大学休暇ごとの移動ができたのは裕福な日本人が外国人だから気楽にできたことで、当時はドイツ人であると、たとえフランス文学を専攻する人であろうとも、外貨持ち出し制限で、パリへは容易に行けなかった時勢なのである。竹山はパリから電車で二十分ほどはなれたムドンの郊外の中流の下程度の家に寄寓して、そこから市中のアリアンス・フランセーズに通ってフランス語を習った。竹山を泊めてくれたフランス人の下宿一家は、そんなドイツの荒廃と退廃とは無縁の善い人たちだった。だが運命は転変する。フランスが一九四〇年には今度はナチス・ドイツに敗れて四年以上の長きにわたり占領されてしまうからである。しかもそれは米軍の日本占領のような終戦後の平和的な進駐とはおよそ質が違う。戦争は継続中でドイツ将兵がテロに遭いでもしようものなら、報復として無実の人でも人質として処刑されたかもしれない。幸い無血開城したパリは市街戦で破壊されることはなかったが、竹山はその人たちの身の上に思いをはせて自問自答する。

「あのひとは快活で丈夫そうだけれども、すこし胸に懸念があるということだったが――」

「ときどき目がいたむともいっていた」

「そういうときには、家の人が野原に行って草をとってきて、それで目をなでる。世界一の文化都市の、わずか二十分ほどはなれたむかしから名高い郊外にすんでいる人々が、ああいうことをやっているのだが、旧式といえば旧式な国だなあ！」

「ある夜、あの家の人たちとお祭りを見にいったことがあった。そこに『人猿』とかいた見世物があって、もう髭の生えた畸形児がアセチレンランプに照らされて舞台に立っていた。頭が凹んでいかにも人と猿とのあいだのような男で、おそらくアルジェリア人らしく、ながい衣をきていた。これを眺めての帰り路に、私が――もともと人間と猿とはおなじ祖先だったのだから、というと、あの人の父親がいかめしい口調でそれを咎めた。おやじさんはいった。――そんなことをいってはいけない。それはわれらが奉ずるロマンカトリック教の否定である。何とかいうイギリスの教授がとなえた進化論なるものは……、とふだんに似合わないいかめしい様子でたしなめられたには、おどろいた」

「あのおやじさんも、変った愉快な人だったなあ」

「日本のように生活のくるしいところでは、ああいう型の人はとうていでないね。陽気な南方人で、無邪気で、子供のようで、そのくせ頑固で……。ああいう人がたのしんで生活しているのだから、何といっても安定したところだ」

「退役の軍楽隊長だったから、よく大きな声でうたっていた。彼のいうところだと、マダガスカルで全島随一の指揮者だったこともあるそうだ。むかしがなつかしくなると、閾の段の上に立って、目に見えない楽員が庭に居ならんでいるのを見わたして、壮烈な軍楽の指揮をはじめた。さすがに玄人の手つきで指揮棒をふるって、ときどき『バスひくく!』と叫んで、頤をあげ片手をあげて楽団のうしろの方を制したりした。興がのってくると、彼にのみ聞えている音楽に昂奮して、われを忘れたようになった。ワグネルのハーモニーは尊敬するが、なんといっても自分の趣味には重くるしい。すきなのはビゼーで、ビゼーの曲ならみなそらんじているといって自慢していた」

「あの前にたれさがった大きな髭。葡萄酒のためにこまかい血管がうきでたゆたかな頬」

「そして、あの目――。いちど、あなたの目は死んだ魚の目のようです、といったら、家中の者が腹をかかえた」

「私のことをいつも息子とよんでなあ――」

「挨拶するときには両手を大きくひろげてこちらをかかえるようにするのだが、そういうときには、酒のような、チーズのような、そしてどこか獣のような、なんともいえない匂いがした。抱きしめられていてその匂いに噎《む》せたものだった」

おやじさんに「息子」mon filsと呼ばれた道雄はその家庭で愛された。こんなこともあった。

——ある朝はやく、まだ夜がすっかり明けきれないくらいのときだった。私が起きていると、あのおやじさんが台所にいて私をよんだ。

「息子！」とおやじさんはまだしずかな家の中に遠慮して、声を低くして、それでも命令するようにいった。「これからわしは兎の皮を鞣すから、おまえはこのコーヒーを煮て、マダムのところへもっていってくれ」

そういって、彼は木靴を鳴らしながら庭に出ていった。

竹山によると一家の両親はこうだった。

母親はほんとうにいい人だった。立派な人だった。しっかりとしてきまじめで、しかもやさしい女らしさをもっていた。日本のいい母親とすこしもちがわなかった。主人はときどき調子を外す人で、あるときなどは家を出たまま二月ちかく帰ってこないことまであったほどだったから、この家は主婦によって保っているのだったし、彼女の辛労も一とおりではなかったらしい。それでも日常に主婦の方がとくに支配的な態度をとるということもなく、こうした点で人間生活はどこでも似たようなものだと思った。ただ、この家の変った習慣で、朝は主人の方がはやく起きて、コーヒーをわかして、夫人のところにもっていってやっていた。夫人はそれを寝床の中で飲んで、やがて頭の中がはっきりと醒めると起きて、それから一日中たえまなく快活にはたらいた。牛乳をたっぷり入れたコーヒーをカフェ・オ・レ café au laitという呼び名は今は日本にも定着しているが、フランスにはそれをもじったカフェ・オ・リ café au lit という言い方がある。寝台で朝飲むコーヒーの謂いで、その朝、竹山青年はいいつけられたとおりにして、あのひとの母親の寝室にコーヒーをはこんだ。

私はノックして寝室に入った。わざとふざけて、ホテルの給仕のように左の腕にナプキンをかけ、指をひろげてその上にコーヒーのセットをおいた盆をのせ、作法ただしく歩いて寝ている夫人のそばに行った。そしてそれを机の上において、

「はい、奥様」といった。

母親はつむっていた目をひらき、私であることにきがついてちょっとおどろいたようだったが、やがて微笑してコーヒーをすすって、

「ありがとう」といった。

そして、また仰むいて、目をつむってうとうととした。

満四十六歳の竹山は二昔前の思い出にふけりながら、こんなことも考える。

あなたの一家がすきな「アルルの女」の中に、バルタザールという羊飼がでてきますね。もう七十か八十の老翁で、まっ白な髯に埋まった顔には風雨にうたれた皺がたたんでいて、素朴に敬虔に生きてきた田舎のひとです。この人が幾十年ぶりかにむかしの愛していた女に出会う場があります。爺さんと婆さんが手をとって、涙をながしてむかしなつかしく語りあう、心をうごかされるところです。

私はあなたに会うことはもうないでしょう。そしてあるとしたら、それはバルタザールのような老人になっ

てからかもしれません。そのときはどんな話をするでしょう？

それよりも、いま会ったらどんな話をするでしょう？　むかしわれわれが若かったころの無器用で滑稽だったしくじりの話か。いまはおたがいにもっている子供の話か。以前は「ああなればいい、こうしてみたい」ということばかりでしたが、いまはさだめし「ああならなかった、こうしている」ということになるでしょう。

（第五の手紙、一九四九年十二月）

昔はミニョンだった

竹山が大学の独文科に在学中の大正末年、東京でドイツ人教授の家に下宿していた時の体験は『寄寓』（『セレクションⅣ』所収）と題されて作品化されている。外国風の生活に適応しているか否かは外国家族の食卓で会話が滑らかに続くか否かで判断されるが、竹山も大学生の時は会話が思うように進まずみじめな思いをした。しかしその様を如実に記録したところが竹山らしい。

そんな竹山は外国生活に親しく参入することの大切さを自覚していた。それだから自身が教師となるや授業中に私たち学生に向ってドイツ語の再帰動詞の例として sich einleben をあげた。生活に溶け込む、という意味である。いまにして思えば、戦前すでに外国の生活に馴染むことを得た竹山青年だったからこそ戦後も外国にあって水の中を泳ぐ魚のように自在だったのだし、ドイツでも適応できたからフランスでも s'adapter 生活に溶け込めたのであろう。

私自身は一九五四年秋に満二十三歳で留学したが、翌年秋竹山も戦後はじめて渡欧し、パリを中心に実にこまめにヨーロッパ各地を歴訪した。その際、パリでお会いしたのだが、ドイツ語教授である竹山の方が日本の多くのフランス語教授よりもフランス生活に親しく溶け込んでいるという感じを受けた。それはその場に居合わせた留学生がひとしく受けた印象でもあったろう。

当時のパリには日本料理屋はたった一軒、モーツァルト街に牡丹屋があったきりだったが、竹山は高階秀爾、芳賀徹、私など一高から東大教養学科へかけて竹山に学んだ留学生と外務省官補の谷田を一夕、川口篤先生とお二人で招いてくださった。すると竹山はラスコー洞窟の壁画から受けた感銘を語り始めて倦むことを知らない。竹山が一座の中心であった。高階と私は来仏して一年三ヵ月が経っていたが、私など給費が一年で切れたから懐が淋しくて南フランスのラスコーなど訪ねるどころではない。それだからただただ謹聴していたのである。「竹山先生の座談の巧さには全くおそれ入った。昔の下宿の娘達がおばあさんになっている話、ラスコー、またスウェーデンの体操学校の女と会ったはなし、洋学の事、その他もろもろ」と一九五六年一月二十五日の日記には書いてある。

竹山は当時満五十二歳、バルタザールのような七十か八十の老翁とはまだなっていなかったけれども、「知られざるひと」にゆくりなくも再会したのである。かつての下宿の娘もその姉も、戦争をはさんで二十七、八年ぶりに訪ねたら「おばあさんになっていた」。先方は先方で竹山を懐かしがって「昔はミニョンだった」と言った。竹山は恥ずかしいような顔をして笑った。

mignon とは「可愛らしい子」という意味である。私はそんな竹山氏の座談に聞き惚れてしまい、はっと気がついた時は、フランス人のお嬢さんに日本語を教える時間をとっくに過ごしていた。カフェ・プティ・クリュニーに急いだが約束の場所に姿が見えない。一度寮へ戻ったが、このままではいけないともう夜も遅かったが下宿先まで訪ねて行って謝った。当時は携帯電話などのなかったころである。そんな失態をやらかしたのはこれ一回きりなので、竹山氏の話にいかに聞き惚れたかがこれでわかろうというものだ。

「昔はミニョンだった」と竹山がいわれた話は菊池榮一も伝えている。菊池先生は一九五五年、東大からハンブルク大学へ赴き日本学科の講師をつとめた。五六年の夏のはじめハンブルクの徳永総領事夫妻の公館で菊池は竹山と再会し、竹山のお伴をしてヨーンズ・アレーのペンションに行き、夜おそくまで、ものさびしいくらいに簡素な小室でよもやま語りをした。竹山はヨーロッパではいつも中以下の安宿に泊り、食事も外では一日一回、あとは果物などですませることも多かったのである。菊池榮一が『竹山道雄著作集2　月報』に寄せた『駒場の竹山道雄さん』にはそのときの思い出がこう出ている。

その夜私は、いわば「熱燗」のジンをふるまって頂いた。おどろいたことにパリからアルコール・ランプを携帯されていた。このランプで手さばきもあざやかにジンをあたためるのであった。「熱燗」のジンに角砂糖を入れて飲むのが、パリでおそわってこられた処方であった。

竹山さんはパリで二十代のはじめ止宿しておられた宿のおばさんに再会された。三十年ぶりであった。「あのころのあなたはあんなにも若やいでいらしたのに、なんといまは疲れて衰えていらっしゃることだろう」そういってパリのおばさんが恋しがった。元気を回復するのには、毎晩寝るまえ「熱燗」のジンを飲むのがいちばんだとおそわってきたということで、ハンブルクの宿でも、こうして夜に酒をあたためていらっしゃるのであった。

これは同じ女性の同じ話である。そしてさらに、一九五六年秋に帰国した竹山自身、文筆活動に讃辞を呈する旧友にこんな自己《じこ》韜晦《とうかい》の葉書を書きかけて、投函せずじまいにしたこともあった。

何と申されても小生はただ茫然と余生を送る他なく、かつての颯爽たる俤《おもかげ》はなくなりました。昨年ヨーロッパに行き、昔から知っていたフランス人一家に会い Le beau garçon d'autrefois est disparu（往年の美少年は消え失せた）と申しましたら、お前はフランス語をよく覚えていると、ほめられました。かれらもよぼよぼになっていました。

「疲れて衰えて」というが、一九五五（昭和三十）年から一九七五（昭和五十）年にかけて、いいかえると五十一歳から七十二歳にかけて、竹山は二年に一度ほどの割合で、それも最低数ヵ月は滞在するというヨーロッパを中心とする外国の旅を繰返している。当時としてはもっとも頻繁に西欧各地を旅した外国語に堪能《たんのう》な、類まれな日本知識人だったのである。竹山の多くの著作はその刺戟に富める東西の旅とその精神の往復運動から生まれたといっても過言ではない。その一人突出した生身の外国観察によって、占領期の日本という閉ざされた言論空間で出来上がったメイド・イン・ジャパンの外国イメージを竹山は次々と破っていった。竹山道雄が一九六一年「海外紀行文一般」に対して読売文学賞を授けられたのは、竹山が自分の目でとらえた新鮮な世界の姿を具象的に示していったからである。そしてそのヨーロッパの旅の根拠地となるパリには竹山に親しく接してくれた女性の姿が見え隠れするのであった。

註

（1）『竹山道雄著作集』4、三七頁以下。

2　戦後はじめてのヨーロッパ滞在

文化自由会議の職員

ここで竹山道雄がどうして戦後十年でいちはやくヨーロッパへ行けたのか、そしてそれから後あれほど頻繁に行けたのか、その経緯にふれたい。

戦後はじめて国外へ出たのは一九五五（昭和三十）年二月で、ビルマで開かれた文化自由会議に招かれて『共産主義と日本知識人』について英語で発表した時である。その講演の英文冊子の内容は拙著『竹山道雄と昭和の時代』ですでに述べた。

その同じ一九五五年の九月には、ふたたびその同じ文化自由会議が主催する「自由の未来」を論ずるミラノ会議に招かれ、その機会に戦後はじめてヨーロッパへ一年一ヵ月の長逗留をすることを得たのである。当時は外国から招待状や旅費が相手から出なければ私人への外国渡航の許可は出なかったが、一旦出国すれば後は私費で滞在できたのである。戦後の竹山の文筆活動は瞠目すべきものがあったから、印税収入でその費用はまかなえたに相違ない。一行よりも先に南回りのプロペラ機で出発すると、竹山はまずローマで降りて見てまわった。そこからミラノまでは予定通り飛行機で行ったが、「会議を黙って傍聴しているよりも」とミラノから汽車でジェーノヴァ、ピーサ、フィレンツェ、ボローニャ、ラヴェンナ、ヴェネツィアとまわった挙句、会議場には最終日になって現われた。高柳賢三、尾高朝雄、木村健康(1)の諸氏が「竹山さんはいつ来るのだろう」と噂をしているところであった。聞いてみるとミラノでは一行はお互いにすぐ近くの宿に泊っているのだった。その夜は日本代表団の一同で食事して楽しかった。一高時代の同僚であり、敗戦前の一年間一高幹事として駒場寮に住み込んで苦労を共にした木村健康氏とは夜遅くまで話し込んだ。木村氏はミラノ会議で英語発表をした日本代表である。

竹山はそれまですでに二週間以上にわたってイタリア各地を歴訪していた。旅先で執筆した『イタリアの旅』一、二、三は『新潮』昭和三十一年一月、二月、四月号に掲載され評判となるが、そしてそれがおのずと旅費の足しともなるのだが、そちらが主眼の竹山は自分本位で動くことを好んだ。この文化自由会議に招かれた機会にヨーロッパをじっくり見てやろうという心算である。そんなつもりだから自分が文化自由会議に深くコミットするつもりはなかった。教職を離れて文筆の人となってすでに四年、その自分が日本支部を代表する人になるだろうとは思いもしなかったろう。しかし——と私は想像する——パリに本拠を置く文化自由会議のオフィスへ顔を出すと、先方はもっぱら竹山に向けて話しかけてきた。数ある日本人の中で竹山一人が言葉が達者で、しかもきちんと対応する。どうしても代表格となる。先方もこの日本人ならば話が通じるとすぐに認めたのであろう。そのように竹山道雄には外国人を惹きつける磁力があった。東京裁判のために来日したオランダのレーリング判事が数ある日本人の中で竹山に話しかけ会話が成立したのも、その知的魅力ゆえだったに相違ない。文化自由会議事務局の西洋側の上部がそう感じただけでなく、外国人と同席した日本人関係者もそれを感じたに相違ない。ドイツ文学者という肩書の竹山だが、国際情勢についての判断がすこぶるまともなのである。いいかえると戦後の閉ざされた日本の言語空間で出来上がった数々のタブーから自由で別格なのである。林健太郎氏が後に回想するように「竹山氏の『自由』の編集委員長は強い要請にやむを得ず引き受けたものであったが、またそれに氏ほどふさわしい人はいなかった」というのは事実であろう。一九五九年に創刊される雑誌『自由』は竹山が推されて理事長となった日本文化フォーラムの機関誌で、日本文化フォーラムはパリに本部を置くこの文化自由会議の連携団体なのである。

ところで文化自由会議の西洋側関係者は竹山について思想的な立場からもその人物を重んじたに相違ない。だが下で働く職員もそれとは別に人間的な感触で竹山にすぐ好意を寄せたらしい。職員の目には西洋語が達者な竹山がフランス語でいう gentil な、人間的で、感じがよい、と直観されたのだろう。そこで竹山をなにかと世話してくれる女性があらわれた。マルグリット・ソリニャックといった。(2) 前章で触れた「知られざるひと」と年恰好といい、出身地といい、住所といい、いかにも似通っていたから、竹山が後半生つきあった女性は、ひょっとして「知られざるひと」の後身ではないかと私は一旦は思ったほどである。それでこんなプライバシーにわたることも調べたのだが、ソリニャック夫人がパリに戻りついたら「ここにかけてくれ」と竹山に教えた勤め先の電話 Europe 55.15 は間違いなく Congrès pour la Liberté de la Culture, 104 Boulevard Haussmann の文化自由会議の電話番号であった。ソリニャック夫人はドイツ語は堪能、英語も間違えはするが気楽に書けるフランス女性である。夫人と書いたのは本人が差出人の名前の前に Madame と書いてあるからだが、しかし一度ならず Mademoiselle とも書いている。婚期を逸して職員として働いていた女性だったのではあるまいか。

竹山はこの人とそれから二十年間、フランスへ寄るたびに会っている。文化自由会議と縁が切れた後も会っている。二人がどうして親しくなったのか、その親和力の働き方がどのようなもので、どの程度の仲だったのか、その辺はよくわからない。文化自由会議の事務所に竹山が初めて表敬訪問した後パリにいた期間は短いものである。二人が親密になれるほど長かったとも思われない。だが日本の俗にいう一目惚れといおうか、フランス語にいう「雷に打たれた」un coup de foudre といおうか、マルグリットは竹山に非常な好意を寄せた。竹山は事務的な世話を受けたことに対する礼の手紙を書き、あわせてヨーロッパ歴訪の先々の知己や日本大使館の住所など連絡場所を伝えたに相違ないが、しかしそれは半ば仕事の関係からであろう。竹山は文化自由会議のオフィスを訪ねたあとすぐパリを発ってそれから一年、各地へ足まめに旅に出てしまう。社会主義圏の実態を見ようとユーゴースラビアへも行った。イタリア半島を再訪して南のナーポリまで下った。どうもソリニャック夫人に構っていたとは思われない。だとすると二人の間柄は夫人が一方的に思いを寄せたということかもしれない。道雄はソリニャック夫人の好意に謝して鎌倉の保子夫人に手紙で依頼して礼物を送らせている。だとするとパリでの二人の間の感情は友情というか sympathie amicale にとどまっていたはずである。ただ竹山が旅先から戻って来るのはいつもパリであった。それは文化自由会議の事務局がそこにあったから留め置いた郵便物を取りに来たまでかもしれないが、ソリニャック夫人としては自分に会いに戻ってきてくれたような気がしたのかもしれない。その時に竹山が食事に招いたりもしたのだろう。そんな道雄に好意をよせてパリの生活が快適になるよう夫人は公私にわたり世話を焼いてくれたのだろう。

Cher Monsieur Mythio

竹山の一九五五年秋の旅行はこうである。パリからまずスイスへ行き旧友アルベルト・タイレを訪ねた。

竹山はタイレが昭和九年に来日した時にもすでに面識があり広重のクリスマス・カードをもらったこともあった。タイレはユダヤ系ドイツ人で一九四〇年亡命先のノルウェーがドイツ軍に急襲された際、あやうく難を逃れ、スウェーデン、モスコーを経て日本に来た。ロマン・ロランの紹介状を持って片山敏彦に会いに来たのである。というか亡命の地を探していたのである。そのタイレの世話をして神田のＹＭＣＡに泊めたのが竹山で、タイレの文章を訳して日本の雑誌に載せたりもした。次の葉書（原ドイツ語）(3)は当時の二人のそんな交際を示している。

親しいタイレさん、

お手紙頂戴しました。そしてあなたがかくも急に去られると聞いて愕然としています。

今日私はいろいろな用事で引き留められて例の「チョコレート」のお店へ参ることはできません。

校正は日本人の手で済み次第私からあなたのもとへお送りします。

時勢は多分もう良くはならないのではないか。私は万事についてひどく懐疑的です。古代中国人の見方の方が正しかったのでしょう。

神田区美土代町七東京キリスト青年会館内アルベルト・タイレ様宛に、渋谷区代々木大山町一〇七九から二銭の葉書に八銭の切手が貼られた速達が送られたのは昭和十五年十月十七日の午前中である。だが日本は九月二十七日ベルリンで日独伊三国同盟に調印した。タイレは軍国日本も安住の地ではあり得ないと判断して出国を決意する。そして結局チリへ渡るのである。Die alten Chinesen hatten recht. とは二人がシナの老人に会って時勢を語りあったのだろうか。そうではなくて『老子』などの中国古典の老人の言葉への言及だろうか。なおこの十七日の午後に神田局の手で配達された葉書がなぜ竹山家に保存されていたか、そのわけはわからない。

戦後このタイレから竹山へ宛てた手紙はおびただしい数で、このドイツ語書簡（タイレ夫人から竹山夫人宛は英語書簡）は覆刻するに値するものと信ずるが、第二次世界大戦前夜という危機的な時期にユダヤ系ドイツ知識人と親しく接した日本人はおそらく竹山と片山の二人のみであったろう。そのことを竹山の没後スイスにタイレを訪ねたときタイレが私に言ったことがある。そんな戦前からの深い縁もあったし、タイレ自身が著名な東洋美術史家であり名だたるジャーナリストであったから、再会した竹山とは話が尽きることはなかったであろう。竹山はスイス・エーゲリの家に長逗留した。その際タイレは近年の美術史上の大発見はラスコー洞窟の壁画だとも言った。そんな話題のほかに二人はナチスのユダヤ人虐殺の問題――後に竹山が著書『剣と十字架』(『セレクションII』所収)でとりあげる問題――についても多く語り合ったに相違ない[4]。

スイスを去ると竹山はドイツにまわった。西ドイツの首都のボンに滞在して精力的に調べものをすると「西ドイツ・ボン」通信を『毎日新聞』に送った。同紙とは一九四八年に毎日出版文化賞が授与されて以来縁が深かった。記事は十二月十五日・十六日の同紙に『ソ連地区からの難民』(同前)として掲載されている。竹山の東ドイツ批判の始まりであろう。

パリではマルグリット・ソリニャックが竹山の来信を待ち焦がれるようになっていた。すでにパリ十一月三日付の次のフランス語の手紙をソリニャック夫人は「親しい道雄さま」Cher Monsieur Mythio という書き出しでドイツのボンの日本大使館気付で出している。Monsieur をつけ vous という丁寧語で書かれているが、その文面が只事でない。

親しい道雄さま、その後おたよりがございませんので心配いたしております。あなた様のお手紙の宛先がいつもルジャンドル街一〇一番地になっておりましたから、いままでのお手紙を全部受取れたものと思っておりますけれど、十月十六日以来おたよりがございません。どうかお元気で近くお目にかかることを大層な楽しみにいたしております。

勤務時間中でしたらEurope 55.15に電話してください。駅までお出迎えに行きましょうか？　その方がいいかしら？　わたしは十七区に住んでいます。地下鉄の駅はギー・モケー。だけどそれよりタクシーでいらっしゃい。一回目はその方が簡単ですわ。

それではじきにお目にかかります。早くお返事くださいね。よいご旅行を。わたしの心からの友情をお受けください。マルグリット

これは婚期を逸した独身女性が日本の紳士に思いを寄せた手紙のように思える。男にパリに到着するや自分の家にまっすぐに来い、と書いてよこしたのである。封筒の表にはHerrn M. Takeyamaと書いてあるから、ミチオが姓でなく名前であることはもちろん承知している。最初このMythioの綴りに私は驚いてしまった。これは竹山自身が名前をMythioと署名して彼女に旅先から手紙を送ってよこしたからこそマルグリットもこう書いたにちがいない。MythとかMytheとかは西洋語で「神話」という意味である。一体この自分のミチオの名前を偽名とはいわずとも神話化するとは何事か。これはいかなる恋心の悪戯かと私は思った。

しかし竹山の『イタリアめぐり』を読むうちに謎が解けた。竹山はヨーロッパに着いた最初の国のイタリアで、ヨーロッパへ戦争をはさんで二十六年ぶりに戻れたことの興奮も手伝って、行きずりの人とも英独仏の言葉で実によく会話しているが、イタリア語の片言も口にした。すると「私はミチオ……」と名乗るたびに、ある人は微笑をうかべ、ある人は意味ありげに首をふり、ある人はいたずら気な目つきで竹山の顔を見た。ついにホテルの受付でその微笑のわけを聞かされた。イタリアのホテルの受付は宿泊客の旅券を預かるが、竹山の名前を確かめると、ミチオはイタリアの子供の言葉[5]で猫、それも「ニャーニャ」といった意味だと教えてくれた。さて、と竹山は言った、「私はニャーニャではない」というのは、イタリア語では何といったらいいのだろう？　でその時

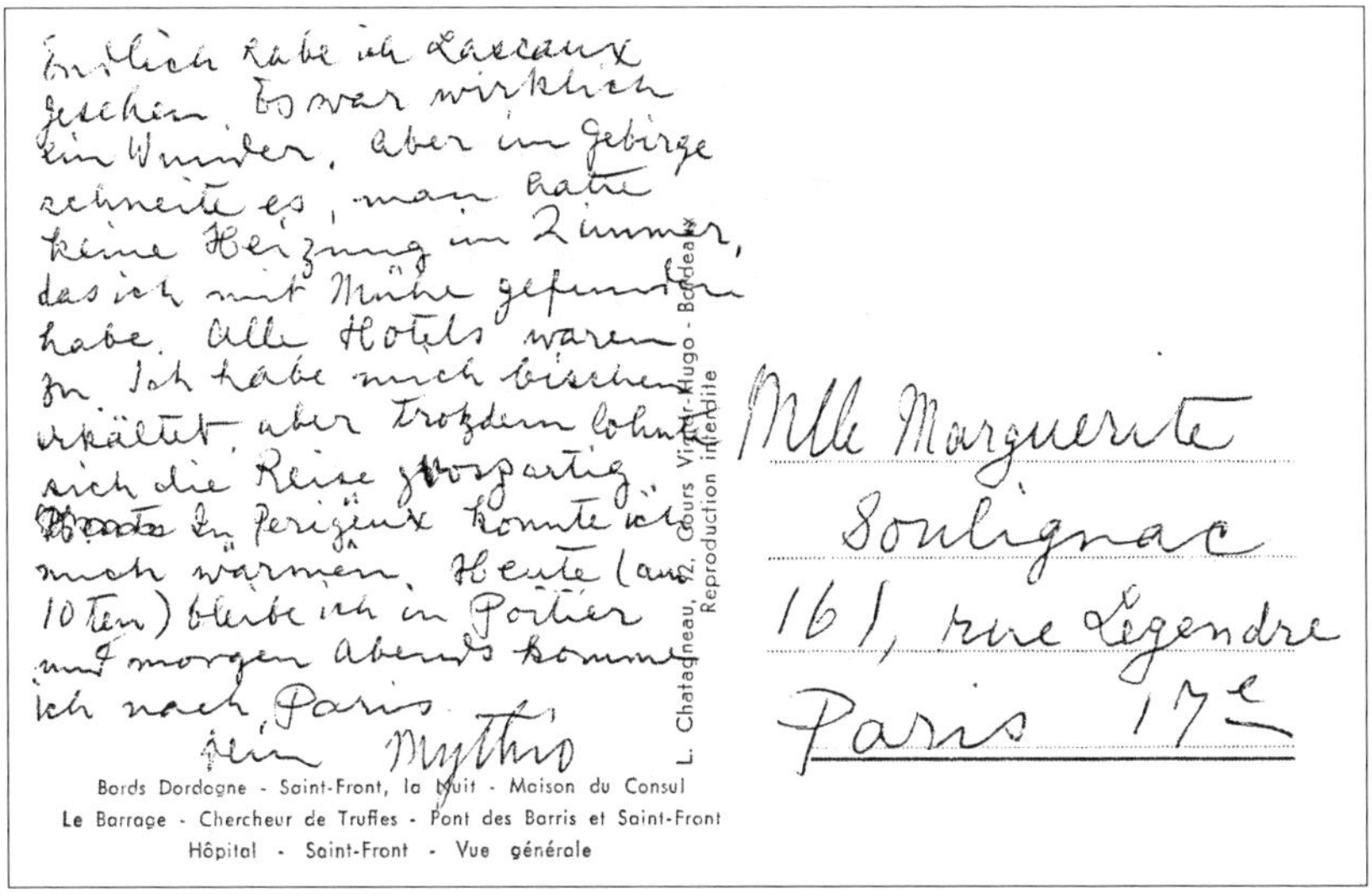

Endlich habe ich Lascaux
gesehen. Es war wirklich
ein Wunder, aber im Gebirge
schneite es, man hatte
keine Heizung im Zimmer,
das ich mit Mühe gefunden
habe. Alle Hotels waren
zu. Ich habe mich bischen
erkältet, aber trotzdem lohnte
sich die Reise grossartig.
In Perigeux konnte ich
mich wärmen. Heute (am
10ten) bleibe ich in Poitier
und morgen abends komme
ich nach Paris.
Dein Mythio

Mlle Marguerite
Soulignac
161, rue Legendre
Paris 17e

L. Chatagneau, 2, Cours Victor-Hugo - Bordeaux
Reproduction interdite

Bords Dordogne - Saint-Front, la Nuit - Maison du Consul
Le Barrage - Chercheur de Truffes - Pont des Barris et Saint-Front
Hôpital - Saint-Front - Vue générale

竹山道雄のソリニャック宛の葉書（1956 年 1 月 10 日）

から竹山は Mythio という名前を考えたのにちがいない。そんな竹山が Mythio と署名した絵はがきが一枚残っている。

一九五六年の一月はセーヌ川に大きな氷が流れた稀に見る寒さであった。そんな季節外れに竹山は今度は南フランスのラスコーを目指して出かけた。辛うじて見つけた部屋で湯たんぽをもらって寝た。竹山はその旅の帰り南仏ペリグーの町で暖房のあるホテルに泊ってほっとした。そのときマドモアゼル・ソリニャックに宛ててドイツ語で書いた。十日とあるのは一九五六年一月十日であろう。

ついに私はラスコーを見ました。実際すばらしかった。しかし山中では雪が降っていて、やっとのことで見つけた部屋には暖房がなかった。ホテルは全部閉っていました。私はすこし風邪をひいたが、しかしこの旅行はまことにやり甲斐がありました。ペリグーでは暖をとることができました。今日は（十日ですが）ポワチエに滞在し、明日の晩パリに向かいます。道雄

この絵はがきには最後に Dein Mythio と署名してある。書

かれたのは私たちが竹山氏とパリで再会する二週間前で、投函しそびれたのは、絵はがきが着くより先にパリでソリニャックに会うことになると思ったか、旅先で切手を買う暇がなかったかであろう。しかしパリへ帰ると竹山は、今はムドンからモンマルトルに引っ越した「知られざるひと」の一家と再会する。そしてソリニャック夫人のもとではなく、旧知の「知られざるひと」の親戚の家に下宿することとなるのである。高階秀爾、芳賀徹と私の三人が竹山先生と再会したのはそんな時であった。

複数の文化体験

千九百五十年代の日本人留学生がパリの学寮でみな切り詰めた生活をしていたことは前にもふれた。日本人同士が小さく固まって貧乏暮らしをしているだけでは見聞はおのずから限られる。博士論文を書こうとして図書館と寮を往復する日々を過ごすようでは視野狭窄症に陥ることは避けがたい。論文を書いたとしても型通りのものになりがちだ。

そんな貧乏生活をおおむね送っていた。だから、美術史が専門の高階にしても当時はラスコーへ出向いていない。芳賀は型はずれの生活を送ったかに見えるが、フランス国内の行動半径はおよそ限られたもので、パリから遠いとはいえぬロワール川の城や泉を訪ねることもなく、フィアンセが待っていたからとはいえ二年足らずで帰国してしまった。パリ近郊のフォンテーヌブローまでなぜ足をのばさなかったかといえば、当時のフランス国鉄の料金は同じ走行距離について、今とは逆で、日本国鉄の六倍もしたのである。——だからといって芳賀は書籍本位の勉学に耽っていたわけではない、モンパルナスのカフェ・クポールなどでフランス人の画家や評論家と親しくつきあって、通訳して稼いだ金も気前よく費ってしまったのである。帰国の旅費にも事欠く始末となりドイツ駐在の商社員の友人に百ドル紙幣を何通かの手紙に分けて送ってもらったから航空券も買えたのだ。だが考えてみると芳賀の後半生の美術文化史家としての豊かなキャリヤーは、セーヌ左岸のスタドレール画廊を中心とする今井俊満、サム・フランシス、タピエなどアンフォルメル一派との親密な交際に端を発している。竹山道雄と芳賀徹との交流を含めてこんな裏話は本来本人が書くべきだろうが、書きそうにないので私がとりまとめることにする。

そんな芳賀徹であったから、パリでの竹山との付き合いについてこんな風に後述の「解説」の冒頭に書いている。

遠い昔にには、こんなこともあった。――パリの留学生だった私は、あるよく晴れた春の午後、アメリカ人のガール・フレンドと肩を並べて、ソルボンヌから彼女の寮へとサンミシェル通りを歩いていた。信号待ちをしながらも談笑していると、うしろからポンとポスターをまるめたようなもので肩をたたかれた。ふりむくと、それが竹山氏だった。「あっ、先生……」
氏はいたずらな少年のような嬉しそうな顔で笑っていた。

竹山はそんな風に外国交際を楽しむ若者を良しとしたのだ。考えてみると、竹山は彼が生きた時代の日本で最も優れたアクチュアルな本物のドイツ研究――ナチス・ドイツについて、東ドイツの幻と真実について――をした人である。なにが本当の生きた学問であるかをその時事的な著作でも示している。研究当該国の国文学や国史学の枠内にはいって論文を書くことにも意味はあろうが、それよりさらに大切な研究課題があることを竹山は語ってくれた。牡丹屋で竹山がふれた「洋学の事」とはフィレンツェの科学史博物館を訪れてガリレオの実験機械を見て話が平賀源内や司馬江漢に飛んだことをさすのだろう。幕末の洋画家高橋由一を書くことで学問的に出発した芳賀徹は「解説」の結びにこう書いている。「なんのことはない、私はその後、この先生が指さした一つの方向を歩いてみてきたのにすぎなかった」。

金欠であったから各地へ飛ぶことはできなかった私たちだが、こうして比較文化史の構想だけは大いに世界各地へ羽ばたいて拡がっていたのである。フランスのギュイヤールなどがク・セ・ジュ文庫で述べた西洋中心の図式的な比較文学の枠内で研究することにはあきたらなかった私たちが正しかったのだ。私は留学して二十年後、自分の学問を intercultural relations と再定義して『西欧の衝撃と日本』（一九七四年）を出すとき「まえがき」に自分の学問的出自を振返ってこんなことを書いた。こうした考え方はあのころの留学体験に根ざしていると思うので、ここに一部を引用させていただく。

私は自分自身に忠実でありたいと願い、自分自身の内から湧いてくる問題を自分の学問の中で生かしたかったのである。そしていまから振返って考えると、あのころの未熟だった私が、無理強いされた形で、フランス本位の学問の旧分類の枠内へ強いて自分を押しこみ、気に染まぬ形で比較文学の論文をソルボンヌへ提出しなかったことがかえって幸いしたように思われてならない。旧分類の比較文学研究をしていたなら、私は小専門家にはなっていただろうが、「西欧の衝撃と日本」のような大問題を取扱う人にはおそらくなっていなかったにちがいない。……新しい学問の領域は、古い学問の専門の枠を取壊すことによって開かれる、という面もあるのではなかろうか。

私はそんな二本の足を東西両洋におろす学問の道を選んだ。later specialization といおうか、人一倍長い複数語学習得の教養時代を過ごした。それだから若いころは飛び級を重ねたものの大学人としてのキャリヤーは late starterであった。日本語の著作はもとより七十歳代に英語の主著を英国から、八十歳代にフランス語の著書もパリから出しているから、学者寿命は長い。そんな私は順風満帆の生活を送ったように見え、また事実そうであるかもしれないが、しかし留学生当時の私には参考すべき先行研究がなく、何を模範としてよいか見当がつかなかった。ただ幸い友人に恵まれた私は、やみくもに語学の実力をつけようと、複数の国籍の友人とつきあっていたのである。複数の外国に留学した竹山はその点でも私の師であった。

たそがれのパリ女たち

敗戦後であったから、一般に留学生は日本人であることに自信をもてない人が多かった。しかも金欠である。パリの日本館で舞踏会を催しても踊りもせず、クロークのアルバイトでなにがしかの銭を稼ぐようなみすぼらしい様の者もいた。パリにいながら土地の人とつきあいがない。ダンス・パーティーで誘いの声がかからない女性は「壁の花」といわれるが、フランス語の拙《せつ》な東大法学部助教授などいかにも寂しげであった。女性に声をかけても相手にされず、「壁の男」として突っ立っていたからである。後に民法の大家となったが、そのH教授が『竹山道雄著作集』が出た時に私をつかまえて「なぜ『フランス滞在』を入れないのですか」と聞かれた。それは私たち留学生と違って、パリ生活にはいりこんだ竹山の文章がいかにも滋味ふかい生活を伝えていたからだろう。私もその割愛を惜しみ、その代りに『たそがれのパリ女たち』(『セレクションⅢ』所収)を選んだ。竹山自身はこの文章を以前に単行本に収めたことがない。しかし『著作集』を編む際に「これ入れましょう」と私がいったら竹山は反対しなかった。

ある夜更けに、私はパリの街を三人のマドモアゼルと歩いていた。いずれも老嬢である。働き者で、陽気で、気さくで、ちゃっかり屋のしみったれだが、人がいい。

この人たちに「映画を見ましょう」とか「カフェで休みましょう」とかいえば、いいだした方が招待したことになる。ふしぎなことに、いいだすのはいつも私の方で、その後では彼女たちはいつも気持のいいお世辞をたくさん浴びせてくれる。

その夜は凱旋門の裏の小さな映画館で、日本映画の「プランセス・サン」――つまり「千姫」を見た。御婦人たちにはこの映画がひどくお気にめして、私も二廻り見なくてはならなかった。出てからカフェでベネディクティンを飲み、小鳥のごとき囀りをきいた。早口の会話はほとんど分らない。分らない話をじっと聞いているのもなかなかつらいものである。いちいち聞きかえすわけにもいかないから、そのうちに分るだろうと思ってうなずいたら、「あなたはウィ、ウィというから分っているのかと思っていたら、何にも分っていないのね」と看破されたことがあった。しかし、本ではとうてい読めないフランス人の生活の内輪をきくこともあるし、いろいろ辛抱するには十分価した。囀りがようやくやんだときには、もう夜も十二時をすぎて、地下鉄もなくなっていたから、みなでぶらぶらと歩いた。……

歩いてある町角まで来たとき、一人のマドモアゼルが、

「ちょっと失礼」

といって、ひとりだけ離れて横町に曲ってゆき、パークしている自動車と自動車のあいだに入って姿を消してしまった。

どうしたのだろう、と私はふしぎに思ったが、他の御婦人たちは話をつづけたまま先に歩いていった。私もそれについて行った。次の町角で、彼女らは立ちどまって待った。

まもなく前のマドモアゼルが追いついてきた。にぎやかな話がまた一しきり。パークしている自動車のあいだにしゃがみこんで用をたしたお嬢さんも、日本映画の讃美論などをつづけて、やがてみな夜の深い敷石道で別れた。私は握手をし、女たちは互いに抱きついて頬ずりをした。

私には凱旋門の裏の小さな映画館などといわれると、ああそこかと思う。私が女友達を誘って『ビルマの竪琴』を見に行ったのもそこの映画館だった。芳賀徹は『竹山道雄著作集2　スペインの贋金』にこんな「解説」を書いている。すなわち一九五七年二月の『婦人公論』に出た戦後第一回渡欧時の紀行文『たそがれのパリ女たち』について、

竹山氏がパリでたそがれのマドモアゼルたちとけっこう親しくつきあうようになったのも、誰かの家でたまたま一緒になって口をきいたのが、きっかけだったという。むこうは、適当にフランス語がしゃべれて、ときに映画やベネディクティヌをおごってくれる、この安全で「エキゾチックな小さな動物」を面白がり、それ以後、氏をいいおしゃべりの相手としたのだろう。そして竹山氏のほうも、この婚期を逸してつましく独り暮しする女たちの、当世への不満を語るおしゃべりが面白く、しばし旅さきの無聊をなぐさめるつもりでつきあったのであろう。そこにいささかの好奇心と同情はあったにしても、彼女らに取材して紀行の一篇をものにしようなどというさもしい気持は、少なくともそのときはちっともなかったにちがいない。氏のそのくつろいでとらわれない態度が、またしっかりもので人のいい彼女らにいつのまにか生活の本音《ほんね》を語らせることとなり、それが結局、竹山氏の教養のなかで濾過されて、荷風の『ふらんす物語』以上に渋い味わいをもつあの好エッセーとなったのである。

註

（1）木村健康先生は私が東大教養学部教養学科の学生のころから面識のある先生で、パリの私の所へ案内を頼むと手紙があったが、結局お会いせずに終わった。

（2）そのフランス女性は Marguerite Soulignac といった。なおここでは竹山家の呼び方に従って片仮名で（スリニャックでなく）ソリニャック夫人と書くこととする。この女性が思想的にも連帯感が働いて竹山に好意を寄せた、というような間柄ではないだろう。それというのはちょうどその同じころ私はフランス総評CGTのために時々通訳として働いていた。そこでフランス個人主義の徹底に感心したのにこういうことがある。日本の労働組合代表はパリに来てCGTで歓迎され、いろいろ話しかける。フランス総評で働く職員ならば、日本の総評で働く職員同様、当然左翼思想の持主だろうときめてかかっている。そのつもりで日本代表は話すのだが、職員の女性の反応はすこぶる冷淡である。その女性がしまいにたまりかねて私に「自分がここで働いているのは事務の仕事の契約をしたからで自分の思想と関係はないわ」と言った。そしてそんな関係はおそらくパリの文化自由会議事務局の女性職員についてもいえたことだろうと思うからである。

（3）Lieber Herr Theile,

Ich habe Ihren Brief erhalten und bin erschrocken zu hören, daß Sie so plörzlich abfahren.
Heute bin ich von verschiedenen Angelegenheiten abgehalten, kann nicht zu "chocolate shop" kommen.
Ich werde Ihnen die Korrektur schicken, sobald sie von dem Japaner fertig gemacht ist.
Die Zeit wird vielleicht nie besser? Ich bin über alles so verzweifelt. Die alten Chinesen hatten recht.

Ihr
M. Takeyama

（4）なおタイレも一九六〇年に日本に来た。竹山が帰国する前の留守宅に泊る予定であった。到着予定の日の夕刻、竹山夫人は鎌倉の料亭に一席を設け、片山敏彦をはじめ外国語のできそうな人を揃えたが、南まわりの飛行機の延着で主客のタイレはついにあらわれないという珍事もあった。なおタイレは材木座の家で数日過したのち後は片山家の世話になったようである。このタイレの訪日については第11章所収の竹山道雄のボン発一九六〇年九月二十七日東京着便を参照。

（5）イタリア語で猫は gatto ガットだが幼児語では micio ミーチオという。

3　ソリニャック夫人

ボルドー近くの出身の人

察するに竹山はその後も渡欧するたびにパリではこのような人たちの家に下宿したらしい。『続ヨーロッパの旅』に収められた『フランス滞在』（『セレクションⅢ』に抜粋を所収）は後に新潮文庫本では『ヨーロッパの旅』に収められるが、最初は『新潮』一九五八年の五、六、七月号に発表され、そこにはこう出ている。

私がいまいる家の人々はむかし知っていたので、「その幽霊のような体にゴールの血の気をつぎこんでやる」とて、むやみに精の強いものばかり食べさせます。

朝は大きなボールになみなみとたたえたコーヒー、それに半月形のパン。「地獄のように熱く、悪魔のように黒く、恋のように甘い」と自慢するコーヒーに、バタの焦げた匂いがしみこんだ、この朝食は何ともいえません。これをベッドの中で食べなくてはなりません。それでなくては、「生活を味う」ことにならないのです。

不精な寝床のあたたかさと、いくぶんの膚寒さがあって、はじめてほんとうのコーヒーの味がでるのです。おいおいそれにも慣れ、口をすすいでからコーヒーを飲むと、こくがなくて物足りません。

竹山が昭和初年ムドンの家で「おまえはこのコーヒーを煮て、マダムのところへもっていってくれ」とおやじさんに言われて、その通りにしたが、昭和三十年代前半のパリでは家人に大切にされる客人となっていたのである。

それから昼と夜ですが、牛、馬、豚、羊、兎、雞、さらに、胃、脳髄、心臓、肝臓、腎臓、骨髄、血のソーセージなどを、うんと盛りあげて、それを食べないと心配したり怒ったりします。脂肪と香料を主にした調味というものは、これがほんとうの食物の味ではないでしょうか。調味料はバタにチーズにオリーヴに、ニンニク、コショウ、パセリが、何にでも入ります。毎日ありとあらゆる変化に豊んだ芳香のあつい湯気につつまれています。おまけに食前も食中も食後も、さまざまの種類の酒を強要されます。……

大きな皿に、ニンニクの匂いがプンプンする真赤な馬肉がついています。これは造血にいいのだそうです。これをみなうまそうに平げて、しかも食事中は一瞬の休みもなくお喋りをつづけていなくてはなりません。黙っていることは無作法な罪です。快活に情熱的でなくてはなりません。これがようやくすむとホッとして、自分の部屋に入って、ソファに横になります。

敗戦後は五十四キロだった体重が六十五キロにふえて、両腕を後にのばすと背中で厚い筋肉がぶつかるという、生まれてはじめての感触を味わった。

この家族はボルドー近くの出身で、その郷土色からか、よく食いよく飲みよく笑いよくおこって、食事中も猥談を平気でやっています。こういう平凡な中流階級の日常を通じて、いくらかはお国柄を知ることができました が、……生活甘美化の技術も、繊細なエスプリも、波瀾の多い小説的な事件も、それからゾラがえがいたような獣的な狂暴な泥にまみれた人間も、みな作り事ではないのです。

「この家族はボルドー近くの出身で」の言葉に私はソリニャック夫人こそ「知られざるひと」の後身かと考えたことがある。そう思ったのはソリニャック Soulignac のような ac で終わる名はコニャック、ベルジュラック、モーリアック、ベラックなどと同様、ボルドー近辺に多い名前だからで、しかも竹山の『フランス滞在』には昭和初年に竹山青年が下宿したムドンの一家は代がわりして今はパリのモンマルトルの近くに住んでいるとある。ソリニャック夫人の手紙の住所、十七区ルジャンドル街一六一番地 161 rue Legendre は地図で調べるとまさにその近く、サクレ・クール寺院の西一キロほどである。さてはこの女性こそ「知られざるひと」の後半生か、とロマネスクな想像が一瞬走った。

ソリニャック夫人と竹山夫人

竹山家では昭和三十年代初めから四十年代末にかけて、西暦でいえば一九五五年から一九七五年にかけて、道雄がパリへ行くたびに世話になるフランス女性がいることは夫人の保子も子供の依子も護夫も承知していた。道雄の娘の依子は、竹山が戦後初めてヨーロッパへ行った一九五六年に中学三年生だったが、その時からソリニャック夫人の名前は聞き知っていた。竹山が帰国して依子へ彼女からのお土産を手渡してくれたこともある。鎖でできたブレスレットに小さな可愛い鳩だかひよこだかがついていた。それが皮製の朱肉色の大きめの財布に収められていた。

旅先から道雄がパリで世話になったから礼物を送るようにと留守宅に手紙をよこして、夫人保子が贈物を送った。ソリニャック夫人からは英語で鄭重な礼状が留守宅に届き、竹山夫人と贈物を交換したこともある。当時の竹山家はなにかを買って西洋へ送るのでなく戦災を免れた家にある物を選んで贈物とした。真珠の首飾りとか、戦前まだ安かったころに買った民芸作家の陶器など、それが高値になりつつあることも知らないで、タイレ氏にお礼として贈ったこともあるらしい。外地の夫から手紙で依頼されても相手からどんな世話になりどの程度の礼をすればよいか見当がつかず、高価な品を贈って相手を驚かせたこともあったのだろう。私もその間の事情がわからず誤解をして笑われたことがある。「キモノを贈られた」というソリニャック夫人の礼状に竹山と特別な仲であったのかと驚いていると「それはゆかたのことよ」と依子にたしなめられた。それなら別に親密な関係ともいえまい。しかも竹山夫人から贈られたものである。だが近親者の私ですらそんな思い違いをするのだから、真実はなかなかつかみがたい。先方からは「お礼を述べたいのだが、御主人が今どこにおられるかわからないので」という鎌倉の保子夫人への礼状があったりもした。同様趣旨の手紙はタイレ夫人からもあった。竹山がそれだけ足まめに各地をまわっていたからだろう。なにしろ竹山は当時の日本人が出入りできた社会主義圏の唯一の国であったユーゴスラビアまで出かけた。それはチトーがスターリンに楯突いたからで、私はパリでその話をうかがったおぼえがある。

竹山は自宅にもあまり連絡してこなかった。当時はヨーロッパから日本へ電話するなど思いもよらなかった時分である。ソリニャック夫人の一九五六年六月二十日付の竹山夫人宛の礼状には「わたくしからは竹山様についての消息はなにも差しあげられません。わたしのところには全然便りがありませんから。あの人はひょっとしてスイスで凍死しているのではないかしら」などと冗談めかして書いてある。となると道雄とソリニャック夫人の間の感情の温度ももはや高くはなかったのであろう。I cannot give you any news from M. Takeyama, which I suppose is probably frozen in Swissland? as I do not get news from him, he was well when he left. ソリニャック夫人は whom と書くべきところを which とフランス語直訳の英語で誤って書いてしまったのがおかしい。さながら人間でなく物扱いのようで、手紙もよこさない竹山道雄を人でなしと怒っているようでもあれば笑っているようでもある。六月ごろにまたスイスへ行ってタイレと話し込んでいたのだろうか。なお英語では Swissland ではなく Switzerland と書く。

竹山夫妻

依子は一九六二年十月に私と結婚し、二人でイタリアへ留学したが、六三年の夏、フランス語に磨きをかけたいといって、イタリア語教員資格免許試験を準備中の私をペルージャに置いたまま一人でパリのアリアンス・フランセーズへ行ってしまった。パリの大学都市の学生寮にたまたま空き部屋があって泊ったが、その住人が予定より早く戻ったので部屋を出ざるを得ず、知合いもないから、小田実の『何でも見てやろう』を参照してパンテオン近くの安ホテルに一室を見つけたという。「あのときは途方に暮れた」というから「なぜソリニャック夫人に助けを求めなかったのか」と近ごろになってたずねたところ、渡欧前の依子はソリニャック夫人のことなど思いもせず、その住所を聞きもしなかったという。まあそんなものであろう。竹山がパリへ行くたびにソリニャック夫人に世話になることを竹山夫人は好まなかったのかもしれない。それともソリニャック夫人とのつきあいは公務の一端だから娘が私用で気軽く頼みごとなどすべきでない、ということだったのかもしれない。

竹山夫人保子もなかなかの人物で夫道雄と拮抗《きっこう》しというか均衡《きんこう》していた。婿が話すべきことではないかもしれないが、戦後の動揺を経てきた二人の間にはいろいろな事もあったであろう。私との縁談が整い、竹山が娘の依子を連れて平川家に挨拶に来たとき、私の母が、

「祐弘は学問の道に進みますが、お宅のような家庭で育った依子さんには学者の暮らしがよくおわかりでしょうから、そこは安心でございます」

とご挨拶を言った。母としては社交の辞だったろう。するとそのとき依子が突然泣き出した。本人は泣いたことを覚えていないと言うが、私は内心驚いた。そして竹山家には前になにかあったなと感じたものである。

竹山道雄一家は戦後初めは保子の母南ふくと一緒に鎌倉扇谷で暮らしていた。一九四九年に材木座に移り、今度は道雄の母竹山逸と暮らした。道雄は男五人女二人の兄弟姉妹の中で次男である。父竹山純平は一九四三年に亡くなって、母逸は戦争中は遠州の下堀で暮らしていた。それが最愛の息子を頼りに道雄一家と同居することとなったので、材木座の家はもと純平が隠居所として建てさせた家である。戦後食糧難のころであればそうした家庭環境が容易ではなかったろう。そのことは一九四九（昭和二十四）年三月号の『心』に掲載された小説『きずあと』（『セレクションⅣ』所収）からも察せられる。本間長世が「竹山先生は離婚するつもりか」などと口走ったことがある。『竹山道雄著作集』の編集に加わっていた私が一九八二（昭和五十七）年、『きずあと』も載せますか」と材木座の家で遠慮がちにたずねると、道雄はてれたように「敗戦後は生活難でインテリはみんな精神状態がおかしくなった。次々ともめて気の強い人から離婚した」などと同僚の名前をあげた。夫人は「お載せになるならどうぞ」と奥から自分でその掲載誌を取り出してきて私の前に置いた。

竹山夫妻は二人とも穏やかなようだか、芯が強く、譲らない間柄だったのだろう。一張一弛《いっちょういっし》の関係はどこの夫婦にもあることかもしれないが、たいへんな時期もあったのかもしれない。道雄の鬱病がひどかった時もある。

しかし世間的には立派な竹山夫妻であった。保子夫人は竹山道雄という夫を誇りにしていた。竹山が没した翌一九八五（昭和六十）年にカラー版映画『ビルマの竪琴』が公開されたとき、市川崑監督と対談した際の言葉のはしばしに感じられる。

一九八四（昭和五十九）年に夫の道雄が八十歳で亡くなった。一九八七（昭和六十二）年に息子の護夫が四十四歳で亡くなった。竹山保子はその後も鎌倉材木座で暮らしていたが、最晩年の六年は渋谷西原の私の家の二階で過ごした。品がよくて機嫌がいいから看護婦さんにも評判がよかった。相手が育ちのいい人であるとそれを直感して丁寧ににこにこと挨拶する。亡くなる二日前も依子が車椅子を押して散歩に出ると近所の人が何人も立ち止まって話しかけた。二〇一四（平成二十六）年九月十六日に九十八歳で亡くなった。その最晩年の写真はいかにも美しい。鎌倉霊園の墓に夫道雄、息子護夫とともに葬られている。

神西夫人気付

依子の弟の護夫はませていた。二歳違いの姉が二十一で私の妻となり竹山家を出た後も、鎌倉から本郷の大学院に数年通っていた。それだけに父と母とを近くから観察する機会も多く、両親をよく知っており、二人をよく揶揄していた。後年、笑い話のようにこんな両親の関係を義兄の私に打明けた。竹山はパリへ行くたびにソリニャック夫人に世話になる。竹山が帰国すると夫人から手紙[1]が来る。その手紙はフランス語かドイツ語で書かれている。しかし――ここからは私の後智恵の推察だが――手紙の冒頭に Mon Cher Mythio とか Mein Lieber Mythio とか書かれている。一九六一年道雄が帰国した直後には Mein lieber Minmi に始まる東京中央郵便局局留めの手紙も来ている。直訳すれば「わたしの親しい道雄さま」ということになる。しかし英語の My Dear という呼びかけ同様、それほど親密な意味はないのかもしれない。私などもその種の書き出しの手紙は多く受取っている。しかしその手紙に何かただならぬ仲と竹山夫人が感じたとしても不思議はないだろう。その名前の Mythio という綴りも、発音すればミチオだが、なにか神秘的で符牒めいているではないか。ただしどうしてこんなスペリングに改めたかその秘密はすでに説明した。しかしその謎がとけるまでは私なぞも一体これは何事かと思ったものである。

竹山は重厚な人である。一高で同僚だった市原豊太は竹山が『手帖』を昭和二十五年に出したとき『人間』十一月号の書評で、イタリアで日本での幼馴染の混血少女をついに訪問しなかった竹山について「その慎重さは歯がゆい程である」と評し、こんなエピソードを述べた。戦後のある日、渋谷の小料理屋で一合の酒を二人で飲んだことがある、「竹山君はその五六倍は平気なのに、それ以上をどうしても肯んじない」、それでこう言った、「君は少し君自身に対するブレーキを利かせ過ぎるやうだ」。すると竹山は言下に「僕はブレーキそのものだからネ」と恬然《てんぜん》として答えた。大正期の山の手育ちにはそういう人が多かったのである。

フランスで何があったかはわからない。またそのために鎌倉で何かもめごとが生じたのかどうかも知らない。何もなくとももめたのだとすれば、それは四十代半ばの夫人がなにかと苦しい年期だったからではあるまいか。竹山は波風が立たぬようにとソリニャック夫人に直接材木座へは手紙を送らないでくれと頼んだ。ただ竹山としては非難されるいわれもない交友関係を絶つつもりはない。また次に渡欧する際に会うことを楽しみにしている。そういう考えからかと思うが、竹山の取り計らいで、ソリニャック夫人はある時から鎌倉市材木座八二二番地でなく、道雄の親友で一九五七年に亡くなった神西《じんざい》清の夫人気付で手紙を送るようになった。竹山がときどき同じ鎌倉二階堂在の神西百合夫人のもとへその手紙を受取りに出向いた。神西夫妻は竹山が一九三九年に結婚(再婚)したときの実質的な仲人であり、神西夫人は竹山夫妻と親しい仲である。親しい仲だからこそ道雄も頼んだのだろうが、そのような立場にある神西夫人が、西洋婦人の手紙の受取係であることをいつまでも黙っているわけにもいかなかったのではあるまいか、それとも竹山夫人がそんな「神西夫人気付」という表書きの道雄宛ての手紙をどこかで見つけたからであろうか、その件は明るみに出てしまった。竹山道雄が亡くなったとき、鎌倉のさみしい焼場で神西夫人は微笑みつつあらためて護夫と私にそのことを打明けたが、しかし私たち二人はその話はもうとっくに知っており、それはもはや笑い話に近い話題になっていた。しかし考えてみると、ソリニャック夫人としては Monsieur Michio Takeyama c/o Madame Zinzai という気付で手紙を出すたびに共犯者めいた気持になったことであろう。道雄以上に先方が夢中になったこともありうるだろう。しかもその件があった後も竹山はパリに行くたびにソリニャック夫人に会っていたのである。

アブサン

戦後二十六年ぶりにパリを訪ねたとき竹山は満五十一歳になっていた。かつて学生上りの二十五歳のころに知っていた家をパリ郊外のムドンにたずねた。家屋はすべてそのままだったが、老人はおおむね死に、子供が大人になっていた。

彼らは家作をパリの市中、モンマルトルの近くに幾つも持っており、竹山は戦前に下宿した「知られざるひと」の親戚の一室に今度は住まうこととなった。モンマルトルのそば、にぎやかな大通りからわきに入ったところで、もうここでは家並みも不揃い、なんとなく陽に遠く、敷石路は丸い石が凸凹だった。堅気な人々が住んでいる平凡なしもたやばかりである。エレベーターはなかった。階段の途中のところに便所がある。いくつかの鍵をあけて部屋にはいる。部屋代も食費も契約した上だが、その家のひとがいかに親切で食事がどんな美食であるかは先に引いた。ときには一家中いなくなり、竹山が留守をして独居を楽しむこともあった。「たまの沈黙はまことに黄金のように思われた。そんな日には、殻の中にパテをねりこんだ蝸牛を買ってきて、ストーヴで焼いて、パンと白ブドウ酒で食べた。」

私がパリ第七大学で教えていた一九八〇年七月、保子夫人は七十七歳になる夫をおいてフランスへ遊びに来た。そのとき材木座の家にお手伝いさんも来たが、道雄はときどきチーズを溶かしたオニオン・スープに固くなったパンを漬けるなどして食事していた。飲み物はビールの小瓶だった。

その四半世紀前、モンマルトルの近くの家のアペリチーフはアブサンだった。苦蓬《にがよもぎ》を香味料としたリキュールである。竹山はその味をしめた。

私はアブサンというとヴェルレーヌやアパッシュのことしか知らなかったから、そんなものを飲んだら廃人になると思ったが、今では強いアブサンは製造を禁じられていて、その一種のペルノーというのが愛用されている。これは非常にいいもので、南仏の岩のあいだに太陽に焼かれて生える何とかいう草の匂が咽から鼻にしみわたり、やがて私もけっこうアブサン飲みになった。快い昏酔という悪徳の魅力はわすれがたいものである。

そういえばパリのカフェでお会いしたとき竹山氏がペルノーを注文し、アブサンのうまさを私たち青二才に語って聞かせてくれたことがある。それで飲み過ぎて「肝臓を悪くした」といわれた。J'ai mal au foie というフランス人の口癖が移ったかなと内心で思った。『フランス滞在』にはこう出ている。

コップに三分の一ほどペルノーをつぎ、コップの縁に、このために特別に作った匙をおく。これには細かい穴があいている。その上に角砂糖をおいて、それにすこしずつ冷たい水をしたたらす。砂糖は直接にアルコールの中では溶けないのだそうで、それでこのように角砂糖でこして水を入れる。甘い水滴は下に落ちて、黄いろい重いペルノーの中で小さな雲のような渦を巻きおこす。いくつかのコップを水滴でみたすのには、時間と根気がいるが、それでこそアブサンを飲む甲斐がある。

その語りそのものがアブサンよりも微妙な味わいがした。先日依子にその話をしたら、鎌倉の竹山家にはペルノーの小瓶が幾本もあったという。道雄の没後もう古いからといって処分したというが、惜しいことをした。本書が世に出たあかつきには absinthe supérieure の大瓶を一本求めて故人の数少なくなった知己を招いて一夕嗜むつもりである。竹山によると「この匙がいかにも上手にできていた。うつくしいカーヴをえがいて、銀でつくったエスプリの塊だった。細かい穴の点線も非凡だった。そして、このような手工業的な精妙な着想と工夫が生活の隅々にまで及んでいるのには、それに気がつく度に感心した」。

惜しむらくは拙宅にはそんなアブサン用の匙はない。またあったとしても、そのエスプリに気がつくような自分でもない。竹山のあのさとい感受性は別格の天分にちがいない。

ニースの別荘

戦後ヨーロッパへ着きたての頃の竹山はフランス人の中にはいりこんで生活しその属目《しょくもく》の事情を書くことをもっぱら楽しんだ。竹山は触目と書いたが自分の触覚で知覚したことを見事に言いあらわしている。昭和三十年代初期はまだアメリカ軍占領期に引続く半鎖国下の日本であったから、わが国の読者層は正確な西洋事情を知りたくてなお餓えるがごとくであったのである。竹山の文章はその読者の要求にこたえたという面もあった。私自身は同じ時期のパリに留学生として生活しただけに竹山の『フランス滞在』は人一倍懐かしい。竹山は生活事情のほかに時事的なフランスの政治事情にも強い興味を示した。アルジェリア事変が勃発して軍部が政府に従わず独走する、北アフリカ駐屯のフランス陸軍の一部がいわば「関東軍化」する政治情勢を見る竹山の目は、渡欧直前に書いた『昭和の精神史』（『セレクションI』所収）の日本の政治情勢を見た目によく似ている。それはフランスの「戦後の精神史」という面がなくもない。しかし所詮は外国の政治情勢である。当時のフランスで暮らした私などとちがって今の一般読者には興味薄であろう。

竹山はパリの北の区劃、モンマルトル近くの四階の一室に幾月か暮らしただけではない。近所のムニエ夫人の南仏の海岸のニース近くの小さな別荘に数回安い部屋代で泊めてもらったこともある。ムニエ家の人が休暇で避暑に行ったり、貸別荘にしたりしていたのだが、借手がいないときに道雄に格安で利用してもらったのである。

竹山の第二回以後のヨーロッパ旅行がいつで、どこに宿泊したか、私は明らかにしていない。二度、三度と行くうちに竹山は、属目の生活事情より、ユダヤ人焚殺《ふんさつ》、ヨハネス二十三世の教会改革、ベルリンの壁とかの特定の問題を調べる風になったようである。一九六〇（昭和三十五）年には六月に日本を立ち、九月にはモスコーにツーリストとして入り『モスコーの地図』『消えてゆく炎』（のち『ソビエト見聞』として刊行、『セレクションII』所収）を『新潮』に発表し、翌年一月に帰国した。一九六四年にもヨーロッパを訪れた。一九六六年夏はやはり長期出張で、初孫の平川節子が生まれた後、依子と赤ん坊はしばらく材木座の竹山保子のもとにいたが、それは道雄の留守の間のことである。一九六九年にもヨーロッパに旅した。そのときはトルコまで足をのばした。七二年にもまたピレネーの壁画洞窟をおとずれ、ヴァンス、グラス、ニースなどへまた遊んだ。そのとき帰国した際、洞窟壁画について日本文化フォーラムで行なった講演は非常な熱をこめて語り続けるので司会が竹山の健康を気づかったほどだったという。一九七四（昭和四十九）年十月号まで二十八回におよんで『新潮』に連載した『みじかい命』はあまり反応がなくて終わった思想小説だが、その仕事を終えた後の一九七五（昭和五十）年は最後の外国行きで、それはすこぶる長期にわたった。芳賀徹に「先生は最近どうしておられる」ときかれて「またどこかに出かけたままなんだ。もう何箇月も絵はがきひとつないって、奥さんが心配している」と私が答えたのはその時であったろう。

外国行きが止んだのは、翌一九七六（昭和五十一）年鎌倉で散歩中に脚を折って後である。東横線元住吉駅近くの関東労災病院に入院した。見舞いに行くと病室で『戦争と平和』などを読み返していた。回復に手間取り三ヵ月近く入院したが、その間にいまはニースで暮らすマルグリット・ソリニャック夫人にあてて手紙を書いたようである。察するに竹山は前年、南仏で余生を楽しむマルグリットを訪ねたに相違ない。ニースの東隣りのヴィルフランシュで同年輩の女性たちと暮らしていた。その人たちが「たそがれのパリ女たち」と同じ老嬢なのか未亡人なのか、そのあたりはわからない。その人たちはひょっとして「知られざるひと」の親戚や知人だったのかも知れない。が、それもわからない。しかしどのような女性たちであれ、竹山はその人たちの輪の中にあたたかく迎えられていたのだろう。そこでも安全で「エキゾチックな小さな動物」のようにみなされていたにちがいない。ニースに隠棲したフランスの老婦人の中には竹山を人に紹介するときに「これはわたしがインド・シナに残してきた息子でね――」などと言った茶目な女性もまざっていた由である。もっともこれはずっと前の初めて南フランスに逗留したときの話のようだが。……

ある日、フランスから関東労災病院気付 Monsieur Michio Takeyama に一通の手紙が届いた。道雄が病室で封を切ると、それはソリニャック夫人ではなく、その友人からの親身な手紙で、マルグリットは病が篤くもはや道雄のお手紙に返事も書けない、と細かく書いてあった。――

ここで巨視的に振り返る。日本の知識人で外国交際の豊かだった人といえば、明治期の森鷗外、岡倉天心、大正・昭和初年の河合栄治郎とかが思い浮ぶが、その交際の背後には西洋女性も見え隠れして色彩《いろどり》を添えている。そうした存在が外国交際を人間的なものにし、彼らの世界観にある広さと深さを与えているが、竹山道雄もまたそのような一人でもあったのだろうか。

竹山宛の内外の人からの書簡は神奈川近代文学館に納められることとなっているので、将来整理され、精査される日も来るであろう。しかし一旦公開されると、その先はどのような研究者が調べるかわからない。どこの国でも研究者は玉石混交だが、日本でその水準にばらつきがひどいことは学会関係者には知られている。左右のイデオロギー的色眼鏡で見られても迷惑だが、低俗な興味本位で見られてもさらに困る。となれば誤解が生ずるのは避けられないかもしれない。英語教授の行方昭夫は毒舌で知られるが、私と東大駒場で同僚語学教師であっただけに拙著『竹山道雄と昭和の時代』を多少は褒めてくれた。ただしアングロサクソン系の伝記に比べると、配偶者や異性についての記述が少ないのが瑕《きず》だといった。それもあって私もわかる範囲で女性の交友関係についても率直に、なるたけ正確に補っておこうとつとめた次第だ。

市原豊太は竹山と親しかった駒場の同僚で竹山をよく知る一人と思うが、先の『手帖』の書評を次のような人物評でしめくくっている。竹山の「読者は、この著者の稀に見る才能の豊かさを感ぜずにはゐられないであらう。その先天的な感覚の鋭さ、その飽くまで落ちついた観察の的確さ、慎重にして周到な自他両方の批判、逞ましい勉強の意欲、健全な良識と洗練された趣味、思ひやりの深さ、インテリには通常少い実行力、私などには羨ましいことばかりである」。

そのような竹山は戦後知識人の中で一頭地を抜いていた。市原は吉備真庭の雅名を用いたが一九七九（昭和五十四）年竹山道雄夫妻に鎌倉材木座の家に招かれて乙未立春こんな葉書をよこしている。

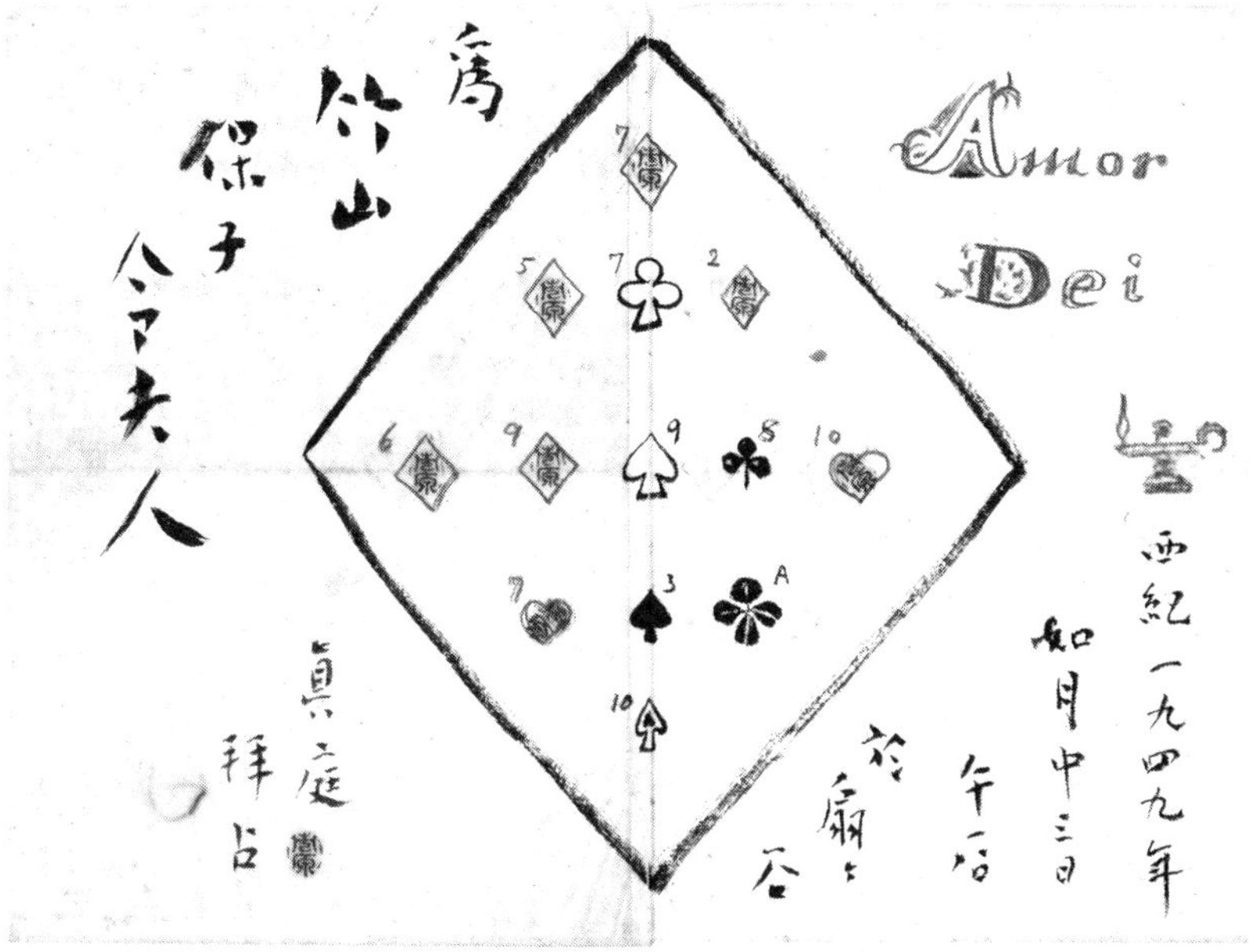

市原豊太より竹山保子夫人に、竹山家を訪問の折に（1949 年 2 月 13 日）

拝復
友よりのたより續けり
星づく夜古き都に
會はむ日を待つ
閑かなるみ庭に梅の
香る午後語り
過ごさむ七十路の
朋

西片町
吉備真庭

市原先生は竹山夫人とも親しかった。竹山夫人は善き人を歓待したが、この詩で綴られた返事の境地こそ晩年の旧制一高の先生方の交友の姿である。なお竹山家には市原先生が鎌倉扇谷の竹山家に招かれた折に書かれた美しい一枚も残されていたのでここに掲げる。一高が廃校になる直前の一九四九（昭和二十四）年二月十三日のことである。

「教養ある人は世界のどこにいてもわが家にいる」とはゲーテの言葉だが、私の見る竹山は日本にいても外国にいてもアット・ホームという印象を受けた。Un homme cultivé est partout chez lui という言葉が似合う人である。そしてまたこうもいえるかと思う、「育ちの良い人は国を越えて親しくなる」les gens bien elevés partout s'entendent. と。ムドンの一家の人々とマルグリット・ソリニャックは無縁な人ではない。結びの部分にふれたことは「知られざるひと」の後半生とはいえないが、その人たちは気質的にもたがいに親和する、気心の知れた人のように思われる。

註

（1）ソリニャック夫人からボンの日本大使館気付で竹山に送られたドイツ語の手紙には、ところどころ間違いもあり、たとえば eine traurige Eindrück などとドイツ語男性名詞「印象」を女性名詞に書いてしまったのは、ドイツ語は流暢なソリニャックだが、フランス人である彼女は une impression triste というフランス語が頭をよぎったからであろう。ドイツ語では男性名詞であるべき「手紙」Brief の冠詞・所有形容詞の用法を間違え性を時に女性にしているのは lettre というフランス語がやはり頭をよぎったからであろう。Kirche とあるべき「教会」を Kirsche と書いたのも、フランス人らしい発音上の誤りに由来する綴りの間違えであるかと思われる。なお解読できなかった箇所は xxxx 印で示した。

Monsieur M.Takeyama c/o Japanische Botschaft Bad Godesberg 139 Kölnischerstrasse Bonn（Allemagne）M. Soulignac Av. de Verdun Villefranche s/mer A.M. France

12 Juli 1960

Mein lieber Mythio,

Heute, bin ich von meiner Überraschung erholt, und habe seitdem ich dein Brief erhalten habe sehr viel an dich gedacht ! Ich will nicht dass Du von meiner erster Brief eine traurige Eindrück bekommnst ! Ich verstehe ja wohl, dass Du von deiner Reise mehr wie möglich erstens wünschst. Deswegen – will ich nicht dass Du wegen mir, deine Plane andern als Du beabsichtigt hast, so dass Du nichts Bereuest.

Ich kenne die Städte welche Du besuchen willst. Besonders "Celle""Lübeck" musst Du nicht vergessen. "Goslar""Göttingen" haben mich gut gefallen ! aber was deine Reise nach Ost ?! schade, dass Du Frau Zabel nie ein Wort gegeben hast, sosnst hat sie ihr Schwager, der in Leipzig wohnt (er ist Archithekte) dir empfohlen, er hätte dir vieles erzählt, denn er sehr viel durchzuleben hatte...während dem ich früher dort war, die Adresse weiss ich nicht mehr ! Du musst die alle Nationdenkmal sehen, u. die Russische Qeue Kriegsdenkmal. Die Ratskeller, wo Göthe oft war ! so schade, dass ich nicht bei dir bin, alle diese Orte kenne ich so gut. Wann möglich, wäre gut nach Prag zu fahren, die Reise durch xxxxxx sehr schön es wird nicht schwerer dort zu gehen als Dresden – diese letzte war so xxxx Xxxxx weiss ich nicht ob Du interesse dort finden willst: die Leute waren damals sehr arm u. hatten Angst zu sprechen ?

In Prag (woxxxx Ort Casanova's !) musst Du diese Kloster, Wefels vor Mazarick xxxxxxxxxxx xxxxx besuchen ! Die Leute sprechen gerne wann Du sagst, dass Du France gern hast. Du wirst überall gefolgt sein ? Musst auch alte Kabarett, natürlich die schöne Gothische Kirsche, u. die kleine Strasse wo man Geld gearbeitet hat, auch die Synagogen viele Juden würden dort getötet, auch Jude Friedhof also mein liebchen, hast eine rechte Interessante Zeit passt auf für dich, dass Du nichts in Sorge bekommst. Ich verstehe dass Du lange Zeit in Paris bleiben wird, dass Du die Absicht hast eine Apfel zu pflücken wünschst. aber schade für mich wegen Portugal ? Aber wann Du ein Parisernest liesst, ist es dir nichts teuer liebchen ? Dort kannst Du auch arbeiten ? – also, dann da du nicht kannst, habe ich meine Schwägerin geschrieben, dass sie zu mir kommen sollte. Mit der Hoffnung dass Du Gut zu mir zurückkehrst, ich freue mich sehr dich endlich zu sehen, zu lieben, zu küssen. Wie immer deine Marguerite mit schönsten Küssen.

mehr! – Du musst die 'alte Nation denkmal
sehen – u. die Russische Denk Kriegs Denkmal...
Die Ratskeller. wo Göthe oft war! – so schade, dass
ich nicht bei dir bin... alle diese Orte kenne
ich so gut. – Wann möglich – wäre gut nach
Prag zu fahren – es wird nicht schwerer (die Reise durch Dolomitte sehr schön) dort
zu gehen als Dresden – diese letzte war so bom-
-badiert – weiss ich nicht ob Du interesse dort finden
wirst; die Leute waren damals sehr arm u.
hatten angst zu sprechen?

In Prag – (Wohnort 'Casanova's'!) musst Du
dieser Kloster. welches vor Mazarick Ministerium steht
besuchen! Die Leute sprechen gerne wann Du
sagst, dass Du France gern hast..! Du wirst überall
gefolgt sein? musst auch alte Kabarett
u. natürlich die schöne gotische Kirche (daneben) .. u. die kleine
Strasse wo man Gold gearbeitet hat.. auch die Synagoge
viele Juden wurden dort getötet.. auch Friedhof (Juden)
also mein Liebchen – hast eine rechte interes-
sante Zeit – passt auf für dich, dass
Du nichts in Sorge bekommst. – Ich verstehe
dass Du lange Zeit in Paris bleiben wird –
dass Du die Absicht hast eine Apfel zu
pflücken wünscht. aber schade für mich wegen
Portugal? – aber wann Du in Pariser Nest
liegt.. ist es dir nicht teuer Liebchen?
dort kannst Du auch arbeiten? – also, dass
da du nicht kommst habe ich meine Schwägerin
geschrieben, dass sie zu mir kommen sollte

[illegible] zu lieben; zu küssen.
wie immer deine Marguerite mit schönen Küssen –

（1960年7月12日）

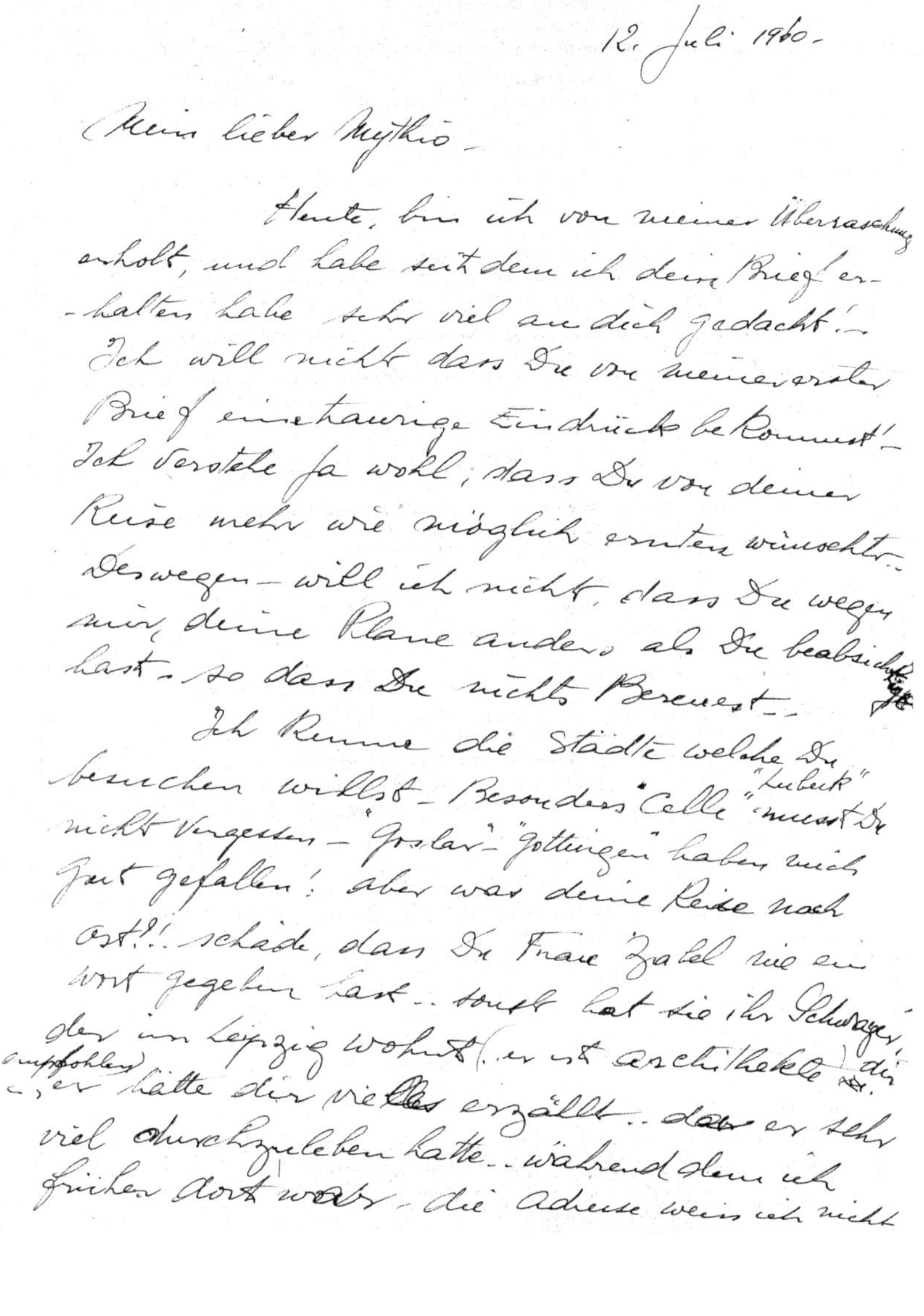

12. Juli 1960.

Mein lieber Mythio –

Heute, bin ich von meiner Überraschung erholt, und habe seit dem ich dein Brief er-halten habe sehr viel an dich gedacht!..
Ich will nicht dass Du von meinem ersten Brief einen traurige Eindrück bekommst! –
Ich verstehe ja wohl, dass Du von deiner Reise mehr wie möglich ernten wünschtest.. Deswegen – will ich nicht, dass Du wegen mir, deine Plane anders als Du beabsichtigt hast – so dass Du nichts Bereuest – .

Ich kenne die Städte welche Du besuchen willst – Besonders "Celle" "Lubeck" musst Du nicht vergessen – "Goslar" "Gottingen" haben mich gut gefallen! aber was deine Reise nach Ost!.. schade, dass Du Frau Zabel nie ein Wort gegeben hast.. sonst hat sie ihr Schwager der in Leipzig wohnt (er ist architekte) dir empfohlen, er hätte dir vieles erzählt.. er sehr viel durchzuleben hatte.. während dem ich früher dort war – die Adresse weiss ich nicht

ソリニャック夫人からの手紙

4 留学時代の手紙

ここで竹山道雄の一九二七年夏から一九三〇年にいたる二年半の留学生活の実情を伝える友人宛の手紙を紹介したい。

片山達吉宛の手紙

片山達吉様　東京市外大森新井宿一三五二　Abs. M. Takeyama bei Fräulein Hermann, Ienaerstr. 22 Berlin W. 30　一**九二八年四月二十一日**

御手紙有難うございました。当地は四月の中旬十四・五・六日と雪がふり、まだ依然としてまつくらで、リンデンの葉も一寸二三分青く出かゝつたまゝです。不景気、神経衰弱。御叱りの程一言のおかへしやうもありませんが創作なんて神経を使ふ仕事は今のところだめで伯林通信がせいぐ〳〵気に入らなくて長くねかしておいたのを近日清書しておくります。申わけありません。

慰半分一日のくらしを絵にかいておめにかける。

〔時計の絵九時二十分〕起床、睡眠不足。婆さんが朝食をもつてきてくれる。赤つぽい脂肪の塊としるべし。〔婆さんが朝食をの絵〕よくねむれたか？といふ。本当の事をいふとうるさいからねむれた、といふ。すると決河の勢で喋りだす。〔アフガニスタンの王様の絵〕アフガニスタンの王様が扁桃腺炎の手術をなさつたさうだ、等といふ。このお婆さんはどうしてこんな事が興味があるのか毛頭理解できぬ。やつと追払つて新聞をよむ。官報みたいなり。小さくまた日本の地震がでてゐる。〔Erdbeben in Japan という新聞の絵〕大学は春休みゆゑ講義には行かず、午前中は勉強せんと本をひろげる。三時間かゝつて二三頁なるとき多し。なぜかう能率が上らないのか、いやになつて了ふ。フンボルト・ホ、シューレでも勉強してきゝに行かうと思ふ〔時計の絵二時二十分　Grundbegriff des.....L という本の絵〕長い階段を下りるともう五分かゝる。学校へ行くみち三時よりはじまること故最早まつくら。瓦斯燈がつきはじめる。そして往来にはもう辻君がならんでゐる。〔辻君の絵〕

うしろのショーウインドーには大変なものが並んでゐる。それが一体何であるかはさる医学博士の説明で初めて知つた次第、それまで毎日何だらうと眺めてゐた。

フンボルトもしくはレシングホ、シューレは中々いゝ先生がでます。一種の大学の公開講義。〔Lessing = Hochschule の聴講生の六人の顔の絵〕一体かういふ奴らと机をならべて勉強して追付いて行けるといふのだらうか？　かういふ奴らの実力はどのくらゐなんだらう、かういふ奴らはどんな生活をしてゐるんだらう？　恋人同志チョコレートをなめたり二人で一つのノートをとつたりしてゐるかういふ奴らはさぞ能率が上るだらうな、二人力で来るのだからかなはないや。かういふ奴らは、かういふ奴らは？……　一役すましてほつとしてアッシンガーに入つてソーセージの立食をする。

下図は Aschinger の給士 Herr Ober といふ奴。ドイツのギャルソンは皆こんななり。"Danke, ja, soo was meene ick ooch! などとベルリン語をつかつてゐる。僕の近頃の好みは黒ビールにケーゼ、まづ南独逸人といふところ。

〔Aschinger Speisesaal の給仕と立食用テーブルの絵〕
ベルリンは東京より人ごみが少く静かです。浅草尾張町みたいなところは一つもなし。但土をふむこと全くなくすべて石の穴の中にすんでゐるやうなもので、神経には大いにこたへます。見物するものが夜はいくらもあり芝居、オペラ、音楽会と身を三つにわつても行きたい位で、その為一寸伯林を去りかねてゐます。

アッシンガーを出るとむかうから一人の大和民族が女をかゝへてくる。冷汗がでる。肩にかけてゐるのは写真機〔女をかゝへてくるヘルプロフェッソールの絵〕上等のペルッを着てヘルプロフェッソールとかよばせてゐる。顔見知りの人だと苦わらひして一寸帽子をとる。人々わらふ。

近頃は殆ど毎日芝居オペラの類に行きます。これが一日の唯一のたのしみ。他はほとんど無言の行のこと多し。オペラに行く途中に公園をとほる。下図のごとし

オペラの廊下では光りかがやく服装をしたやつらが歩いてゐる。とても戦敗国気分など夢にもないやうです。貧乏といつても日本などとは大体標準がけた違ひのやうです。経済的の理解力があつたらいろ〳〵考へて面白い問題があるのだらうと思ひます。汽車賃がめちやに高いから税は一体に高いのだらうとおもひますが、僕にはよく分らず、見るものは皆堂々たる、日本などで考へもつかぬ贅沢な生活ばかり。オペラはモッァルトものを大分きゝ実に面白かつた。フィガロ、ドン　ジョワンニの二つの如き何ともいやはや口に申されず。但音楽がなり。舞台の上での役者の技や色彩感は実に下手で見られず。〔時計の絵十時三十分〕　オペラ終る。みぞれがふつてゐる。

近頃「モスコーユダヤ人、アカデミー劇場」なるものを見ました。ロシア新劇運動中の有数なものでタイロフと何とかとのせつ中派のよし。日本の歌舞伎を真似て遠く及ばざるもの。ざまあ見やがれ！

ブスにのつてかへらうとする。二階に乗ると前に仲のいゝ若い同志がすはつてゐる。〔仲のいゝ若い二人の絵〕

日本の詩やなんかで「しよんがいな」といふ言葉を見、意味がよく分らなかつたが今の自分の気持がさうなんだらうと思ふ。近日フィリップの青年時代の書翰集をよむ。巴里にゐたときの孤独の情がよく分る。近頃心をうたれた本の一。あんまり「しよんがいな」だからビールでも飲もうとおもひ、犬や猫がうよ〳〵してゐるので日本人が「カフェー蚤」といつてゐる日本人だけ集るところに入る。お茶をひいた女どもが坐つてゐる。こゝで日本人のあるコミュニストと話する。〔コミュニストの絵〕愉快。たゞしこの人は社会問題は程々に、以上にベルリン女を論じてそちらの方で大家なり。また同棲をすゝめらる。

〔客待ちの女たち三人の絵〕上の如くやけ酒をのんでぼんやり待つてゐる奴らに大分顔なじみになりました。僕がけつして落城しないのでおこつてゐる。そして僕のことをbabyといふ。連中と話してみると、思つてゐたやうな悪辣なものではなく、たゞ陽気で怠け者ではたらく事が絶対にきらひで明日の事を考へず、今さへわあ〳〵やつてゐればいゝといふのが多いらしい。

光子さんといふのがゐる。バカダネとかヤキモチとかいふ言葉をしつてゐる。僕が片山さんの手紙をよんでゐたらオクサンの手紙がきたんでTraurigなんだらうといつた。一人よつぱらつた奴がこちらを眺めては笑つてモーションをつける。〔女と身ぶるいの絵〕身ぶるいが背中をはしる。

一高をなまけ者で出された奴がこちらにきてゐる。おおいにふかれる。巴里で藤田にあひました、イリアエレンブルクとも毎週会つてゐます。後期……は、等といふ。せんせいたじたじ。きいてみると僕にドイツ語をならひ僕がやつと六十点にしてやつた男がとう〳〵出されて、今は労農党の対支非干渉期成会書記長になつてゐるといふ。へんな気がした。うちにかへつて階段をコソコソ上る。

〔階段の絵〕今日もまたなまけちやつた、と良心に咎めながら見ると、むかひの窓の地理学者のおぢいさんがまだ勉強してゐる。よし、負けずにやるぞ、と思つたがまて〳〵今日はおそいからもうねて、今晩こそは熟

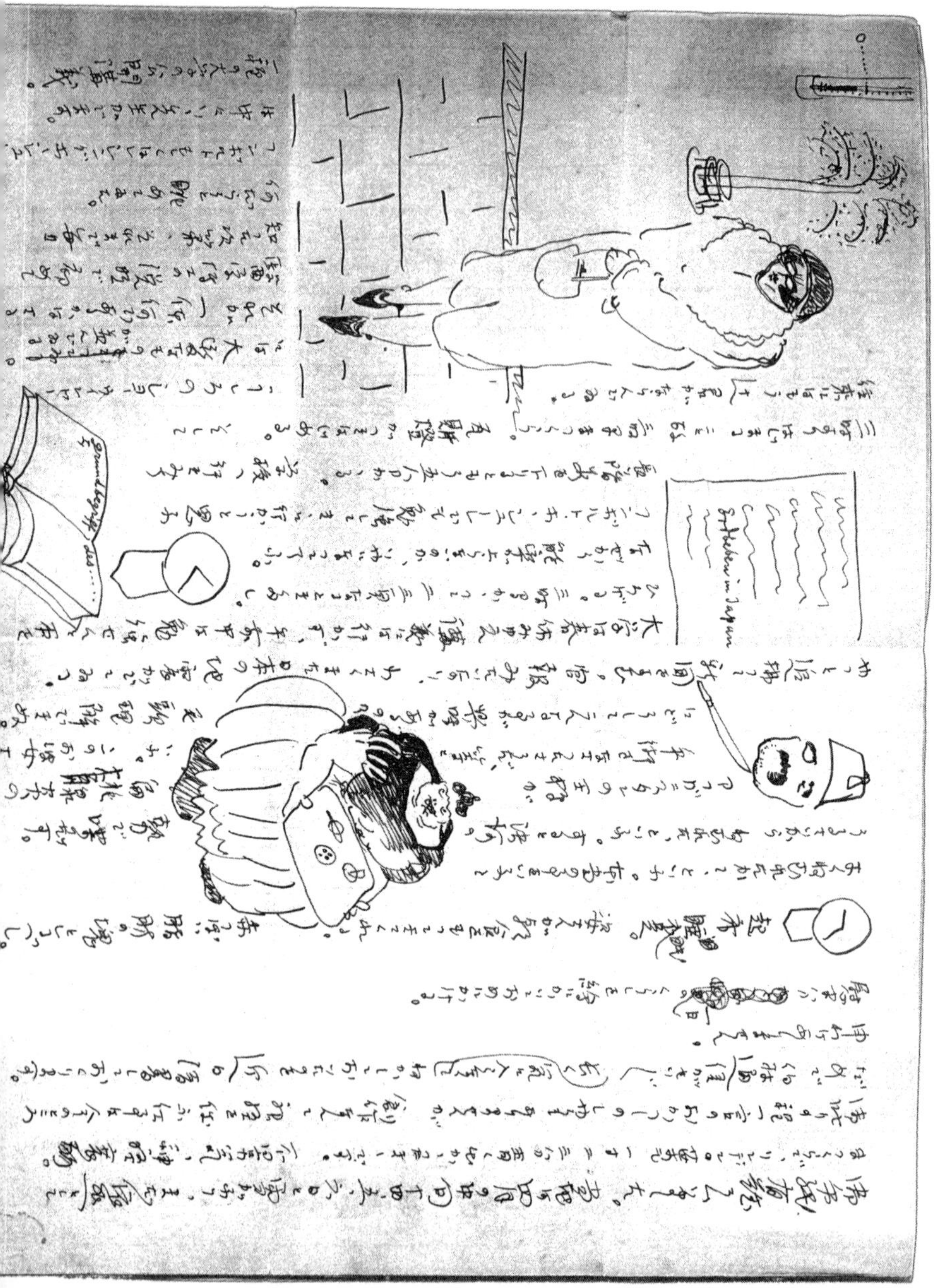

片山達吉宛の手紙（1928年4月21日）

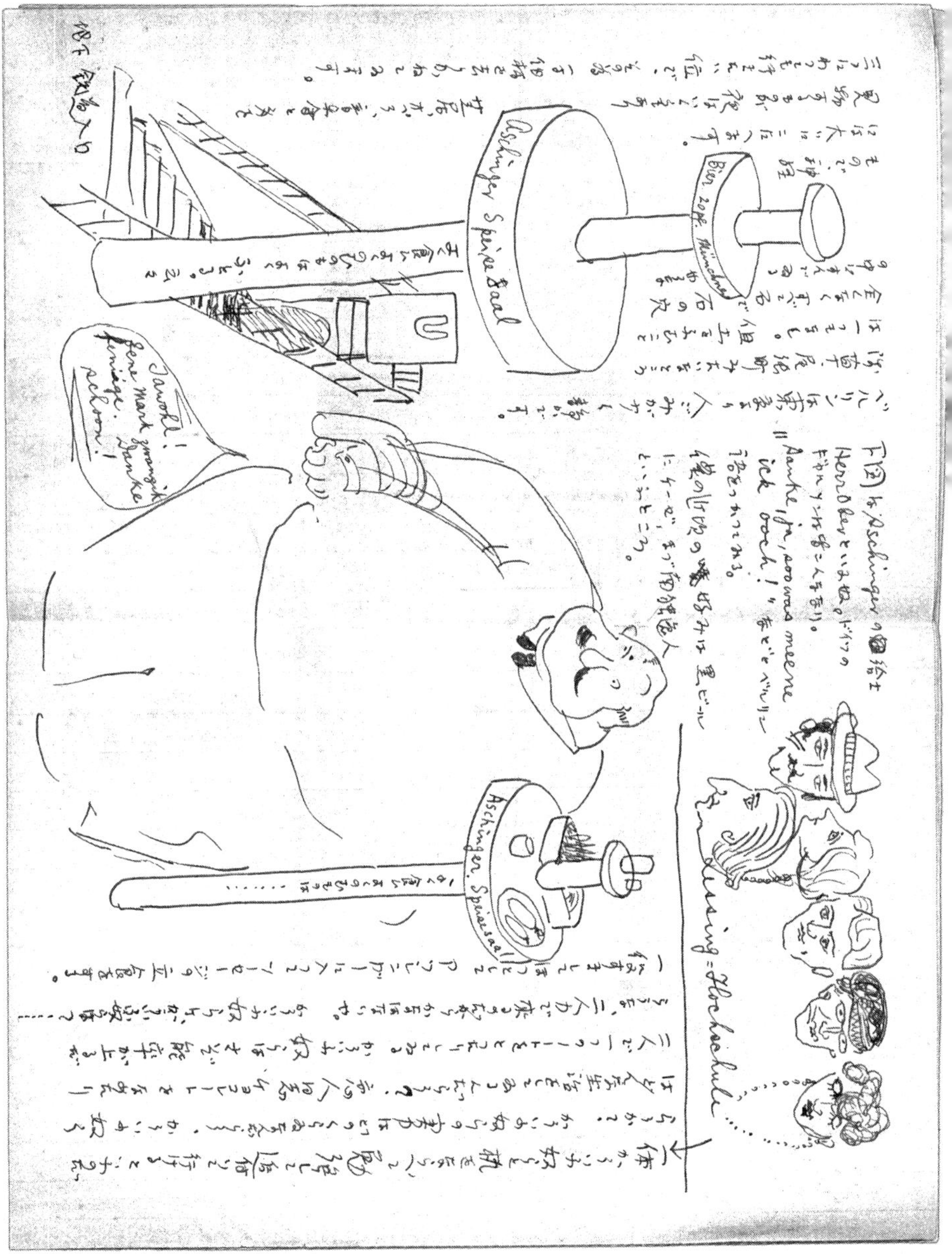

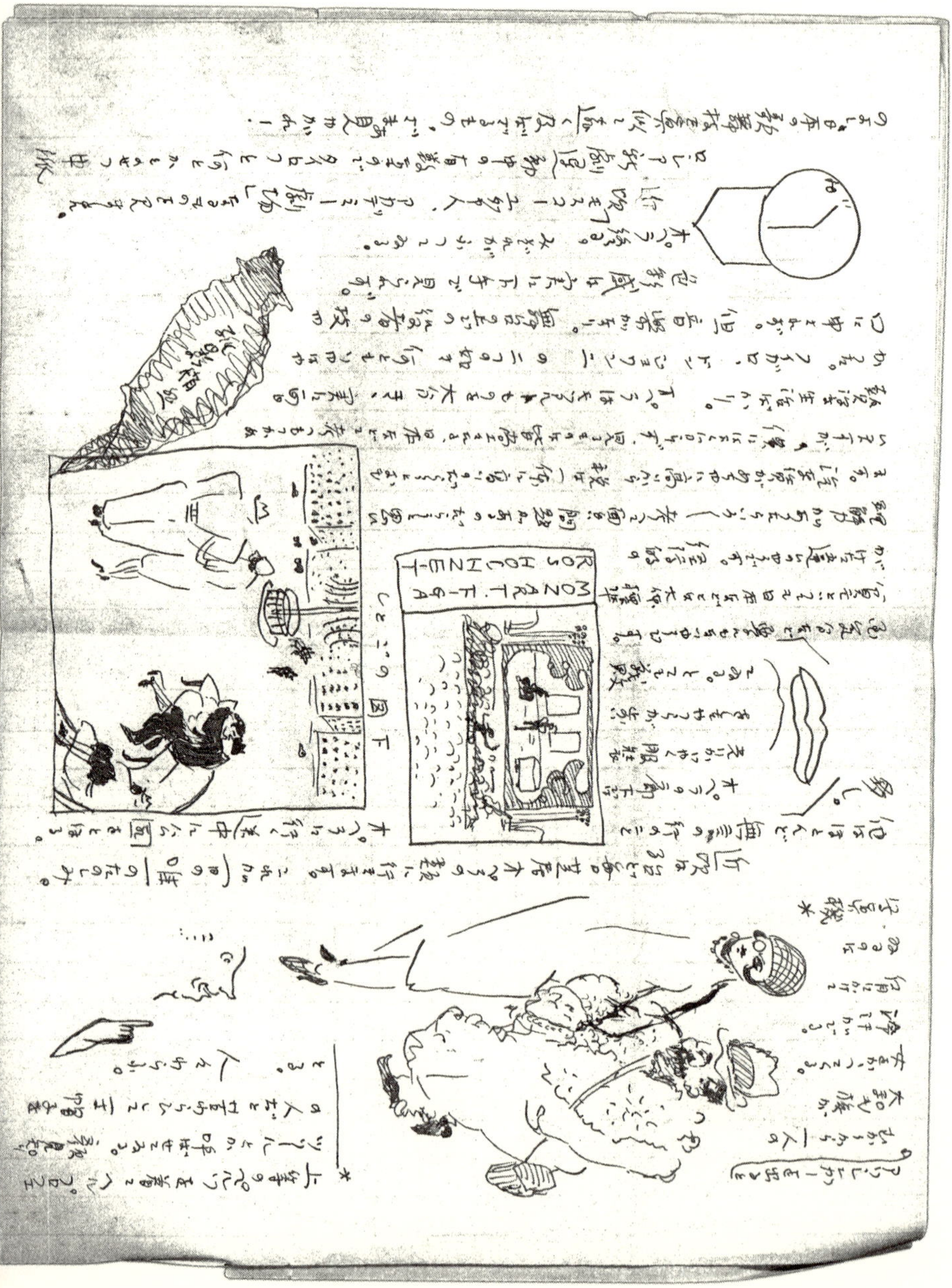
アウレルカーを出ると
むかうから一人の
大きな腹が
女をかゝへてくる。
時計がでる。
眉にかけて
ゐるのは
片眼鏡＊
＊上等のペルツを着てヘル・プロフェツソールとか呼ばせてゐる。顔見知りの人だと甘ゆらひして一寸帽子をとる。人々わらふ。
近頃は殆ど毎晩芝居オペラの類に行きます これが一日の唯一のたのしみ。
オペラに行く途中に公園をとほる。
他はほとんど無意味の行のこと多し。
MOZART. FIGAROS HOCHZEIT
しとこの図下
オペラはモツァルトものを大分き、実に面白かった。
フイガロ、ドン・ジョワンニ の二つの如き何ともいはゆ
口に申されず。但音楽ばかり。舞台の上での役者の技巧
色彩感は実に下手で見られず。
オペラ終る。みんながふってゐる。
近頃モスコー・ユダヤ人、アカデミー劇場「なるものを見ました。
ロシア新劇運動中の有数なので タイロフと何とかものの
のよし。日本の歌舞伎を真似て遠く及ばざるもの。ざまあ見やがれ！ 中脈

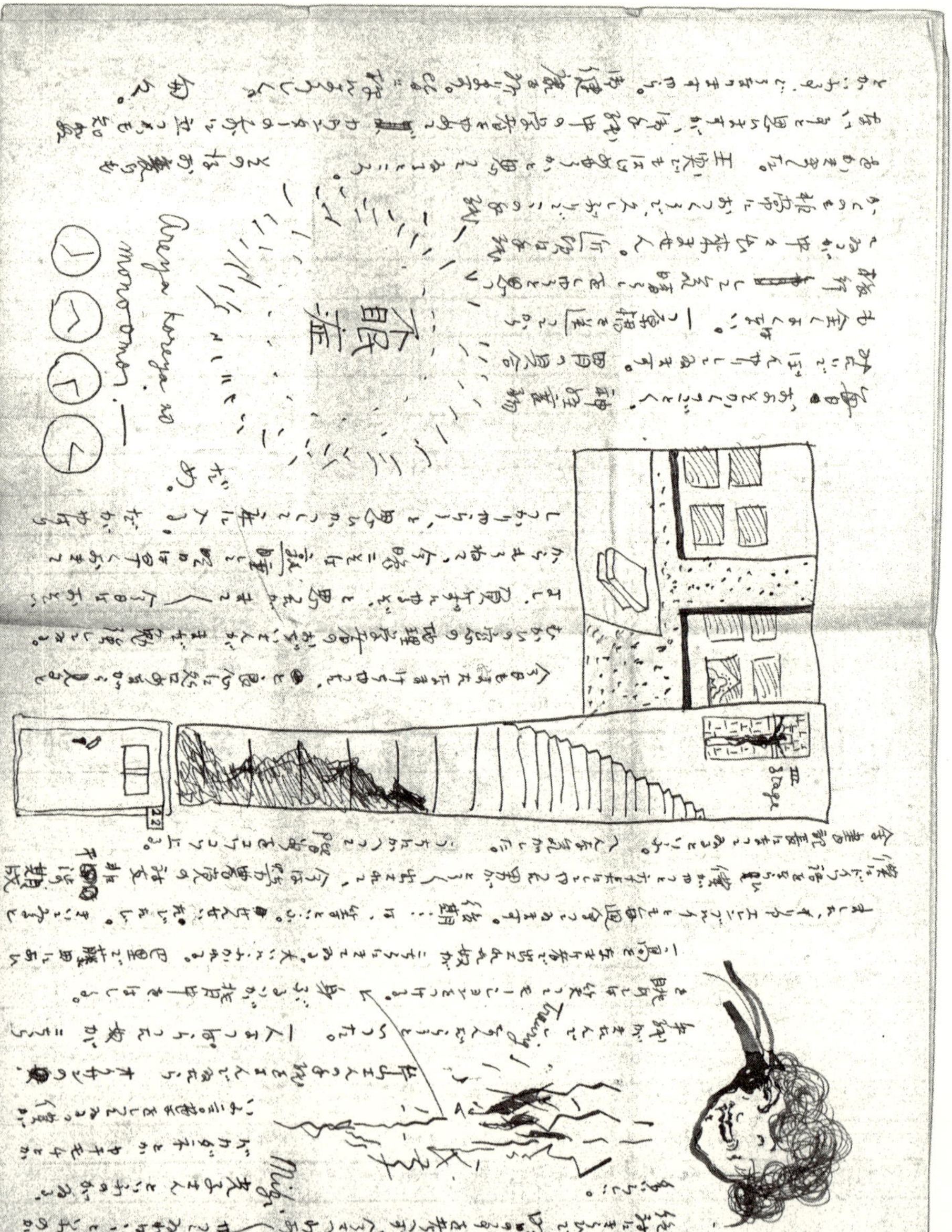

睡して明日は早くおきてしっかりやらう、と思ひかへして床に入る。だがやはりだめ。

毎日およそかくのごとく、神経衰弱みたいでぼんやりしてゐます。胃の具合も全くよくはない。一つ原稿を送つてから旅行して気晴らしをしやうと思つてゐるが中々出来ません。近頃は手紙かくのも非常におつくうで、久しぶりでこの手紙をかきました。玉突でもはじめやうかと思つてゐるところ。その後お変りもないと思ひますが、御手紙中に学者をやめてカウンターの前に立つかも知れぬとかいふ事、どうなりますやら。御健康を祈ります。皆々様によろしく。匆々

〔不眠症の絵　Areya koreya no monoomoi.――〕

片山達吉宛の書きかけか

僕が日本にゐた頃大野氏に速達を飛ばしたことあり、激越な調子で彼の怠慢を責めたものでした。彼はそのころ保田あたりにかよつてゐた。その次に彼に会つたとき彼はその手紙のことを「御叱りの手紙」といつた。――僕はベルリンから廻してよこした神西清の手紙をこゝでうけとりました。それは正しく「御叱りの手紙」だつた。それをよんでから僕はまた不安動揺しはじめて了つた。ロンドンにきて丁度ヨーロッパ稀有といふ寒さに会ひ、流感で弱つてゐる日本人御夫婦のところへ泊りこんで水汲み、コック、女中役を三日程は一身に引受けて奮闘したこともう御報告申したかどうだか。そのまゝこの家に入りこんで新婚匆々西洋にきた若夫婦と生活を共にして居、冗談ばかり言つて、三食の買出し料理をやつて一月、とう〳〵十四貫五百余といふ僕として未曾有にふとつて了ひました。但どうも未だ充分に健康に非ず。ある怠惰な朝、めづらしい神西清の手紙を落手してベッドの中でよみました。も一つの〔大野〕俊一からの手紙には彼のヨーロッパ再遊の報が記してありました。清はいふ「……君の滞在が第二の階梯、つまり単なる見物乃至は娯楽の時期に入つたのを見てとつ

たら君はすぐに日本に帰るべきだと思ふ。」彼の久しぶりの手紙、久しぶりの言葉には、僕が長い間見なれてゐた一種のアフェクテーションがうんと少くなつて、僕の彼に於て未知な真正面な、深さといはゞ暗さが加つてきたのにおどろきます。札幌の冬が彼を変らしたのかもしれない。然し僕も大変かはりました。僕はふとつて、おしやれになり、野心がなくなり、少しばかり脂ぎつて、オールバックにし、女の事を平気で口にしてずゐ分けしからん冗談をいひ、手紙もかゝず日記もつけなくなりました。今まできいた事のない批評をよくきゝます。僕の今一緒にゐる家の神戸女学院出の奥さんのいふことに、「……竹山さんは身体ががっしりして猪首で猿之助のやうだ。そして色が床次（徳二）さんより黒い。……あなたは随分無遠慮な社交家ね。Ｅｔｃ」何でもこれより太つては格好がわるいとまで言はれたことあり。身体が人のいふやうに変つたかどうだか、とにかく以前よりずつと楽な気持で楽な生活をしてゐることは遺憾乍ら事実です。

神西清の手紙は僕のふとつてきた身体を斬りつけました。見事に斬られて了つた。僕は以来大急ぎでイギリスをひきあげ僕の勉強場にかへるべくイギリス見物をはじめ、一昨日はオックスフォードに行きそこで一泊して昨日ストラットフォード・オン・エヴォンに行きました。貴族的な中世風な学生町、象牙の塔の林立が正直にいふと僕には一寸うらやましかつた。だが無神論をかいて追ひ出され、三十で溺死した大詩人の裸の像を見て大いに文学青年的感慨にふける。この前の日僕はロンドンでキーツ、ディッケンズ、サッカレー、リー・ハント、ラスキンの家を見、就中キーツの家で昂奮する。やはり詩人はみな痩せてゐる。貧しい僕たちよりずっと悪い生活をして、ひどい環境の中で美しい夢を創つたものらしい。ストラットフォードでエヴォン河の岸の緑いろの牧場の上にねころがつて（実に全く美しいところでした。）真弓さんの夢を創つた人の空想力の手紙の事ばかり考へた。川の石の岸の上に墓が並んで、粗末なゴシックの教会が立つてゐて、太陽が靄の中に埋れてゐ、その教会の中に沙翁の骨があつて、碑の上に「この塵を動かしてくれるな」と石にきざんである光景を

　ぼんやり川むかうから眺めてゐると

片山達吉宛の手紙はここで便箋が途切れる。

少年時代からの親しい友人の一人が片山達吉である。達吉は父は日本銀行の理事、母はアイルランド文学を日本に伝えた、ペンネーム松村みね子こと片山廣子の息子である。片山廣子は芥川龍之介や室生犀星とも親しかったことで知られる。堀辰雄は息子の達吉とも親しかった。

竹山がラバウルの捕虜抑留所で帰国の日を待つ大野俊一宛ての手紙に「片山達吉氏は空襲につぐ空襲の頃、にはかに死にました」とある。南方から無事に復員した大野俊一が戦後また翻訳をはじめた。その第一冊クゥルティウス著『現代フランスの文學開拓者』が一九四七（昭和二十二）年三月に白日書院から出た時、大野は「私は生きてゐることの悦びを告白せずにはゐられない」と訳書の「あとがき」に書き、訳書を片山達吉に献《ささ》げている。それについては大野俊一と竹山道雄の交流にふれる章で再説する。

なお片山のこれらの手紙も次の一木《いちき》陝二郎《いくじろう》の手紙も、彼らが早く亡くなった関係で、遺族から道雄のもとへ西洋通信は返却され、それで竹山家に保存されていたものと思われる。

一木陝二郎宛の手紙

一木陝二郎様　50 rue Vavin, Paris 6e Frankreich　M. Takeyama bei Fräulein Hermann, Ienaerstr. 22 Berlin W. 30

御手紙ありがたく頂戴、御勉強の由はなはだお気の毒に存じます。小生もまづ〳〵無事消光御安心下さい。ベルリンの冬はこれで二度目なるもいつに変らぬ風流なところにて木の葉一枚もなく、まつくらで石ばかりで

一木隩二郎宛の手紙（1928年末頃か）

恐れ入つてゐます。去年は今頃辻君の腸も凍る寒さであつたのが此年はあたゝかで大へん幸せです。最近パリの活動を見、七月十四日祭の光景を見て、なにやかにやとおもひ出し、やはりフランス人の方がいゝなあとまた〳〵巴里にホームシックをおこしてゐます。凹んだ目にちよびひげ、瘠せたバラ色の頬、尖つた鼻やちよいとだらしのないブリュネット等甚だなつかしくなりました。独逸つぽらはやはりきらひです。一寸一緒に散歩に出ても、この木の名を知つてゐるか、ラテン語ではかういふ、この丘は氷河で出来たから何とか石が多い、おまへたちモンゴル人種は一夫多妻だそうだがその心理的根拠はどこにある、とか何とか下らぬ詮索をしてうるさくて仕方がない。ドイツといふのは実にいやなところでフラ

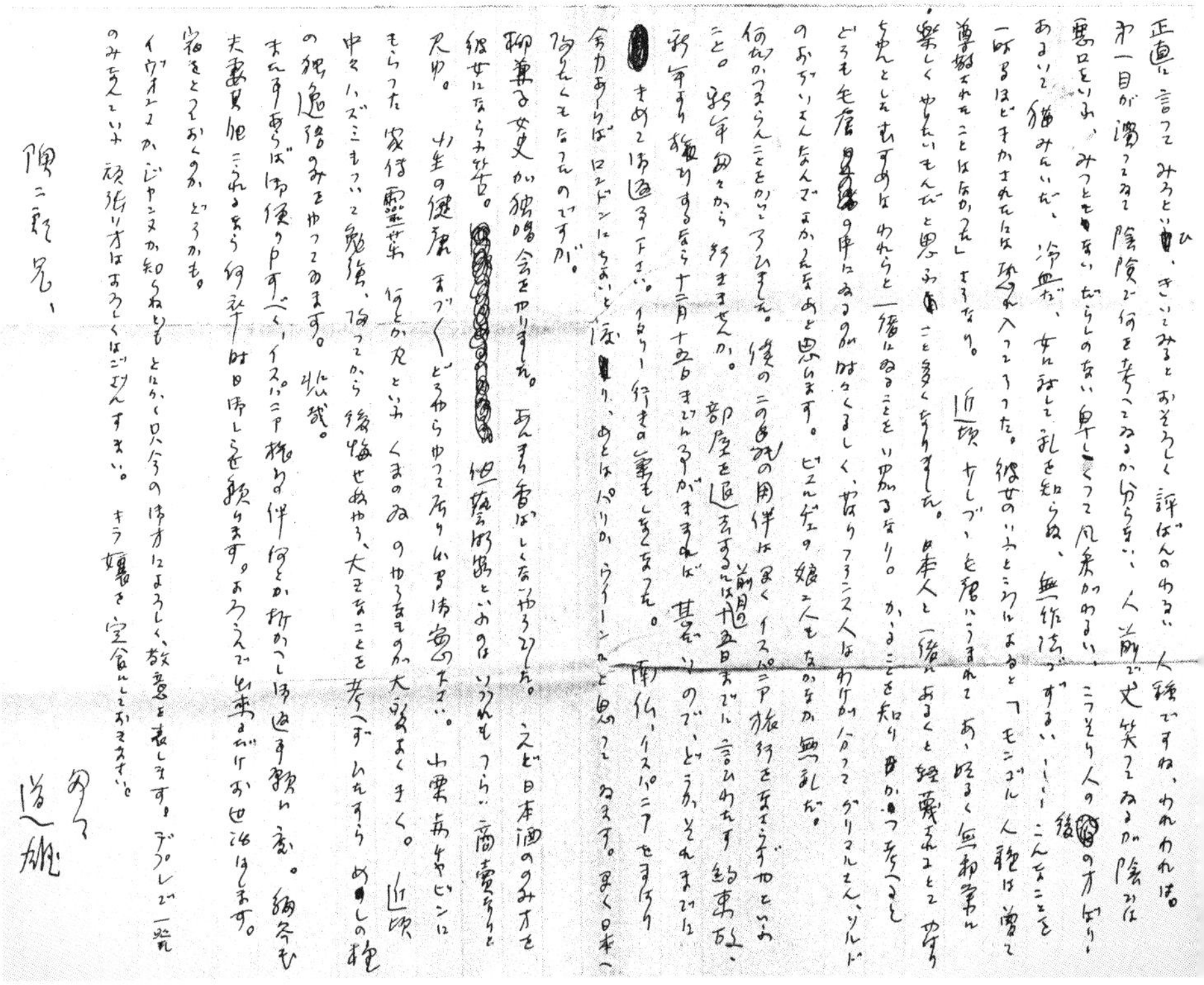
正直に言つてみろといひ、きいてみるとおそろしく評ばんのわるい人種ですね、われわれは。
第一目が濁つてゐて陰険で何を考へてゐるか分らない、人前で大笑してゐるか陰では
悪口をいふ、みつともないだらしのない卑しくつて風采がわるい。こつそり人の後の才知り、
あるいて猫みたいだ、冷血だ、女は殺して乳を知らぬ、無作法でずるい……こんなことを
一時間ほどきかされたにはなはだ恐れ入つてしまつた。彼女のいふところによると「モンゴル人種は曽て
尊敬されたことはなかつた」さうなり。近頃少しづゝ見直されてあゝ明るく無邪気に
楽しくやれないもんだと思ふこと多くなりました。日本人と一緒にあるくと軽蔑されるとて
ちやんとしたむすめなわれらと一緒にゐることをいやがるなり。かゝることを知りながら考へると
どうも毛唐の中にゐるのがばかばかしく、やはりフランス人なわけが分つてグリマルさん、ソルド
のおぢいさんなんてなかなかいゝなあと思ひます。ビュルゲの娘二人もなかなか無礼だ。
何だかつまらんことをかいてしまひました。僕の二の組の用件は多くイスパニア旅行をなさらずかといふ
こと。新年匆々から行きませんか。部屋を返すのは一月十五日までに言ひわたす約束故、
新年より旅行するなら十二月十五日までにきまらねば甚だいゝので、どうかそれまでには
きめて御返事下さい。イタリー行きの案もしきましたが、南仏、イスパニアをまはり
余力あらばロンドンにちよいと寄り、あとはパリかウイーンかと思つてゐます。早く日本へ
帰れんくもなつたのですが。
柳巣子女史が独唱会をやりました。あんまり香ばしくなかつたらしい。えど日本酒ののみ方を
彼女にならひ給へ。 但芸術家といふのはいづれもつらい商売らしく
大変。 小生の健康ますますどうやらゆつて居り御安心下さい。小栗氏もキヤビンに
もらつた家付霊薬何とか丸といふくまのゐのゆるなものが大変よくきく。近頃
中々ハズミもついて勉強、帰つてから後悔せぬやう、大きなことを考へずひたすらめしの種
の独逸語のみをやつてゐます。悲哉。
また事あらば御便りのすべく、イスパニア旅行の件何とか折かへし御返事願ひ度。細谷君
夫妻其他に宜しく何卒時々御便り願ひます。あちらで出来るだけお世話はします。
宿をとつておくのかどうかも。
イヴォンヌかジャンヌか知らねども とにかく只今の御方によろしく、敬意を表します。デブレで一盃
のみたいといふ頑張り方はおそろしくはございませんか。 キラ嬢を室食にしておきなさい。
陳二郎兄、
道雄

ンスは実にいゝところだといつまでもその感じが去りません。グンダルさんみたいのはベルリンにはゐない。處で近頃珍事がありました。小生知合になつた娘をうちにつれてきて、午後五時から八時半まで部屋でぼそぼそ話しをしてゐました。別に怪しいことをしたわけには非ず。その娘と往来をあるいてゐると三人のゐなか婆のビール樽みたいな奴が、何ともいへぬ軽蔑したやうな苦笑をして立ちどまってこちらを見てゐる、ちぢいが僕たちの通るそばまでやつてきて動物園新着の珍獣でも眺めるやうにのぞきこむ、これで不愉快だつたからうちへつれてきたのです。八時すぎ、親切ものゝヘルマン婆さんが早くめしを食ひに行けとすゝめにやつてきました。戸をあけて女がゐるのを一目みて「ア、ソー」といつて戸を

しめた。翌朝になるとおそろしく御機嫌がわるい。昨夜は昂奮して一睡もしなかつた、とて般若のやうな顔をして真真になつて、平常はあのをとなしいばあさんが僕にくつてかゝる。凄い目をしてぎろきろにらむ。何故淫をひつぱりこんだ、といふのです。まことにおそろしかつた。おふくろにだつてこんなにたてつゞけておこられたことはない。淫ぢあない（これは本当）、ちやんとしたむすめだ、あなたが想像したやうな関係は我々は曾て持たなかつた（これはうそ）、文学を論じて分れた丈だと百万弁解してやると正直ものゝ婆さんはこんどはすつかり恐れ入つて了つた。すぐ出て行つてもらいたい、と言ひ出しかけてゐたのが今度はあなたを侮辱した、といつて泣いてあやまる。まことにどうももてあましました。婆さんはそれから病気でねてゐます。むすめに話してやると、だから東洋人と一緒にあるくのはいやだ、日本人や支那人とあるくときつと変におもはれるから、もうやめる、といふ。このむすめに日本人がどう毛唐に思はれてゐるか正直に言つてみろといひ、きいてみるとおそろしく評ばんのわるい人種ですね、われわれは。第一目が濁つてゐて陰険で何を考へてゐるか分らない、人前で丈笑つてゐるが蔭では悪口をいふ、みつともないだらしのない卑しくつて風采がわるい、こつそり人の後の方ばかりあるいて猫みたいだ、冷血だ、女に対して礼を知らぬ、無作法でずるい……こんなことを一時間ほどきかされたには恐れ入つて了つた。彼女のいふところによると「モンゴル人種は曾て尊敬されたことはなかつた」さうなり。近頃少しづゝ毛唐にうまれてあゝ明るく無邪気に楽しくやりたいもんだと思ふこと多くなりました。日本人と一緒にあるくと軽蔑されるとてやはりちやんとしたむすめはわれらと一緒にゐることをいやがるなり。かゝることを知りかつ考へるとどうも毛唐の中にゐるのが時々くるしく、やはりフランス人はわけが分つてグリマルさん、ソルドのおぢいさんなんざよかつたなあと思ひます。ビュルヂェの娘二人もなかなか無礼だ。

何だかつまらんことをかいて了ひました。僕のこの手紙の用件は早くイスパニア旅行をなさらずやといふこと。……小生の健康……小栗赤チャビンにもらつた家伝霊薬何とか丸といふくまのゐのやうなものが大変よくきく。近頃中々ハズミもついて勉強、帰つてから後悔せぬやう、大きなことを考へずひたすらめしの種の独逸語のみをやつてゐます。悲哉。怱々　陝二郎兄、道雄

若き日の竹山の交友範囲は一方に四中・一高以来の神西、大野、片山らの友人がおり、もう一方に父方母方の従兄弟がいる。道雄の父竹山純平のすぐ上が一木喜徳郎で、この伯父は竹山が洋行した昭和二年当時は宮内大臣をつとめ昭和天皇を補佐した。官吏と実業家でかたまった親戚の中で、竹山家では道雄が一人だまって文科に入るという異例なことをしたが、一木家でも同じらしい。岡田家から一木家に養子入りした喜徳郎はドイツで憲法学を学び帰国後は東大で憲法学を講じた。いわゆる天皇機関説である。官界に転じ法制局長官、内務次官、内相、枢密顧問官など官僚階梯を進んだ。するとトマス・マンがブッデンブローク家で描いたと同様、生命力あふれる初代や社会的尊敬を求める次代のあとにやはり異例なことをする三代目があらわれる。喜徳郎の息子陝二郎も父同様私費で、道雄より先に、フランスへ洋行した。パリ郊外のムドンに住み画家修業中である。道雄はドイツへ北上する前にこの従兄の下宿に先ず寄って、そこで一九二七年の晩夏一ヵ月、パリ生活を楽しんだのである。「御勉強の由はなはだお気の毒に存じます」などのふざけた調子は道雄の息子の護夫の茶目な書きっぷりにそっくりである。ドイツ文学者竹山道雄のドイツ嫌いフランス好きは一九二八年の冬になりかけたベルリンからの手紙にも露骨に出ている。手紙の最後に出て来るイスパニア旅行は、陝二郎と二人の弥次喜多の旅が道雄の帰国前の一九二九年に実現する。その道中の様は二十年後、『スペインの贋金』(『セレクションⅢ』所収)に活写されることとなる。

5　キリスト教的西洋と向きあって

日本知識人にとってキリスト教的西洋とはいかなるものであったのか。そのような大問題に向き合った一例として竹山道雄の場合を考えたい。私たちは西洋と日本との関係で政治経済、安全保障、文学美術といった具体的な事例についてては結構細かく議論している。しかし西洋キリスト教文明と日本との関係の中で、私たちはどう生きてきたか、そうした宗教文明史的な問題についてはあまり議論しなくなった。そうした中で「聖書とガス室」といわれるキリスト教とアンチ・セミティズムの関係、世間が口を閉ざしがちなキリスト教の否定的な面にまつわる一連の問題をも巨視的に眺めることをあえてした竹山道雄は例外的な日本知識人であった。ここではそんな竹山が晩年に熱心にとりあげた課題がなにであるかをみてみたい。

あるポーランド人への手紙

竹山はかねてナチスのユダヤ人焚殺《ふんさつ》問題に深い関心を示し『妄想とその犠牲』(『セレクションII』所収)を一九五八年に書き出した。ダハウのガス室が公開されるやすぐ一九六〇年夏、その跡を訪ねたが愕然《がくぜん》とした。心は灰のごとく沈んだ。[1] 一九六四年秋、当時はまだソ連圏であった東欧諸国を日本の経済使節団に同行して初めて見学する機会を得、精力的に旅してまわった。尾行がつくと噂されていた頃である。そのおりは途中で一旦使節団一行と別れ、クラコウからと思うが、アウシュヴィッツへ六十キロ、独りでバスで訪ねた。Auschwitz というドイツ語は強制収容所の代表のごとくにあまねく知られるが、この土地は戦後は Oświęcim（オシフィエンチム）というポーランド名となり、地図でもみつけがたい。しかし「人々が大いに親切に世話してくれて、困ったことは何もありませんでした」と竹山は十二月二十一日の家族あての手紙に書いている。竹山はガス室を見て、こうしたユダヤ人の大量虐殺は少数の権力者だけではできることではない。多数の者の暗黙の承認があればこそだと思い心はいよいよ暗く沈んだ。

ところで竹山家には宛名の書かれていない百円の航空書簡の折られた四面に書かれた竹山筆のドイツ語の手紙が遺されている。拙訳を掲げるが、バスで知りあった親切にしてくれたポーランド人に竹山は鎌倉の住所を教えたのだろうか。アウシュヴィッツ近辺は一時期はドイツ領であったから、その人はドイツ語で竹山と会話し、ドイツ語で手紙を書いてよこしたのだろうか。それとも経済使節団の一行の応接に当ったポーランドの知識人が竹山との文通を望んだのだろうか。竹山が帰国したのは一九六五年になってからだが、この手紙には一九六七年に初版が出た Friedrich Heer, *Gottes erste Liebe* に言及がある以上、書かれたのはそれ以後である。竹山は返事を一旦したためたものの、なんらかの理由[2]で出さずじまいにした。西側の人と文通していることが当局に知られると相手の不為《ふため》になると思ってこの種の内容の返事を出すのを控えたのか。なにしろ当時はソ連の戦車隊がプラーグをはじめ東欧諸地域の反ソ暴動鎮圧にいまにも出動しかねない、そんな時期だったのである。竹山は書く、お手紙大変うれしく拝受しました。またポーランド事情がよくわかる雑誌をお送りいただきお礼申します。私はポーランドにいた時は憂いを湛えた音楽的な情調の風景にすっかり魅了されました。可愛い魅力的な若者たちを見るのが楽しかった。ポーランドの子供たちの美しさに目を惹かれました。人々がつつましくて感じがよかった。西ヨーロッパと違って尊大なところがなかった。しかし私は二大強国の間にはさまれ、常に引裂かれ蹂躙《じゅうりん》される国の苦悩の跡をいたるところで感じました。いたるところに墓標があり、その前に蠟燭《ろうそく》がともされていた。私どもの日本では以前よりはましになったが、それでも人々は不安げにまた近づいて来るらしい世界の危機について話しています。ポーランドの方がその点についてどう判断なさるのかお聞きしたいところです。しかし皆さまの意見表明はコントロールの下にあるのでしょうね。

「ホロコースト」は私にとってはいよいよ大いなる謎です。そもそもどうしてこんなことが可能であり得たのか。『第三帝国とユダヤ人』『アンチ・セミティズムの歴史』『ゴッドの最初の愛』(F. Heer) などの本を私は何冊も読んだが、ユダヤ人に対する呪いはもともとは聖書に起源している(福音書、ヨハネ伝第八章など)という結論になります。二千年来キリスト教は「汝の隣人を愛せ、そしてユダヤ人を憎め」と教えてきました。私は『聖書とガス室』Die Bibel und Gaskammer という題のかなり長い記事を書きました。ヨーロッパでは宗教的・人種主義的先入主《せんにゅうしゅ》が実に深く根ざしている。だから前世紀にもその前にも私たちアジア人もその偏見のために悩まされたものでした。

ポーランドの小さな町で私は単純で素朴なポーランド人とドイツ語で会話しました。その男は戦争中捕虜としてドイツでドイツ語を覚えた由でした。別れ際に男は私に接吻し、頰を差し出して私にキスするよう求めました。キスしましたがこれは日本では男同士ではしないことです。しかしこの全く外人である人とのただ一度の接吻は美しい、忘れがたいものでした。敬具。竹山道雄

一人だけ別の人

竹山はデンマークからポーランド、チェコ、ハンガリーとまわってウィーンへ抜けさらにローマに赴《おもむ》いた。日本の公式の経済使節団の一員として東欧入りをしたので、先方に学者や作家とかが現われた場合は竹山がその相手をつとめた。しかし接触は大使なども同行する公式の席だけではない、脇道の行きずりの人との会話を通じても外国理解を深めていた。見て・感じて・考える竹山である。一人だけ別行動でアウシュヴィッツ強制収容所を訪ねた。そんな現地探訪の過程でキリスト教とアンチ・セミティズムの関係について、さらに深刻に思いめぐらすようになったらしいことは右のドイツ語の手紙からも推察されよう。竹山は自分の気持を外国語でも明確に述べることを心得た人であった。ポーランド語ができたわけではないが、ポーランドでも通訳なしでもおよそ困った様子は見られない。もっともそんな竹山が考えていたと同じようなことを同行した日本経済使節団の実業家諸氏が考えていたかというと、それはおよそ疑問であろう。竹山だけがみんなとかけ離れたことを一人考え込んでいたのではあるまいか。

世間と違う問題意識を抱く人は皆から排除されやすい。キリスト教の聖書に起源するユダヤ人呪詛《じゅそ》について繰返し『文藝春秋』などの有力雑誌に発表したために、キリスト教を愛の宗教ととらえている人々の間では竹山はいつしかタブーを犯した人のごとくになってしまった。それから二十年ちかく経った一九八二（昭和五十七）年、『竹山道雄著作集』を出す際に、編集の準備をしていた私に「キリスト教批判に類する文章は入れない方がいいですよ」とそっと注意してくれた人もいた。しかし私は逆で、そうした問題に踏み込んだ人でもあるからこそ竹山は日本の大知識人の系譜に連なるのだと考えていた。森鷗外は西洋文明を日本に伝えて大功績があった人だが、日露戦争前夜「西洋の宗教的・人種主義的先入主」に由来する黄禍論《こうか》について詳しく説き、戦地で書かれた『うた日記』にはその偏見に対する憤《いきどお》りをあらわにしたこともある。竹山はおよそ激することのない人だが晩年の関心事は鷗外のそれと同性質の考察といっていいのではあるまいか。竹山自身ももちろんその種の文章を著作集に収めるつもりであった。最晩年の竹山がもっとも綿密に読書して調べたのはキリスト教とアンチ・セミティズムの関係で、ヴァチカンはじめ教会側がその問題にいかなる釈明を与えるのか、ということも大きな関心事であった。となれば竹山の問題提起を見落としてはならないはずである。

だがその「聖書とガス室」の問題に立入る前に、竹山道雄にとってキリスト教的西洋とはいかなるものだったのか、それを大観しておきたい。キリスト教と接して竹山はどう生きたのか、家庭的背景や個人的思索、学校教育や留学体験、翻訳や創作の中にあらわれるキリスト教、西洋人神父との交流や論争、そしてそれらを通覧して後にキリスト教とアンチ・セミティズムの関係についての竹山の臆するところのない問題提起を見てみたい。

竹山道雄の背景

竹山道雄の家は父方の曾祖父岡田佐平治は幕末の篤農家二宮尊徳の高弟で、祖父の岡田良一郎（一八六四―一九一五）はその農業本位の勤労倫理を説いた報徳宗を、明治初年、遠州《えんしゅう》の地でスマイルズ風の産業本位の勤労倫理へと転化させた人である。竹山は、そんな岡田家から竹山家に養子となった父純平（一八七二―一九四三）の次男だが、父については「明治中期に人となった進歩的合理的ブルジョアで、実益のない古い教養には何の価値も認めない型の人」(3)だったと述べている。

宗教感情については、後天的に習得したものより無自覚的に身内に伝わるものの方が大切なことが多いが、母方の田代家が神官《しんかん》の家だった関係で神道的感性はおのずと伝わっていた。竹山は漢学にとくに関心を示したとはいえないが、『ツァラトストラ』翻訳の簡潔な文体には漢文訓読体《くんどくたい》の響きがこだましている。母方の伯母の田代継は「最後の儒者」内田周平に嫁いだが、竹山は内田の伯父を「世にうとい奇人の老翁」ぐらいの漠然とした観念しかもっていなかった。そんなではあったが、しかし戦前の中等教育を受けただけの漢文の力と知識はあった。『白磁の杯』は、同時代人としてナチスや学生運動など集団妄想の現場を目撃した竹山が、人間はシンボルの宇宙に住んでいるというカッシーラーの論に共感し、舞台のみを大観三年のシナに借りた小説である。しかしそれとてもある程度の宋代中国についての知識があればこそ可能な設定だった。しかし和漢洋の学の中で竹山があきらかに断然秀でていたのは西洋学である。伯父の一木《いちき》喜徳郎が天皇の法的地位如何という問題をドイツで学んできた憲法学者だったということも、ドイツ学の権威を自ずと高めていたに相違ない。道雄は学生時代から国内留学をした人でドイツ人教授の家に寄寓《きぐう》して東大に通っていた。

四中・一高・東大と進んだ仲間のほかに従兄弟たちとの交友も密で、道雄がよく遊んだ従兄の一木隩二郎《いくじろう》は、これも三代目特有の反動現象だが、親とは志望を異にし画家修業にパリへ留学した。ドイツ留学中の道雄がスペインをまわったのもこの従兄との道中だった。(4) パリで暮していたころ道雄が驚いたことは、シャンゼリゼー通りで向うから自分とそっくりな人が近づいて来る。ぎょっとしたら、それは英国留学中の長兄の竹山初雄だった。こんな海外生活体験者で囲まれた家庭は千九百二十年代の日本では珍しい。(5)

依子と護夫

西洋は外国語が話される土地だから外国なのだが、日本と文化を異にし宗教を異にするという意味でも外国である。西洋については言語だけでなく文化も宗教も無視するわけにはいかない。その中でキリスト教と竹山の関係はどうであったか。

学生のころ習ったドイツ人教師はカトリックの聖職者が多かった。だが彼らは学校にドイツ語ドイツ文学を教えに来たので、とくにキリスト教を説き聴かされるということはなかった。しかし西洋人について学ぶうちに西洋文明の根底にあるキリスト教が非常に大きな姿をして竹山の目に映じたことはまちがいない。竹山は西洋に深く傾斜した日本の若いインテリらしく、ヨーロッパ留学当時は「日本には文化なんてあるのか」(6)と思っていた。当然西洋の大宗教の威圧は感じていた。また自分の周辺にも日本人で敬虔《けいけん》なクリスチャンもいた。もっともキリスト教の鍍金《めっき》を光らせていた人も少なからずいたが。

昭和十年代、中国大陸でシナ事変が泥沼化したとき、竹山は軍国日本が戦争へまきこまれていく将来を憂えた。竹山が生涯でいちばん不安感にさいなまれたのはその昭和十年代であって敗戦後ではない。そのころの竹山はキリスト教に救いを求めていたのではあるまいか。昭和十四年十一月十二日には、ミッション系の青山女学院・東京女子大で学んだ新婦保子の側の希望を容れて、キリスト教による結婚式をあげ、その上で十四日、東京會舘で結婚式および披露宴を行なっている。昭和十六年五月十二日に長女が生れたときには将来を案じたのであろう、依子という名を慶応病院にいた妻の保子に提案している。これは『聖書』ピリピ書の「さらば凡ての人の思《おもひ》にすぐる神の平安は汝《なんぢ》らの心と思とをキリスト・イエスに依りて護らん」に由来する。それだから昭和十八年に長男が生まれた時は、やはりこの句にちなんで護夫と名づけた。

当時の第一高等学校で五人のドイツ人講師の面倒をみたのはドイツ語が堪能で事務にもたけた竹山であった。戦局の激化にともない、文系生徒たちの徴兵猶予もなくなる。第一線に赴かねばならぬ生徒たちは生死の問題に直面した。竹山が駒場《こまば》にホイヴェルス神父をドイツ語講師として招いたのは、その悩みを解くよすがにもと思ってのことだったと竹山の口から聞いたことがある。

シュヴァイツァーの訳者

竹山がアルベルト・シュヴァイツァー（一八七五―一九六五）に傾倒したのはそのような時期であった。『わが生活と思想より』をドイツ語から一九三九（昭和十四）年、白水社から訳出した。日本語訳に添えてなにがしかの醵金《きよきん》を竹山がランバレネのシュヴァイツァーのもとに送ると、一九四〇年二月八日付の謝礼の手紙が、チューリッヒ在の Martin 夫人の手でスイスからシベリア経由で送られてきて竹山のもとに届いた。この手紙は竹山の手で一九五九年に出た『シュヴァイツァー著作集』第二巻の解説にも訳出されており、手紙の写真は『竹山道雄と昭和の時代』に掲げたが、字が小さくてよく読めないだろうが、これはフランス語で書かれている。(7)

竹山は昭和十七年には『光と愛の戦士』と題してシュヴァイツァーの伝記を「人類の進歩につくした人」の一冊として書いた。子供向けの物語だが、それはこんな生い立ちの記のエピソードで始まる。神さまと悪魔の関係について、牧師の息子であったアルベルトは四つか五つのころこんな異様なことに気がついた。日曜日の教会の礼拝でのことである。

――パイプオルガンをひく場所はうす暗い教会の二階の高いところにあるのだが、そのすぐそばに、きらきら光る窓のようなものがあった。そして、ときどき、その中にひげむじゃらな顔が現われて、左を見たり右を見たりして教会の中をのぞきこんだ。この顔は、賛美歌が始まってパイプオルガンが鳴り響いているあいだは、見えていた。そうして、ふしぎにも、おとうさんの牧師が祭壇に上がってお祈りをあげはじめると、消えてしまった。お祈りがすんで歌がはじまると、その光った四角の中におそろしい顔がみえ、おとうさんのお祈りがはじまると、また消えてしまう――。「きっとあれが悪魔に相違ない――。」とアルベルトは考えた。「おとうさんが神さまのことばをとなえはじめると、悪魔が逃げてゆくのだ。」

これが後年の神学者として大きな業績をあらわし学界に大波をまきおこしたシュヴァイツァーの最初の神学とでもいいつべきものである。教会の片隅の不思議なあらわれを見つめて、幼い心に神と悪魔の関係について考えて、恐れ、疑い、祈ったりしたのであった。そして後になってわかったのは、

あのパイプオルガンのそばのきら〳〵光る四角いものは鏡であった。その中からのぞく気味の悪いひげづらは、パイプオルガンをひく老人の顔であった。この鏡には会堂の中が映るようになっていて、牧師が祭壇に上がると、これを見てオルガン手はひくのをやめ、牧師が降りると、オルガン手がまたオルガンの前にすわってひきはじめるのであった。

一九八四年に亡くなる前年『竹山道雄著作集』全八巻が出た際、竹山は著作一覧と訳書一覧を付したが、その際どうしたわけか『光と愛の戦士』はそのいずれにも記さなかった。竹山が失念したのか、それとも訳書ともいえず自己の著書ともいえないこの著書に竹山があまり価値を認めなかったからだろうか。それともキリスト教が縁遠くなったからだろうか。

だがこの少年向け読物はなかなかよく書かれている。『わが生活と思想より』を踏まえているが、それ以外からも材料も拾い、いま引いたような細かい思い出の数々を上手に語っている。その語り口にはドイツの教養小説

（ビルドゥングスロマン）の趣《おもむ》きも認められる。シュヴァイツァーのそんな幼年時代の思い出を日本の少年読者たちのために書いた竹山だったからこそ、敗戦直後、児童文学雑誌『赤とんぼ』の編集者藤田圭雄《たまお》は竹山に執筆を乞い、それがきっかけでその子供向けの連載が『ビルマの竪琴』に結実したのだった。シュヴァィツァーは欧州の動乱のころもアフリカの奥地に留まって医療と伝道につくすが、水島は南方の戦乱ののちもビルマの奥地に留まって慰霊と仏道につくす。シュヴァイツァーはパイプオルガンを演奏して心を慰めたが水島は竪琴を弾いて慰めた。……

三谷隆正

戦時下の日本でこの『光と愛の戦士』の出版は異色だった。一高教授三谷隆正《みたにたかまさ》（一八八九―一九四四）は、この竹山の作物に価値を認め、次のような真率《しんそつ》な読後感を書いてよこした。

拝啓高著恵贈に与《あずか》り洵《まこと》に難有早速拝読にかかつて唯今全巻残すところなく読み了へました。さうして大に励まされました。近頃になき快読物でありました。殊に前半はシュヴァイツァの夢と共に貴兄の心の奥からの夢をはつきり聞くを得たる感じがして嬉しくありました。早速親戚の若者達に読ませたくなつて新潮社に注文を発しました。小生はこの月の上旬講演会だの何会だのと言つて連日連夜人並に動き廻りしたゝりか終にたふれて意外に長びいて居ります。その褥上《じよくじよう》に高著をいたゞいたので実に快適に褥上の小閑《しようかん》を利用することができました。もう略々よろしいのですが医師の警告があるので来週もう一週間だけ静養を続けさ来週から登校のつもりで居ります。教る時が縮まつて来て余計な事に力を奪はれてゐてはならぬといふことを痛感します。しばらく引籠つてゐる間にすつかり夏景色になりました　美しいひざしだと思ひます。大兄は確か今頃が一年の中で一番お好きな季節と記憶します。よき日を祈り上げます。早々　五月廿九日午後　竹山道雄様　三谷隆正

梅雨のころの季節が好きな竹山であった。

十四歳年上の第一高等学校教授三谷隆正はキリスト教信者だった。竹山は三谷を深く尊敬し兄事した。昭和二十三年三月号の『独立』に『三谷先生の追憶』、昭和三十九年三月十四日の『朝日新聞』にも『亡き三谷先生のこと』（いずれも『三谷隆正――人・思想・信仰』に収む。後者は『セレクションⅣ』所収）を書いたが、その前者で竹山は三谷先生から信仰についての考えを問われて、昭和十年以前の話かと思うが、神楽坂《かぐらざか》で自己の懐疑《かいぎ》論を述べたことをこう回想している。関東大震災が決定的な宗教体験となって、それから後は「大きな力づよい手があって世界人生を配慮しながらよりよき方に導く、すべて悲惨は何らかの意味で結局はより大きな進歩に貢献する有意義な犠牲である、という考えには思いを断った」。「あの瞬時の天災による無気味な荒廃の印象」やその「実感」が竹山をキリスト教信仰から遠ざけた、と竹山はいう。これが先ほどの言い方を借りれば、竹山道雄自身の「神学」なのだろう。紅屋の二階で竹山はもやもやした主観的な考え方をのべたてた。それは竹山が、この追憶を書いたと同じ頃に書いた『焼跡の審問官』（『セレクションⅣ』所収）で述べたような、イワン・カラマゾフの口うつしともいうべき疑念にさいなまれていたからだろう。竹山は「これはそのころの私にとっては切実な問題で、この抽象的な問題がほとんど肉体的な苦痛をあたえるほどだった」という。

ところが三谷は「そんなことをいって、それが何になりますか」といった。竹山にとってヴァイタルな疑問であったものが、「そんなこと」と言われて、竹山は意外だった。そしてそのとき以来、三谷は竹山に信仰のことは語らなかった。しばらくたってから、こういうことをいわれたことがあった。

「縁談のことで、あなたのことをきかれた。あなたが信者になるだろうかというのだったから、あれは信者になることはあるまい、と答えておいたが、それでよかったでしょうか」

「大きな力づよい手」などはない

「肉体的な苦痛をあたえるほど」ということは人間存在について形而上学的《けいじじょうがく》問題に悩んだ、ということである。竹山は一高生のころの神西清《じんざいきよし》との交友を振り返り、「私がつい問題癖をもちだす、(神西は)しばらくは迷惑そうに黙って聞いていたが、やがて機をはかって冗談をいってまぜっかえした」とある。——ところで竹山道雄とキリスト教的西洋の関係の章をまとめているこの私にも、神学的前提を根掘り葉掘りする内面的思考傾向はない。超越的なものの存在を感じないとはいわないが畏怖の念にとらわれたことはない。そんな人間だけに土居健郎が訳したホイヴェルス神父の日本人観に共感している。私は「クリスチャンはどうして悩むかと驚いている」衆の一人なのである。

東洋は騒ぎの中の静かさを愛する。
それでひとは喜んで蟬に聞き入る。
香油のように沈黙は心をうるおす。
ささやくように徳はひっそり花を開く。
魂は知ることよりも暗いことが好きだ。

前提を骨折って求めることは稀にしかない。
秘密の方が堂々とした結論よりも
はるかに多くの魂を楽しませる。

矛盾を恐れるものは一人もなく
罪を悔いるものもあまりいない。
人々は夢見心地で世間をわたり
クリスチャンはどうして悩むかと驚いている。

竹山も蟬の声が好きだった。そこは蟬がやかましいと梅雨明けの日本の夏を嫌う西洋至上主義的西洋人とはおよそ違う。しかしその竹山は問題癖を持ち出す青年だった。だがそのような傾向があるにもかかわらず、本人はドイツ人の思弁癖を必ずしも好まず、ドイツ観念論に囚われた日本人学者の学問は不毛であるという思いを抱いていた。私の長女節子が高校三年生のとき、そんなドイツ風の学問だけはよしておけ、と注意して将来の志望もなにもまだ決めていない孫を驚かしたこともあるほどである。

竹山本人は物事の裏の秘密を探ろうとするメタフィジカルな衝動を秘めた人で、その意味では思弁癖があり、それが竹山の文章に深みと翳《かげ》を添えている。『死について』(『セレクションⅣ』所収)『人間について』などの論が読まれるのもそのゆえだろう。そのような問題意識の人であっただけに——本人は信者になる気配はなかったにもかかわらず——キリスト教のことが念頭を離れなかったのではあるまいか。後半生はキリスト教にまつわるさまざまな問題を臆することなく批判的にとりあげた。これも竹山の面目躍如《めんぼくやくじょ》たる姿勢で、今後もいよいよ大切になるであろう思想的課題である。

一九六六年、安井息軒の『弁妄』を私が竹山に渡したことがある。するとそれも一つのきっかけとなって竹山は『バテレンに対する日本側の反駁』（『セレクションII』所収）を書いたと後に微笑しながら言った。しかし私はそれより早く一九六二年、依子と結婚するとき竹山から依子の名の由来を聞かされてすでに驚いていた。というのはそれよりさらに十年前、学生として竹山の「西洋思潮」講義を聴いて、講師はキリスト教に対し批判的な目を持っているとすでに感じていたからである。それは西洋十字軍の自己正当化の理屈と行為を竹山が批評した際であった。

世間の目に映じた竹山道雄

そんなアンビヴァレンスを世間も気がついていたからだろうか、一九五〇年五月号の『人間』匿名《とくめい》座談会『続現代人物論』で竹山道雄は次のように俎上《そじよう》にのせられた。竹山とキリスト教伝道者との間にしっくりゆかぬものがあると当時の若手評論家たちもすでに感じていたのではあるまいか。

A　竹山道雄が渡邊一夫と一脈相通じるね。なかなか青年にファンも多いらしい。

C　竹山と渡邊との違いは、一つには、竹山のドイツ的な教養と渡邊のフランス的な教養の違いなんだが、そういう点をのけて見ると随分似てる点が多いんじゃないかな。

B　竹山の一番嫌いなものは民衆じゃないのか。彼にとってやりきれないものは民衆だろう。それでいながらシュヴァイツァーなんかにどうしてあんなにうちこんでいるのか、どういうところで繫がるのかね。シュヴァイツァーなんて、あんなに民衆の中に入って行って民衆の悲しみを自分の悲しみにしているような人間に竹山が傾倒しているのが不思議なんだ。そういえばイブセンなんか訳しているのも気が知れないな。

C　シュヴァイツァーというのは学問的にも人格的にも趣味的にも非常に強度のものを持っているわけだろう。そういう意味でいわゆる民衆的じゃない。つまり学問でも哲学とか神学とか、それに音楽でも、蘊奥を極めている。ところがそういう人が一般民衆と一緒に仕事をしている。趣味が高いとか精神的に高いとかいうことは殊に竹山とある意味で共通している要素だ。そういう人があいうふうに民衆と一緒に歩いていることは、つまり竹山の何となく不安に感じている点を具体的に結びつけて示しているわけだ。……

A　ヒューマニズムにもいろんな形があるわけだね。シュヴァイツァーはヒューマニズムを積極的にあらわして民衆の友達になるという。竹山ももちろんそういうヒューマニズムは好きなんだけれども、好きだということは実践することとじやない。教養的なヒューマニズムというものに止まってしまう。つまりニーチェなんかが民衆を軽蔑するのに近いものじやないか。

C　シュヴァイツァーの医療伝道、慈善というのにはシュヴァイツァー自身の人間的な自己完成という気持が非常に強い。病気や生活に困ってる人々を助けてやりたいという気持もあるけれども、出来るだけ苦しいところへ入って行ってその中でやって見ようという気持がある。そういう点もシュヴァイツァー自身は自分では否定しているが、一種の英雄主義みたいなものになっていて、それにも竹山は惹かれるんじやないかな。それから、近代的な自己完成とか個人主義というようなものもある。

もっともこんな匿名座談会は、左翼がかった連中が「民衆」の名をふりかざすことで、偉そうな口をきいたまでのことかもしれず、とりあげるに値しないゴシップかもしれない。

ロゲンドルフ神父との親しい関係

竹山の心中の忖度《そんたく》は止めて、当時の竹山家の様子を外から眺めてみよう。鎌倉材木座に住んでいた竹山家では娘も息子もキリスト教の中学や高校へ通ったが、それは評判のいい学校を選んだまでで、宗教的動機に基づく選択ではなかったろう。しかし依子が一九六〇年に上智大学外国語科に進んだについては、これは竹山道雄とヨゼフ・ロゲンドルフ神父（一九〇八―一九八二）の親交が関係した。

竹山を敬重し、後に竹山から離れたロゲンドルフの手紙や葉書は相当数が残されている。ロゲンドルフは戦争中も上智大学にいたドイツ人のイエズス会士だから、そのころから面識はあったのだろう。戦後はアメリカ占領軍の隊付司祭のような仕事をしたこともあったらしい。日本語にも堪能で竹山の著書は非常なる興味をもって読んでいるといい、一九五〇年秋の東大駒場のレッドパージ反対ストライキについての竹山の『学生事件の見聞と感想』（『中央公論』昭和二十五年十二月号）については翻訳されてしかるべきだが自分には時間がないと昭和二十五年十二月のはがきで述べている。竹山は昭和四十六年、私が『和魂洋才の系譜』を書いたとき「次はカイザーリングをとりあげると面白いかもしれませんよ」といったが、ロゲンドルフにはもうそのころからすすめていた。ロゲンドルフは後に『和魂・洋魂』を書いた。戦後十六年ほどの間はロゲンドルフと竹山がいかに親しかったかは次のような手紙でもわかる。いずれもドイツ語で書かれている。拙訳で掲げる。

竹山道雄様、東京、ヨゼフ・ロゲンドルフ、一九五六年三月二十八日

敬愛する竹山さん、

お手紙有難うございます。私はあなた宛てに二通の長い手紙をボン日本大使館気付でお送りしましたが、どうやらお手許に届かなかったようです。その中にいろいろお書きしましたが、あなたの映画を見、あなたの物語(8)を読みました。『毎日新聞』、『心』、『新潮』などさまざまな記事であなたのヨーロッパの旅のあとを辿りました。どうもドイツはあなたにとって特にお気に召さなかったらしい（「寒くて、堅苦しい、食事のまずい」とご報告からもう察していました。私自身も自分の故郷はそんなものだと想像しています。過去二、三十年の間に犯した精神の次元での犯罪――それに対してドイツ人には責任があります――それがドイツ人の心に非常に重くのしかかっているに相違ない、それは明らかです。それに加えてこの国は二回にわたりその若い世代を全員失いました。本来は誰もそんな血を流す必要はなかったのですが。春になれば多分ドイツの景色のいい面があなたにも見えてくるようになるでしょう。

『心』に載った最近のお手紙からあなたの御帰国は六月くらいになるだろうとすでに思っておりました。上智大学の授業の件でご心配は御無用です。第二学期のあなたの講義は十月からと暫定的に発表しておきます。しかしもしその時になってあなたがあまりにお疲れなら、あるいはあまりにお忙しいなら、お休みになられても結構です。あなたが御帰国のころ私も多分当地にはいないでしょう。私はこの夏ニューヨークのフォーダム大学で日本について一連の講義をせねばならず、ヨーロッパ経由で帰郷します（日本を私の故郷と呼ばせていただくとしての話です）。いずれにしても帰国は一九五六年の末になりましょう。……

私の海外出張は（K氏ではなく）イエズス会士による企画です。私は講義やものを書くことでその経費も出さねばならない。そんな仕事であるにもかかわらず、これは結構な労働ですが、国外へもう一度出ることができるのは嬉しいかぎりです。私は日本にいてしあわせですが、しかしそれだけ密室恐怖症の気分にしばしば襲われます。しかしその原因はこの国で本当に懇意で私心のない個人的な友人を得ることができないからです。

それは自分が外国人で、ドイツ人で、司祭であるからかもしれません。それともたいていの日本人は遠慮がちで、自分に自信がなく、自分の本心を型通りの決まり文句の下に隠してしまうからかもしれませんが。

Ｋ氏はアメリカから二月に戻ってきます。数週間前にお会いしましたが、あなたのことも聞かれましたが、あなたが「ゆっくり」ご旅行を延ばしても一向に構わないという様子でした。……

このような仲であった。一高の廃校とともに文筆に専念しようとした竹山が、上智大学の非常勤講師を引受けたのは、ロゲンドルフ神父に乞われたことと、そこで神父らと意見を交わすことを楽しみにしたからだろう。一九五八年十二月号『新潮』巻頭に上智大学比較文学研究室のグラビア写真が出ているが「今ちょうど独文研究科でドイツ文化史の講義が終ったところで、竹山道雄先生が話しにみえた」と研究室主事のロゲンドルフが説明した二人が写っている。竹山はロゲンドルフを『自由』や『心』の座談会に招き、またさまざまな執筆機会を与えた。そんな二人の交際記録は多い。竹山の旧蔵書を開くと神父の手紙[9]が挟まれていたこともある。一九六一年六月二日付で、当時の竹山は『文藝春秋』昭和三十六年四月、五月、六月号と後に『剣と十字架』（『セレクションⅡ』所収）に収められる「力と力の世界」「ベルリンに住んで」「古都めぐり」などを連載していた。

竹山さん、

あなたの『文藝春秋』のご考察に触発された小論を同封してお送りします。

昨日の『東京新聞』のあなたのご論評はまことに適切でした。日本の近現代史を勉強すると、政治に対するインテリや学生の考え方はある内在的な論理に従っており、いずれにせよある一面では今日の事態は数十年前とそう違っているわけではないような気がいたします。

フランケ書店のために長い原稿を書く仕事をしていると、いつも気になるのは自分がいかにも知るところが少ないかということです。集めた材料をもうすこしきちんと整理するまでお約束した私たちの討議をなおすこし先延ばしにさせていただけませんか。

上智大比較文學研究室
これは研究室兼主事室である。教授や學生の出入りが多いから、靜かに研究したいときはむしろ自分の書齋に逃げることが多い。今ちようど獨文研究科でドイツ文化史の講義が終つたところで、竹山道雄先生が話しにみえた。

古色蒼然たる麹町の一角にそびえ立つモダンな五階建の研究室ビルはわが上智大學の誇である。延一五四三坪、學生用研究室二〇、教授用個室八〇。

（ロゲンドルフ）

ロゲンドルフと竹山道雄（『新潮』1958年12月号のグラビア）

なお手紙の中の「昨日の『東京新聞』」とは六月一日ではなく五月二十八日日曜日の「石筆」欄に書かれた『正気』(『セレクションⅣ』所収)というコラムのことにちがいない。

ナチス・ドイツと日本帝国とのちがい

当時はイスラエルでアイヒマンの裁判が行なわれていた。ナチスの親衛隊中佐であった彼は第二次大戦中ユダヤ人大量虐殺の責任者で、戦後アルゼンチンに逃亡して姿を隠していたが逮捕され裁判にかけられた。そのときのアイヒマンはもはや観念の目をとじていたらしく、この期に及んで悪あがきはしなかった。小心で律義な人物がこのような世紀の大悪人になってしまったことを驚きあやしんでいたらしい。竹山はその二週間前のコラムにもすでにアイヒマンについてこう書いていた。

ヒトラーの権勢は絶対だった。何人も一言もさからうことはできなかった。さからったらただ犬死にをするだけだった。ユダヤ人を絶滅せよというヒトラーの命令をハイドリヒからきいたとき、アイヒマンは体中の力が空気のようにぬけてゆくのを感じた。殺戮《さつりく》の場面のおそろしさに身ぶるいして、上官のミュラーにこういうやり方はよくないと進言した。しかし、ナチスの悪を知らない国民は歓呼の声をあげていた。アイヒマンは自分を弁護していうだろう――「ヒトラーの命令をきかなければ命があぶなかった。それに国民がだまされていたのだから、どうしようもなかった」(10)

そして五月二十八日の『東京新聞』コラムには、ユダヤ人が迫害されているのを知りながら、連合国の指導者さえその亡命をすんなりとうけ入れなかったことにふれつつ、戦時下の日本帝国のユダヤ人対応にふれる。

しかし、世界中どこからも閉めだされていた亡命ユダヤ人をうけ入れて保護した国があった。日本である。昭和十三年の五相会議で「之を独国と同様極端に排斥するが如き態度に出づるは、ただに帝国の多年来主張し来れる人種平等の精神に合致せざるのみならず……現在日、満、支に居住するユダヤ人に対して他国人と同様公正に取り扱ひ之を特別に排斥するが如き処置にいづることなし。新に渡来するユダヤ人に対しては……」。これには利益も考慮してあって、おのれをむなしくしてユダヤ人のためにつくすというのではなかったが、それはむしろ自然である。ともかくも、原則は公正な人道的なものだった。

上海の海軍の犬塚機関は、流れこむユダヤ人を保護した。困難は大きかったが、犬塚大佐[11]は「私も体を張って国策遂行のタテになる覚悟だったし、幸い海軍首脳部が私の方針を支持していたので、ナチスの惨を模倣しないですんだ」

このことは『世界と日本』五月号に、犬塚氏が記している。実行は理想的には行かなかったかもしれないが、原則は貫かれた。あの当時の世界ではめずらしいことだった。

ドイツ人のイエズス会ロゲンドルフ師は竹山の「論評はまことに適切」と思ったのである。

絶たれた交際

そのように多くの点で竹山に共感し賛同していたロゲンドルフだが、その九ヵ月後に破局がくる。ロゲンドルフ神父は書く。

私は過去二十年来あなたを日本の知性のもっとも高貴な代表者の一人として尊敬してきました。そうです、それだからこそあなたのもとへ数多くの崇拝者をお連れしたのです。だが今あなたが、信じ求める人々を惑わし、私を含めて、そのもっとも深い感情を傷つける側にまわってしまったとなると、あなたの道とわたしの道はことによると別れざるを得ないでしょう。このような思いで胸がいっぱいになるとはなんたる悲哀であることか、言葉では言い尽くせないほどです。

これが一九六二年三月二十一日付の最後の手紙であった。宗教問題がからんでロゲンドルフが交を絶つにいたった経緯は『竹山道雄と昭和の時代』の第十六章「剣と十字架」ですでに紹介した。[12]しかしロゲンドルフ神父が晩年に書いた『異文化のはざまで』にも、その英語版 Roggendorf, *Between Different Cultures* にも、竹山の名前は一切出てこない。かつての日の親しい交際を思うといささか憮然《ぶぜん》たらざるを得ない。それでそれ以前の二人のノーマルな交流を示すごく普通の手紙をここに訳出した次第だ。

エドワード・サイデンステッカーは竹山が一九八四年六月逝去したとき葬儀にも列席した。サイデンステッカーは最後まで竹山に対する敬意を口にしており、自伝『流れる日々』で竹山とロゲンドルフの二人[13]についてしばしば言及している。[14]しかしこの西部の男にはアメリカの至上を信ずる気質が強く、竹山が提起したキリスト教的西洋と日本にまつわる比較的な宗教文化史的問題などの重要性が感知できなかったらしい。ロゲンドルフが竹山と口を利かずになった理由について次のような月並みな書き方をしている。

〈竹山〉氏はまた、ロゲンドルフ神父とも親しい間柄だった。ただ二人はその後、どちらにとっても極めて重要な問題について、意見が対立することになる。キリスト教は、はたして日本のためになるかどうかという問題である。ロゲンドルフ師は、宣教者としての熱意からして、当然、必ず日本のためになると強調したけれども、竹山さんはその愛国心から、懐疑的にならざるをえなかったのである。(15)

だがこれは「愛国心」などという言葉で片付く次元の問題ではないだろう。ここでキリスト教に対する竹山の態度を眺めてみる。竹山は一九五七年ごろ月に一度『週刊読売』に寄稿していたが、九月二十九日『破壊と信仰の交錯——浦上に旅して』という題でこんな旅行随筆を書いている。そこには竹山の問題意識がよく示されているので、従来の著作集やセレクションに未収録であったので、全文掲載させて頂く。

〈石像のケロイド〉

旅行をして長崎に行った。浦上の天主堂がたいへん印象が深かった。

炎天の下に緑の丘がかがやいていた。坂をのぼってゆくと、赤く焼けただれたレンガの教会の残骸《ざんがい》が無残にそびえていた。いまなお立っているのは、正面の入口と側面の壁の一部だけである。その下に破片がころがっている。すこしはなれたところに、壊れた石塊が積んである。

このロマネスク会堂は明治になってから建立されたもので、芸術的にはそれほどすぐれたものではあるまいと思っていたが、荒廃の中にのこっている彫刻は意外に美しかった。天使たちが高い軒に並んで、こちらを見下ろしている。雲が浮いているまぶしい虚空を背景に、穏やかな無表情で、しかも何となくもの言いたげである。みな顔からすぐに翼が生えている。それがいくつも地上に落ちている。この天使たちは原爆で吹きとばさされたときには、どんなふうに空を舞ったのであろう。そしてヨーロッパの寺院の屋根の上には、首が長くてくちばしがとがった怪獣が飾ってあるがここではこういう彫刻を刻んだのは日本人の石工だから、怪獣は唐獅《じ》子《し》である。獅子もいくつか赤い砂の上に目をむきだしていた。

爆風はじつに猛烈なものだったらしい。太いレンガの角柱や石の丸柱が、土台のところでずれている。横側に残っている壁には、いくつもの等身大の彫刻が立っているが、それに閃光《せんこう》があたった面は、石が焼けて黒くなっている。まるいアーチの中の聖女と聖者は、膚《はだ》が石のケロイドである。もともと悲しみと苦しみの表情をたたえた像が、いまは顔も衣もしみでおおわれて、おなじように焦熱であぶられた幾万の人間の恨みをとどめている。

つづいた丘の平和公園に、平和祈念像が見えていた。高さ九・七メートルで世界最大のブロンズ像だそうである。筋肉隆々たる男が座って、説明によると「右腕は上方をさして原爆の脅威を示し、水平にのばした左腕は平和をすすめ、うんぬん」というのであるが、いかにも内容空疎な俗な彫刻である。作りものの概念だけのものである。明治のはじめに石屋さんが作ったのだろうと思われる天主堂の聖像の方が、はるかに真の感情がこもっていて、あの半面が黒くこげた受苦の像こそ、ほんとうの平和を祈念している。いまの平和運動にもどこかこういうところがある——そんな意地わるい感想すら浮んだ。

〈永井博士の偉業〉

これに反して、永井博士の遺宅の如己堂には、何かエリを正させるものがあった。数株のキリの木でかこまれた、二畳一間と廊下のみの独立バラックだった。これは同じ信者によって建てられ、博士は二児と共にここに住み、かぎられた命を、祈りと執筆で果てた。

私は永井博士の本を、何かベストセラー的なセンチメンタルなものだろうと思いこんで、これまで読んでみる興味をもたなかった。しかし、この家を見、また博士がえがいたスケッチや病床の写真などを見て、ぜひ読んでみたいという気になった。読んでみて、もしそこにいくぶんの通俗的なセンチメンタリズムがあろうとも、失望はしないだろう。あのおそるべき破壊の中でなお意力を失わなかったということは、人間の精神について力づよい証《あか》しをするものである。

まことに、浦上の丘には破壊と信仰が交錯している。このあたりには、徳川時代のきびしい弾圧をくぐって、キリスト教が伝わっていて、村人ほとんどが信者だった。しかも、ここに原爆が落ちて信仰のあつい人々を殺した。じつに残酷な皮肉である。いかに信仰があっても破壊は行われるし、いかに破壊が行われても信仰は生きつづける——。ローマの丘を歩いても、ここと似たような感慨があった。

このあたりには、興味のふかい物語がたくさんある。幕末に居留していた西洋人によって、浦上とは反対の方角の長崎の南端の大村に、天主堂が建てられた。それをきいて、浦上の人々がしきりに大村をたずねた。そして、自分たちが二百何十年ものあいだ迫害をくぐって守りつづけていた宗教と同じものであるかどうかをたずねた。ついに同じ信仰であることがわかって、問う者も答える者も、よろこびの涙にぬれた。——これは、世界の信仰史上にもめずらしい感動的な話である。

〈踏絵制度のナゾ〉

ただ私は、浦上のあたりを歩きながら、あるふしぎなナゾを感ぜずにはいられなかった。このあたりの人々は、かくれキリシタンとなってあらゆる迫害に堪えた。さまざまの吟味を切抜けてついに生きのびた。

そうだとすると、かれらは、踏絵をしていたにちがいない。毎年あの銅版のキリスト像を足で踏む試練を、いわれるままに実行していたにちがいない。そうすることによってのみ、かれらは信仰を保つことができたのである。ここの部落の人々は踏むことを冒瀆《ぼうとく》とは感じなかったのだろう。それが二世紀以上もつづいて、踏むことはもはや平気であっただろう。

西洋の古い教会では、床の敷石は墓である。人々は聖者の墓の上をクツで踏んであるく。踏むということは、日本ではわるいことだが、むかしの西洋のキリスト教徒にはそれをはばかる気持はなかった。浦上の人々もそういう気持になっていたのだろう。

ところで、踏絵の制度を考えだしたのは、パジエスの「日本切支丹宗門史」によると、ころびバテレンの神父フェレラである。この人は徳望のたかい豪毅《ごうき》な教区長だったが、拷問によって転向して、幕府の目明しとなり、沢野忠庵と名のり、和服を着、大小をさして、キリシタン摘発の役をするようになった。このために、カトリック教会から悪魔のようにののしられている人物である。

しかし、どうであったのだろう？　拷問をうけながら、フェレラの念裏には次のような二者択一が往来したのではなかったろうか？——

「自分は殉教によって自分の確信を示すことはできる。しかしそうすれば、この土地にキリシタンは絶えてしまう。自分の義務はこの国に信仰を植えつけることにある。もし自分が表面は転向してみせ、踏絵によって役人の目をくらませれば、この義務は果すことができる。それによってのみ、これができる。聖者となって信仰を滅ぼすか、悪魔となって信仰を残すか——？」

ことによったら、フェレラが目明しとなって踏絵を役所に勧めたのは、キリシタンを救うためではなかったのだろうか？　カトリックにとっては冒瀆ではない踏むということによって、この日本人の盲点をついて、一条の血路をひらいたのではなかったろうか？　忠庵は後になって「破デウス」というキリシタンの教理を論難した本を書いたが、これもよく読むと、じつはキリシタン弁護と読めるふしがあるのである。

〈ガラス箱の古証文〉

平和公園に長崎国際文化会館が建てられ、その一部が博物館になっていて、そこにむかしの日本人のキリシタンの転向誓文が陳列してある。その中の一つに、忠庵をはじめ三人のころびバテレンが奥書きをして、証明しているものがある。ところが、この誓文の文句がはなはだ異様なものである。

「自分はキリシタンの教を棄てる」ということを日本の神々に誓っている証書は、その意味がよくわかるが、忠庵が奥書きをしている証書は、それをキリスト教の神に誓っているのである！

……此旨少も相違御座候ば、ていうす（神）伴天連ひいりよ（御子）すひりつさんと（聖霊）を初奉、さんたまりや諸のあんじよ（悪魔）へあと（聖人）の御罰を蒙り、ていうすのがらさ（神の恩寵）絶えはて、しゆうたす（ユダ）のごとくたのもしを失ひ、後悔の一念もきさざすして、結局人々の嘲と罷成、終に頓死、ゐんへるの（地獄）の苦患に責られ、うかぶ事御座有間敷者也。仍《すなわち》かとりかえけれしや（カトリック教会）のしやうもん如件。

この誓文の前半にも、さまざまのナゾがこもっているのであるが、これもフェレラ、後の沢野忠庵の苦衷《くちゅう》が生んだものではなかろうか。

ガラス箱の中の古証文を読みながら、それからそれへと空想がわいた。

竹山の態度は多面的であった。キリスト教の神父たちに対しても、宣教の事業に対しても、好意的理解とともに皮肉的で批判的な見方も混じっていた。ロゲンドルフは寛容にまつわる竹山の紹介の仕方だけでもすでに我慢がならなくなった人らしいが、しかしたとえ竹山がキリスト教とアンチ・セミティズムとの間には関係があると述べたとしても、その見方がキリスト教徒の「もっとも深い感情を傷つける」ものであるとは私には必ずしも思えない。キリスト教と一部イスラム教徒との対立が先鋭化する現在、キリスト教と反ユダヤ主義の関係もまた深く突き詰めて考えるべき問題であることは明らかだろう。

竹山は二十世紀のナチス・ドイツによるホロコースト以後の今日の西洋キリスト教が直面する問題だけでなく、それ以前の南蛮時代の西洋と日本の出会いにも関心を寄せていた。キリスト教と非西洋文明の衝突の問題については、昔から姉崎正治の『切支丹宗門の迫害と潜伏』などの関係文献もよく読んでいて、竹山の口からは沢野忠庵を名乗り『顕偽録《けんぎろく》』を書いたフェレイラとか岡本三右衛門を名乗った同じく転び伴天連《バテレン》のジュゼッペ・キアラとか、また日本側では井上筑後守政重の名前がしばしば出た。『バテレン根絶始末』（下第四章の一、第四項）に、井上が殉教者を出すことはまずい、として火あぶりの刑を中止した経緯が示唆されている。

始は伴天連とらへて候ても、大形《おほかた》火あぶり仰付けられ、……穿鑿（尋問糾明）は之なく、……或は火あぶり、或はつるし、又は斬罪に仰付けられ候故、伴天連、度々日本へ渡り申候由。

この井上の「候故」という言葉の意味に姉崎博士は読者の注意を喚起している。キリシタンを単に処刑するだけでは逆に殉教志願者がふえるだけだからそれでは駄目だというのである。日本に潜入したバテレンを転向させねばならない。宗門改役の井上が在職二十年にとりおこなった伴天連の祝言とかさまざまな転びの新工夫のことは竹山家でも話題となった。その一つが踏絵で、踏絵の聖像を材木座の家の縁側で私たち大学院生に竹山が神妙な顔をして見せてくれたことがある。居合わせた美術館学芸員が本物と思いこみいろめいたが、なんのことはない長崎の土産物であった。西洋の寺院には床に墓石が敷かれていて、そこに埋葬された高僧や騎士の像が彫られている。長いあいだ人に踏まれて磨滅している石もある。日本では考えられないが西洋ではみな平気で靴を履いたまま踏んで行く。竹山の推理は日本人は足で踏むことは非常な冒瀆《ぼうとく》と考えるが、カトリック教徒にとってはそれは冒瀆でなくただ踏むだけのことである。この方法によってフェレイラは幕府の役人の目をくらませると思ったのではないか。吟味された信者は絵を踏む。そして、ひそかに信仰を保ちつづける——これが日本にキリスト教を残す唯一の方法と考えたのではないか。

私たちはそんな推理を聞かされたが、そういえば一九五七年の浦上旅行随筆に先だって、すでに一九四九年九月、長与善郎《ながよよしろう》の『青銅の基督』が新潮文庫に収められたとき、竹山はその解説で踏絵を発明したといわれる転びバテレンの日本名沢野忠庵ことクリストフ・フェレイラにふれている。

長与善郎『青銅の基督』解説

竹山は作品の背景となる歴史を大観してこう書いた。

日本のキリシタン迫害は、キリスト教布教の歴史にローマの信者迫害とならぶものだということであるが、ここで行われた踏絵は世界にめずらしい信仰査問の方法にちがいない。尊いものを足にかけるのはもったいない、おそれ多い、という日本人の気持を利用して、嫌疑者に聖像を踏ませ、その瞬間の微妙な表情のうごきによって、その人の信仰を判断しようとする心理的試みである。そして、この方法は、もともと一人のころびバテレンが考えだしたものである。

パジェスの『日本切支丹宗門史』にしるしてある。

――もともと恩寵と稀代の天分にめぐまれた修道者たるクリストフ・フェレイラ神父は、平戸に行った。彼は天使のごとくにあつかわれ、千三百人の告解をきいた。彼は夜に浜辺を歩きながら、霊魂の務を行った。ところが、この神父が拷問にたえかねて転向をした。彼は日本名をなのって、日本の官につかえた。そして、――この棄教者は、足に踏ませてキリシタンを発見するために、十字架を偶像の寺の敷居においた。

この方法が官憲によって宗門改めに採用され、たくさんの聖画や聖像がつくられた。あるとき一人の若い天分のある南蛮鋳物師《いものし》が、聖像を鋳ることを命ぜられた。ところが、できあがった作品はあまりにも神々しかった。これを見た役人は、このような表現をなしうる者はただ真実の信仰をもつ者ばかりだ、と感じた。かくして、異国の聖像のうつくしさに感興をえた藝術家は、信仰なくして信仰のゆえに刑戮《けいりく》された。

このような外来の信仰がはいる際の人心のはげしい動揺、苛烈《かれつ》な迫害と地下潜入の状況を詩趣に富む史実と竹山は観察した。第一に宗教的な面において波瀾に満ち、第二に芸術的な面において微妙な心理の交錯があり、第三に画趣ゆたかな異国情緒の面がある。オスカー・ワイルドの『サロメ』も右流に分類すれば第二類の世紀末の芸術至上主義的作品であるのだが、長与善郎も『青銅の基督』をやはり「芸術家小説」に仕立てた。――若い鋳物師は信仰をもっていないので、キリスト教徒である相愛の娘と結婚がゆるされない。彼は彼女の幻をモデルとして恋情と芸術的感興から聖像をつくる。これがその恋人の信仰査問《さもん》につかわれる。かくて女は十字架の上で死に、男はその前で斬《き》られる。竹山はこれを「まことに、日本の小説にめずらしい、空想ゆたかなロマンスである」と評価した。そして『青銅の基督』との対比で芥川龍之介の南蛮物を第三類であるとし、「すきなく洗練されてはいるが、脆く、貧血して、好事家的で、技巧的効果はあるが、それはいわばショーウィンドウの中の効果のような気がする」と批判している。竹山の芥川評価は低いのである。

そういえば九州のはずれでは天主堂も、西洋のデウスも、画趣ゆたかな異国情緒の対象にされている。ツーリストが多い長崎では、精神的に日本征服を企てて殉教したとされる二十六人の聖人像も、そんな本来の信仰問題とあまり関係のない観光資源として活用されている。それは今の日本では信仰の有無にかかわらず教会が活用され、そこで結婚式をあげるのがファッションと化しているのと軌《き》を一《いっ》にする現象だろう。宗教的意味は、一部の人が有難がるほどはないモニュメントなのではあるまいか。

井上筑後守

長与善郎の『青銅の基督』（一九二三年）を竹山は「日本の小説にめずらしい、空想ゆたかなロマンス」と評価した。竹山は東西の思想闘争がからんだこの種の系譜の作品に興味を示し、遠藤周作『沈黙』（一九六六年）に対しては好意的な書評を『自由』昭和四十一年三月号に寄せ、遠藤から礼状も届いている。これはジュゼッペ・キアラをモデルとして創作された人物と考えられる。フェレイラが転向し、沢野忠庵として『顕偽録』を書いて思想的身分証明を立て、日本側官憲の通訳として活動するに及んで、ローマ教会内部には憤激《ふんげき》が生じた。日本に潜入してフェレイラの回心を勧める決死隊が結成されたがその一員がキアラである。遠藤はキリシタン弾圧下の日本に潜入して布教する青年司祭の悩みと懐疑、内面的な救いを求める様を描いた。カトリック教徒の遠藤周作の作品は英語に訳されて評判となった。

キアラもフェレイラと同じく拷問に屈して棄教し、日本名を与えられ、日本人妻をあてがわれ、扶持を給され、日本の衣装を着て暮し、幕府側の御用を勤めたが、竹山はそのような状況に関心を寄せた。また竹山は『沈黙』の書評を書いたと同じ号の『自由』に、ローマ法王の罪責を問うホホフート『神の代理人』の書評も寄せた。いやしくも神の代理人である法王(教皇)は、ナチスがユダヤ人の焚殺《ふんさつ》をしていることがわかった一九四二年夏には、一身やカトリック教会の安危をいとわず、ヒトラーを破門し、世界に向かって事実を発表して糾弾《きゅうだん》の宣告をしたなら、多数の人命が救われたのではないか、というのがホホフートの問題提起である。竹山はその問題をさらにつきすすめ、『聖書とガス室』以下の一連の文章を発表するが、それがキリスト教とアンチ・セミティズムとの関係を論じたもので、西洋におけるもっとも根源的な、それでいてタブーに近い、思想史的話題である。それとともに竹山は日本におけるキリシタンをテーマに小説『みじかい命』(一九七二―七四年)を書いた。これはかつて長与の『青銅の基督』を本格小説とみなした竹山が遠藤の『沈黙』と同様な問題意識をもって書いた思想対決の作品である。ちなみに『ビルマの竪琴』にせよ『白磁の杯』にせよ思想小説という面がある点が竹山の小説の特色である。

『みじかい命』と長与・遠藤作品との対比で浮かび上がる竹山作品の特色の一つは日本側の警視総監ともいうべき井上筑後守を描いた点だろうか。このような主義者の転向の問題は昭和にあっては共産主義者の転向の問題と重なったから、竹山には体制側の人々の苦心も他人事とは思えなかったにちがいない。ゾルゲが逮捕されたとき、一高教授竹山はその吟味の通訳を委嘱《いしょく》された人でもあった。ただし実際はその役目は外国語学校教授に振当てられ竹山の出番は一度しかなかったらしいが。

ちなみに竹山は、家柄のしからしむるところであろうか、政治にも非常な関心があって各国の新聞雑誌によく目を通していた。その判断は世の評論家としばしば異なる。慎重である。為政者《いせいしゃ》はいかにあるべきかをよく考えた人である。「大国を治むるは小鮮《せうせん》を烹《に》るがごとし」と老子は言った。「小魚をかきまわせばかえって魚肉を損う」という意味で、鈴木貫太郎終戦内閣総理大臣の政治手法はこれらしいが、竹山自身のもののさばき方もそれに近いような気がする。若年時から文部官僚として各地の学校騒動を治めた伯父岡田良平の判断と決断の力を竹山も受け継いでいたのだろう。重臣イデオローグと呼ばれた所以だが、そんな大局観と実務能力のある竹山だけに、国際政治についての発言も足が地についていた。

世界に於ける日・独の立場

一九六〇年七月号『心』の『世界に於ける日・独の立場』は竹山とロゲンドルフの二人がまだ親しく座談会の中心でそれに安倍能成と渡辺善一郎が加わっている。竹山がまず両国を世界史の中で位置づける。これには国際政治についての竹山の見方が出ている。

竹山　ドイツ人と日本人はテンペラメントは非常に違うと思います。けれども、国としての運命には、よく似たところがある。それは世界歴史の中での位置が似ているからだろうと思います。周りがすっかり先進国で固まったところへ、後から頭を出して行かなくちゃならなかつた。それでいろいろと努力もしたし、無理もあつた。こういうところが似ているからだろうと思います。しかし、ドイツの方はずっと早く始めたから、後から始めた日本はドイツをお手本にした。フランスやイギリスの真似もしてみたんですけれども、早くから世界中の富を集めてしまったような国の真似をしたってどうにもならないから、ドイツの行った後を行くことになった。これは自然の成行だったでしょう。ドイツが先輩で、日本が後輩で、随分ドイツからいろいろなものを学んだ。そのたどって来た道は似たところがあって、ドイツの普仏戦争に当るものが、ちようど日本の日露戦争でしよう。こうして列強になって、それから性質が変って来て、昔から詩人と哲学者の国と言っていたのが、だんだん力で支配するといったような気風が行き渡るし、真面目な武士道の国であったのが、しだいに成金風みたいな現代化がひろがりました。ドイツは第一次欧洲大戦で非常にモラルが変ったんでしようが、日本もやはり世界の風潮と共に変ってゆき、一九二三年の震災以来は前とまるで違ったいろいろな現象が起りました。左翼が盛んになる。道徳的頽廃がひろがる。ついに反動が起って、戦争になって、負けて、民主化をして、これで駄目になるかと思われたのが、両方とも復興した。どうも足並をそろえていると思います。それで現在の世界における日本とドイツとの地位もよく似ているんですが、何分にもドイツの方がヨーロッパの真ん中にいるし先輩でもあるし、その困難とか試錬は、何かにつけてずっと激しくて難かしくて辛くて強烈です。戦後の復活もはるかに盛んだが、困難もまた非常に大きい。国があんなふうに五つにも六つにも分割されているのですが、結局今のドイツ人はどういうふうにしてやって行ったらいいかというと、西欧陣に這入ってその一翼となって立って行く。中立ということは結局成り立たぬことだ。ドイツでも中立的な考え方は非常にあったけれども、それが現実に即して揉みに揉んでいるうちに、だんだんそちらの方は立ち消えてしまいました。世界の中における地位が同じですから、日本も結局はそういうことになるのじやなかろうか、と私は思うんです。まあ考えましたことは大体そんなことで、そんなことをきっかけにして各方面のお話をお聞かせ頂いたら面白いかと思います。神父さん如何ですか。

話をふりあてられたロゲンドルフ神父はいろいろ語るが、しまいにこんなコメントをまじえて日独の相違にふれる。

ロゲンドルフ　竹山先生の気にする問題は、なぜ日本人が戦争で負けて今までのものは何でも悪いと断言してしまうかという問題なんですね。……われわれドイツ人は負ける方は玄人なんですよ。もうそういうことを卒業しました。あなた方日本人は歴史で初めてなんですね。だから何か形而上学的な意味で国歌も駄目、国旗も駄目と結論してしまうんですね。

日本とドイツは国としての位置には、よく似たところがある。しかし敗戦については素人と玄人の違いがある、とロゲンドルフは指摘したのである。

ユダヤ人焚殺とキリスト教

日本とドイツは国としての運命には、よく似たところがある。しかし極度に違うところがある、とも竹山は感じ、それを口にし、さらには書くようになった。それはユダヤ人六百万の焚殺という異常な事件である。日本にはこの種の人道に対する犯罪はない。そもそもナチス・ドイツにとって、ユダヤ人は戦争の敵ではなかった。ましてやフランス、イタリア、ハンガリア、ウクライナなどに住んでいたユダヤ人はドイツに対して害をなしたことはない。しかしユダヤ人であるという類概念をもちだし、彼らを捕え、裸にしガス室につめこんだ。これは政治的カテゴリーによる分類ではない、宗教に起因する土俗的な反ユダヤ感情を徹底した虐殺である。
竹山はしらずしらずのうちにキリスト教は愛の教であるとばかり思っていた。キリスト教徒で立派な人に接し、心から尊敬したこともある。ヨーロッパ人が他人種と他文化を絶滅しようとしてインカ帝国を征服した。西洋の中世では異教徒は悪魔の手先で人間ではなく、それを亡ぼすことは正しいことで、その際、剣《つるぎ》と十字架はつねに協力した。十六世紀・十七世紀のスペイン・ポルトガルの布教インペリアリズムも、十八世紀・十九世紀のフランス・イギリスの植民地支配もキリスト教による文明開化の確信ないしは粉飾の下に行なわれた。そうした歴史は竹山も承知していた。しかしそれは過去のことで今の私たちとは関係ない、という距離感というか心理的バッファーもあった。
竹山が『聖書とガス室』を書いたころ、私はダンテ『神曲』を訳していた。地獄篇第二十三歌で「あの会議はユダヤ人に禍《わざわい》の種を播《ま》いた」とか「悪魔は嘘つき、嘘の父親《ておや》という説さ」などの詩行に接し、典拠は『ヨハネ伝』第八章四十四節であると確かめた。

ここにイエス己《おのれ》を信じたるユダヤ人に言ひたまふ。……汝らは己《おの》が父、悪魔より出でて己が父の慾を行はんことを望む。彼は最初《はじめ》より人殺《ひとごろし》なり、また真《まこと》その中になき故に真に立たず、彼は虚偽《いつはり》をかたる毎に己より語る。それは虚偽者《いつはりもの》にして虚偽の父なればなり。

キリスト教の『聖書』には愛の教もあるがこのような呪詛《じゅそ》にも満ちている。怖ろしい言葉だが、私はまともな人間ならば『聖書』を字面通りに読むべきではないと感じていた。――もっともまともな信者ならば『聖書』を字面通りに読むべきだというのがその馬鹿正直な立場なのであろうが。『神曲』についても、私はこれはお話なのだという心理的バッファーを置いて読んだ。[16] 怖いものは見たくない。そんな直視回避を私は『神曲』を読む際も『聖書』の言葉を引く際も行なっていたのだろう。そんな傾向は実生活にもあって、ミュンヘンの近くでDachauという道路標識を見たけれども、強制収容所の跡地の記念館に立ち寄る気は私にはなかった。しかし竹山はきちんとそこを訪ねた。そして『ヨハネ伝』第八章の言葉を読み直すと、それを字義通りに読んだキリスト教信仰に忠実な人々がユダヤ人に対してしてきたことの歴史が別様に見えてきた。竹山が提起した問題は、ヒトラーやそれに協力してユダヤ人の絶滅を図ったドイツ人はキリスト教の愛の教に背いたが、その呪詛には忠実だった人たちではないのか、という指摘なのである。

次の世代に托した問題点

竹山は一九六七年に出たフリードリヒ・ヘーア『ゴッドの最初の愛』を読んだとき、自分がその四年前から『自由』や『心』誌上で問題とした論点が西洋でも学術的な論議の対象となりつつあることを知った。しかし竹山と日本のカトリック界との対話は一見そのころ始まったように見えて、実質的にはむしろ途絶えた。竹山に反駁《はんばく》した多津木慎はペンネームであるらしく、竹山を目して「聖書=ガス室の等式を出している」と難詰し、『ヨハネ伝』八章の言葉は宗教的、社会的反ユダヤ主義の大きな刺戟となったことは認めたが「それはいずれもユダヤ人が救世主を認めるまでの過渡的反ユダヤ主義であって……ユダヤ人の迷いをさますための言葉である」と結ばれていたからである。

こういうカトリック側の護教派はいってみれば「安全な思想家」である。その反論は始めに結論ありきで、左翼の「安全な思想家」同様浅薄な論である。それに対し竹山がつきあった人には左にせよ右にせよ、さまざまな思想傾向の人がいた。足が地についていない人の文章も、歴史を現実に即して見るよりは観念に合わせて見る人の主張も、ラディカルな人の壮大な意見にも、目を通していた。すばやく判断を下すと、若い人にも同輩のように隔意《かくい》ない言葉で感想を伝えた。交際のあった極左のいいだももはまぎれもなく「危険な思想家」の一人だろう。西尾幹二もいた。ただ次にかかげる竹山と西尾の文通には「危険な思想」は見られない。西尾が昭和五十七年十月ごろミュンヘンから絵はがきを出したところ、竹山から「酢漬けキャベツ付きの豚足」はもう結構だとユーモラスな言葉で始まる長文の返事がきた。「私はついに老いさらばえ、もう元気もなくなりました。ただし、もし元気があってもふたたび **Eisbein mit Sauerkraut** を食いに行こうとは思いません。むかしのお嬢さん方も婆さんになっていることだし」。

しかしそんな半分笑いと半分真実を含んだ書き出しの手紙だが、傘寿《さんじゅ》を迎えようとする竹山の知的好奇心は衰えを知らず、質問を五項目に分け、いま知りたい問題点は次の通りと西尾に書いてよこしたのである。

一　ドイツ人はロマンティックで、**Gefühlsschwärmerei**（感情的熱狂）をやる。ナチスがそうだったし、今の **Grünen**（緑の党）もそういう傾向が強いらしい。ところが、立派なインテリは別として、普通のドイツ人ははなはだ現実的で、衣食住の配慮ばかりしている。悪くいうと、金の話ばかりしている。いったいかれらは現実的なのか、非現実的なのか？

二　キリスト教は内的活力を失い、教会は社会のただ一勢力たるにすぎぬ様に見うけられる。今のヨーロッパ人の基調は個人主義である。〈小生が行った頃には、どこの国に行っても **Gott ist tot.**（神は死んだ）とか **Man lebt nur einmal.**（人生は一度しかない）とか言っていました。〉その個人主義には長所もあれども、短所もあり、短所はエゴセントリズムと快楽主義である。今のヨーロッパは頽廃期にあるのではないか？　ただ個人が先行し、個人的欲望の充足が価値観の絶頂にある。日本人はそれをしないで全体の為に自己を犠牲にする、権利としての休暇も取らない、集団の中に埋没して暮している、だから人間として道徳的欠陥者であるというごとき意見が出来あがっているように思われる。この点はいかがなものにや。

三　ヨーロッパで秀れているのは公共性の尊重にて、これはもとより結構なことなれども、その動機は個我と個我との角突き合いを調整するのが主であり、決定するものは法であり、心情ではないと思われる。ソルジェニーチンが日本に来ての講演にも、この点を強調しているが、これは小生が感じていたことでした。

四　今はもはやDeutschland über alles（世界に冠たるドイツ）はやらないが、gute Europäer（良きヨーロッパ人）になるとて、Europa über alles（世界に冠たるヨーロッパ）根性はぬきがたい。これは近年ことにフランスにおいてはほとんど常軌を逸している観あり。黄禍論的気分が生れても、むしろ自然かと思われる。この点はいかがにや。

五　小生が近頃ものせし一文の一節に次のごときくだりあり。「ヒットラーは死後に神の前に出て、安らかな良心をもって申し開きをしただろう。――《わたしは人間を殺した事はありません。ただイエスが悪魔の子と呼んだものを亡ぼしただけです》。」キリスト教とアンチ・セミティズムとの関係にはヨーロッパではまったく触れられず、キリスト教の〈過去の克服〉については何も言われていないようですが、この点は最近はどうかなっていますか。

この「近頃ものせし一文の一節」の「わたしは人間を殺した事はありません」の言い方はヒトラーについて述べるにしては舌足らずで誤解を招きかねないが、それと似た趣旨は右の一節そのままの言い方ではないが、『歴史的意識について』（講談社学術文庫）に収められた『ユダヤ人焚殺《ふんさつ》とキリスト教』（『セレクションⅡ』所収）

や『人間性の普遍的基準』などに述べられた内容をさすのだろう。「あなたがたは自分の父、すなわち、悪魔から出てきた者であって」とユダヤ人を非難する言葉は『新約聖書』「ヨハネ伝」第八章の言葉で、ルターがドイツ語に訳して以来、プロテスタントのドイツ人は何代にもわたってこの言葉を唱えてきた。ナチス・ドイツを支えた人々の間にこの種の考え方は意識下にしみこんでいた。現にナチスの機関紙『突撃者（シュトルマー）』の編集者ユリウス・シュトライヒャーは一九四六年、ニュルンベルク法廷でこれを基にアンチ・セミティズムを唱えた自己の弁護をしている。竹山はそのことを念頭に《わたしは人間を殺した事はありません。ただイエスが悪魔の子と呼んだものを亡ぼしただけです》というヒトラーの申し開きの可能性に言及したのだろう。ヨーロッパにおける反ユダヤ主義は歴史的にずっと底流してきた。その集団的記憶の蓄積が非常時になると世にも恐ろしいホロコーストを惹き起こしたので、なにもヒトラーの時代に突然あのような狂気が発生したわけではなかった。一九〇〇年、北清事変に際してドイツの皇帝ヴィルヘルム二世がキール軍港で演説し黄禍論を唱え「我等の信は世界を征服したる信なり」と叫んだ時にもアンチ・セミティズムや人種的偏見は猖獗《しょうけつ》をきわめていた。ユダヤ人だけでなく黄色い顔をしたキール大学留学生の姉崎正治も街を歩いて石を投げられた。その憤激を『太陽』誌上に爆発させている。

短絡的な批判か

そのような西洋の宗教的・人種主義的先入主の根深さを知るだけに、竹山としてはユダヤ人焚殺の責任を少数のナチス指導者の狂気のせいにすることでは安心できない。キリスト教とホロコーストの関係は竹山の念頭を去らぬ課題となった。なぜ西洋のキリスト者たちは正面からこの不都合な事実を見据えることをためらうのか。ヨハネス二十三世はキリスト教のユダヤ人に対する罪を認め『悔悛《かいしゅん》の祈り』を唱えたが、それではその悔悛を受けてキリスト者が昔から発してきた「不正な呪《のろ》い」をこれから先どうやって解くのか。もしかれらが躊躇するようならば、せめて非西洋の日本の次の世代の俊秀に「調べてもらいたい」。それに対して西尾は「私には勿論答えられない難問ばかりだが、先生の批判精神が今なおいかに粘り強く、真摯であるかを示す好例に思えたので、敢て長い引用を許していただいた」と言うにとどめ、最晩年の竹山をやや感傷的な姿で描き出すことで月報記事[17]を次のように結んだ。

ボン郊外で死を待つのみの哀れな日本人の老人の話を書いた私の紀行文『祖国を失くした老人』を、竹山先生はことのほかに気に入って下さって、感想文をお寄せいただいたことがある。昭和五十七年一月の手紙である。そして、感想の端に、次のような私的感慨をもお洩らしになった。「その昔私が二十四歳ではじめてヨーロッパに行ったときには、可愛いドイツ娘から言い寄られたものでしたが、もしあのとき言うことをきいていたら、今はあなたの描いたボンの老人のように、ドイツと日本の両方にむかってアンビバレンツを抱きながら、廃残の日々を送っていたことでしょう。それの方がよかったかもしれませんが」

最後の一行にはなぜか思いがこもっているように私には読めた。先生はドイツに対する最も手厳しい批判家だが、しかし批判の奥には、ドイツから離れることのできない愛憎こもごもの深い思いが横たわっているのである。

竹山の問題意識を「深い思い」と呼ぶなら、それは確かにそうだろう。竹山の手紙の結びには感傷がまじっているのも事実だろう。しかしそのレトリックに気をとられて問題の本質を看過してはならない。この第五項目で話題とした善悪二面あるキリスト教に対する敬意と批判を含む論は情緒的なものでなく、きわめて理知的な問題提起というべきではあるまいか。

かつて林健太郎は『ロゲンドルフ神父のこと』[18]という追悼文で「竹山氏が、やがてナチスのユダヤ人虐殺の根源を専ら聖書の中に求め、そこから極めて短絡的なキリスト教、特にカトリック教会への批判を始められた」と書き「そのキリスト教攻撃だけは何とも言うべきことばがない」とまで述べたが、私自身はそれを読んで、日本を代表するドイツ史学者の林の西洋知識や認識がこの程度かと逆に寂しく感じた。Heer, *Gottes Erste Liebe* の夥しい書入れをみるかぎり、竹山の立論が短絡的であるとはとても思えない。なんだ、林先生はヘーアの『アドルフ・ヒトラーの信仰』なども知らなかったのか、という寂しさである。もっとも Friedrich Heer, *Der Glaube des Adolf Hitler* が出版されたのは一九六八年で、その学生紛争の高潮期に林東大文学部長は百七十三時間にわたり全共闘派の学生の手で本郷キャンパス内で軟禁された。そんな激動の時期であってみれば林教授がドイツの学問事情についていけなくなったとしても、それはやむを得ないことだったのかもしれない[19]。

だが「ユダヤ人焚殺《ふんさつ》とキリスト教」は真に真面目な人なら目をそむけるわけにはいかない種類の根源的な思想的課題である。それらは将来必ずやキリスト教圏と非キリスト教圏の両方の地に両足をおろした、堅実な比較研究者によって、再吟味されるであろう。いや、東洋と西洋に二本足をおろした人に限らない。イスラム圏とキリスト教圏の双方に足をおろしたような人にとってはそれこそ心も身も引き裂かれかねない、危険を孕《はら》む争点となるだろう。だがしかしそれこそが外国研究者が真に質《ただ》すべき本質的な問題点なのではあるまいか。イスラム勢力の興隆に際し、キリスト教圏の人は敵は「コーランか剣《けん》か」と脅迫的に侵入してくる、と言った。宗教勢力に二面性があることは歴史的事実だろう。竹山道雄はキリスト教の歴史について『剣と十字架』という書物を著した(こちらは「剣《つるぎ》と十字架」と読むのだそうである)。その批評については次章の安倍能成にゆずる。

一体、学問上の論点は旧来のゲルマニスティークの学問上の枠内にあるとは限らない。そのような枠にとらわれることなく切実な課題にきちんと着眼し、現地を踏み、綿密に読書し、深く思索した一日本人竹山は、質問点を後世の学徒に残して去った。そんな竹山道雄は、森鷗外の系譜に連なる人として、末永く読まれるに相違ない昭和の代表的文化人であると私は信じている。

註

(1) その印象を最初は『地獄の跡を見る』の題で六二年三月号の『文藝春秋』に発表した。足まめな竹山は昭和三十年代と四十年代を通じて二年に一度ほどの割合でヨーロッパに長期滞在を繰返している。これは外貨事情が厳しく旅費が法外に高くついた当時の日本人としてまことに稀有の体験であった。文化自由会議の日本代表として、或はこの時のように代表団の一員として渡欧し、滞在延長はおおむね私費でまかなったようである。

(2) 「尊大な」arrogant の rr を誤って ll で書いたのに気づいて別に書き直したのか、などとも考えられるがよくわからない。竹山家には書きかけて出さずじまいになった手紙やはがきが何通か残されていた。

(3) 『最後の儒者』、『竹山道雄著作集』4、二三六頁。

(4) なお二人はポルトガルへは行きそびれたが、千九百二十年代はマドリッドからリスボンへの直通列車は週に一本しかなく、それで行くことができなかったのである。千九百六十年代まで日本人の外国渡航は難しかった。昨今と違って外国旅行は不便で、しかも金も時間もかかった。明治の開国以後も百年ほどは西洋へ行くことのできた日本人は寥々たるものである。戦前は小学校の国語教科書には洋行の話が出ていたが、クラスで親が大学出でしかも洋行したなどというのはいかにも例外的な選ばれた家の話であった。私が大学に入学した一九四九年、東大教養学部では外国留学体験者は教師の一割以下であり、外国語教室においてすらも英語に一人、ドイツ語に二人、フランス語に二人、古典語に一人、中国語に一人で外国語科教師の二割程度であった。それでも他大学よりはよほど高い率の留学体験者数だったのである。なお後期課程の教養学科ができるまで、新制東大の最初期の一年半には外人教師は一人もいなかった。

(5) 明治の学匠詩人で『海潮音』を訳した上田敏は、森鷗外と並んで抜群の西洋文学理解を示した英才だが、明治七年の生まれの敏は、父も祖父もすでに西洋に旅した家庭に育った人である。留学生活を上手に生かせる人には身近に留学体験者の先輩がいる場合が多い。それと同じように西洋とのつきあい方にもロール・モデルはあるのではあるまいか。

（6）『私の文化遍歴』、『竹山道雄著作集』2、三〇七頁（『セレクションⅢ』所収）。

（7）ランバレネがフランス領赤道アフリカにあり、独仏は交戦状態である。それでシュヴァイツァーはフランス語を用いたのではあるまいか。もしかすると竹山もそのような事態にかんがみてシュヴァイツァー宛にもフランス語を用いたのかもしれない。竹山はフランス語で手紙を書くこともできた。なおシュヴァイツァーの手紙には拡大鏡で見ればわかるが二行目にフランス語の誤りが二つある。remercier と書くべきところを remercié、また autobiographie と書くべきところを autobiography と間違えて書いている。独仏開戦で輸入が絶え自立につとめなければならず、医療のほかに農作の仕事にも追われ疲れ切っていたシュヴァイツァーであることが思われる。

（8）これは市川崑『ビルマの竪琴』の映画を見、原作を日本語で読んだということである。

（9）5. Juni 1961

Lieber Herr Takeyama,

Eingeschlossen übersende ich Ihnen einen kleinen Aufsatz, zu dem mich Ihre Betrachtungen in Bungei Shunju angeregt haben.

Ihre Bemerkungen gestern in Tokyo Shimbun fand ich überaus zutreffend. Beim Studium der neueren japanischen Geschichte geht mir immer mehr auf, daß die Einstellung der Intellektuellen und Studenten zur Politik einer gewissen immanenten Logik folgt und daß, in einem Aspekt jedenfalls, die Ddinge heute nicht viel anders liegen als vor einigen Jahrzehnten.

Beim Arbeiten an meinem langen Manuskript für den Francke- Verlag geht mir immer mehr auf, wie wenig ich eigentlich weiß. Ich möchte mit unserer verabredeten Besprechung noch etwas warten, bis ich das gesammelte Material etwas besser geordnet habe.

Mit allen guten Grüßen,

Ihr ergebener Joseph Roggendorf

（10）竹山道雄の真面目《しんめんもく》は一九六一（昭和三十六）年五月十四日の『東京新聞』コラム「石筆」欄に『アイヒマンの弁護人』（『セレクションⅣ』所収）と題してこう書いた後にさらに続けて、

かつてフルシチョフ氏はスターリンの凶悪の罪を数えあげたが、そのときに「それならなぜそれに反抗しなかったのか、なぜ一緒にやっていたのか」と問われて、答えた――「スターリンの命令をきかなければ命があぶなかった。それに国民がだまされていたのだから、どうしようもなかった」。

アイヒマンの弁護人としてもっとも適当な人は、ソ連首相かと思われる。という指摘を添えていることであろう。

(11)『東京新聞』昭和三十六年五月二十八日には「大塚大佐」とあるが遺族犬塚きよ子氏から寄せられた竹山宛の手紙には犬塚とあり犬塚惟重である。上海の日本人学校の校舎をユダヤ人難民宿舎などにあてるなどの便宜をはかった。なおベンアミ・シロニー教授は昭和五十七年八月五日の『朝日新聞』夕刊で「救ったという事実こそ重要」と述べている。

(12) ロゲンドルフ神父が竹山のキリスト教批判の口吻に反撥した過程については『竹山道雄と昭和の時代』の第十六章「剣と十字架」で説明した。日本に長かったイエズス会神父ではあるけれども、ロゲンドルフ師の周囲には自分たちを立ててくれる日本人の信者さんや講義を聴く学生のみが多くて、竹山のように率直にキリスト教批判を述べる人には存外会わずに日本で時を過してしまったのではあるまいか。

(13) サイデンステッカーとロゲンドルフが一九五九年のペンクラブ騒動の際に彼らの立場を支持した竹山をいかに徳としたかは『竹山道雄と昭和の時代』第十三章「自由」の中でも言及した。サイデンステッカーの竹山宛同年五月十日の手紙があるので、英文のまま再録する。

Dear Mr. Takeyama—

I am not much given to writing fan letters, but I must tell you how delighted I was with your article in the new Shinchō. You say everything that needs to be said, with clarity, precision, and penetration, and your arguments seem completely unanswerable, especially since you have caught our friends in so many inconsistencies.

My thanks and congratulations. Sincerely Edward Seidensticker

次の註にあるサイデンステッカーの「礼状」とはこの手紙をさすのであろう。彼は『新潮』昭和三十四年六月号の竹山道雄『ペンクラブの問題』を読んで、自分の方からこの「ファン・レター」を送ったのであろう。

(14) サイデンステッカー『ながれゆく日々――サイデンステッカー自伝』(時事通信社、二〇〇四年)、一五一頁以下には次のように出ている。「(言論の自由について) われわれ外人の主張を雄弁に支持してくれる人々もいた。例えば竹山道雄氏である。何よりも、『ビルマの竪琴』の作者として広く知られているが、ケストラー事件に関しても、われわれの立場をもっとも雄弁に支持してくれた一人だったし、一番大きな影響力を及ぼした人でもあった。竹山さんを知ったのは、「文化自由会議」の東京支部を通じてだったが、氏はまた、ロゲンドルフ神父とも親しい間柄だった。……竹山さんから届いた便りのうちで、今も手許に残っているのは一通だけで、私が竹山さんの論文を送ってもらって礼状を出したのにたいして、わざわざ返事を書いてくれた葉書である。私の礼状に返礼を述べてから、今回の事件について、私とロゲンドルフ神父の努力に感謝している旨を記し、さらにこう書いている。「こういう風潮は困ったものにて、ゆっくり気長にやるほかはないと思っております。それにしても、五年前に比べると、大いに改善いたしました」。当時の私には、そんなふうには思えなかったが、今から振り返ってみれば、確かに竹山さんの判断は当たっていたのだ。葉書の日付は、一九五九（昭和三十四）年五月十五日となっている。」

（15）サイデンステッカー『ながれゆく日々——サイデンステッカー自伝』（時事通信社、二〇〇四年）、一五一頁。

（16）ダンテがキリスト以前のソクラテス・プラトン・アリストテレスなどをキリスト教の神を知らなかった人として地獄の第一の谷に堕としていることに竹山は違和感を覚えている。それは竹山が昭和初年に出た新潮社の世界文学全集の生田長江訳『神曲』を読んだ際の書き込みからも見てとれる。

（17）西尾幹二『竹山先生からの手紙』『竹山道雄著作集6　月報』。

（18）ヨゼフ・ロゲンドルフ師追悼文集編集委員会編『一粒の種——ヨゼフ・ロゲンドルフ師追悼文集』一〇〇頁。

（19）林健太郎教授は学生たちに軟禁されていた百七十三時間、一歩も譲らなかったが、その林氏はその翌々年東大総長に選出された。大新聞は林氏が総長に選出されたことを小さくしか扱わなかったが、あれが戦後思想史の分水嶺であったので、そのときから東大内でも左翼の教授たちの勢いは衰えたのである。しかしそれ以後、林先生は西洋史家としては第一線を去られたようである。

第Ⅱ部　竹山道雄と戦中・戦後

6　安倍能成という存在

（安倍）先生はもとより明晰だったが、本性はむしろ感情の人で、その人間味のいちばん独特なところは、こんこんとして湧く情味だったように思う。そして、その真実味を直接につたわらせる天分があった。これが人の感情をとらえた。スケールは大きいが思いやりのこまかい神経があった。字は人を現すというが、先生の書は墨痕淋漓たる豪快な線とやさしく微妙に舞う線とが交錯している。

――竹山道雄『安倍能成先生のこと』(1)

去る者日々に近し

昭和という日本にとって激動の時代、あくまで自由主義を貫き通して生きた二人の日本人、安倍能成（一八八三―一九六六）と竹山道雄（一九〇三―一九八四）の関係について述べたい。戦前は軍部の専横《せんおう》に抗議し、戦中は精神の自由を守り、戦後は左翼の共産主義や人民民主主義に反対して昭和時代を生き抜いたこの二人をすぐれた日本人として私は敬意を表するが、しかしそれはあくまで私の立場から見て立派な人なのであり、別の政治的立場の人は別の評価を下すことであろう[2]。この二人が結ばれたのは安倍が昭和十五年、第一高等学校の校長となり、二十歳年下の教授竹山とそこで知り合ったからで、大正年間に安倍が一高で教えていたとき生徒の竹山道雄をそのころから特に認めていたというわけではない。

ここで今日の高等学校という言葉から出て来るイメージとはなはだ異なる第一高等学校についてまず説明しなければならない。明治初年から敗戦直後にいたるまでの日本では、この国で一番出来のいい男子が進む学校は第一高等学校といった。略して一高という。夏目漱石の頃は東大予備門といった。一九一九年からは満十六歳から飛び級で受験できた。いまの東大教養学部に相当するが、東大よりも入学定員が五分の一程度で、それだけに日本で一番狭き門であった。日本のエリート校である。当然、その一高の生徒の質は東京大学の学生の質よりもはるかに高かった。東大の学生の上から二〇パーセントほどの優秀な若者が集まって寮生活を送って切磋琢磨していた。それがかつての一高だったのである。

その一高で安倍能成校長と、安倍に信頼された知恵者でもあったドイツ語教授竹山は戦時中苦難を共にした。そして戦後も共に思想界で活動した。二十歳年上の安倍が一九六六（昭和四十一）年六月七日、満八十二歳で死去したとき、竹山は安倍を戦中戦後の別を超えて日本の歴史の中でこう位置づけた。

> 安倍能成先生が亡くなると、……ほとんど国民的哀悼という観を呈した。こういうことはおそらく山本五十六元帥以来かと思う[3]。

これは意想外な巨視的な比較である。ハワイでアメリカ太平洋艦隊を壊滅しマレー沖でイギリス東洋艦隊を撃滅した山本五十六連合艦隊司令長官は、戦時下の日本国民の輿望《よぼう》を一身に担《にな》った国民的英雄であった。山本元帥が一九四三年四月ソロモン上空で戦死し国葬が行なわれた時、日本国民は哀悼の念に包まれた。そのような軍人の死と文人の死を並べる竹山の見方は非凡である。

竹山道雄は安倍能成に深い敬愛の情を抱いていた。それだけに安倍の死に際し、追惜の念もひとしお深く、周囲の人の哀惜の情を人一倍身にしみて感じたのだろう。私自身は山本元帥の戦死は日本の津々浦々にいたるまで哀悼されたが、安倍の死に際してはそうではなかった、安倍はそれほどは知られていなかったと感じている。二十一世紀になると山本五十六の名前はなお広く記憶されているが、安倍能成の名前はいよいよ忘れられつつあるかに感ぜられる。それだけに一層安倍について私も述べたく思うのである。

竹山が安倍を偲んで書いた文章は、没後直後の一九六六年八月号の『心』に発表した右の言葉で始まる『安倍先生随聞記』と、一九八一年十二月の『ももんが』に寄せた『安倍能成先生のこと』の二つが主だが、後者はこんな言葉で始まる。

安倍さんはよほど特別な人で、没後十何年たった今になっても懐かしい。思い出さない日はほとんどないかもしれない。去る者日々に近しである。(4)

この書き出しに私は驚いた。人間それほどまでに特別の故人を思い出すことがあるのだろうか。

竹山は『竹山道雄著作集』が一九八三年に出た時、第四巻『樅の木と薔薇』に知己十余人を偲ぶ文章を収めたが、安倍能成については自分で選んでこの後者の『安倍能成先生のこと』を載せた。これは二十六頁に及ぶ追懐である。安倍能成のことは、戦時下の一高にふれた竹山の文章にもしばしば出て来るが、ほかに一九五三年一月の『心』に『在米の安倍先生に』[5]など公開の手紙を掲げている。ヨーロッパからは安倍先生宛という手紙が『心』に載っている。竹山はまた安倍に随って台湾を訪ね、一九五七年十二月十三日から翌年一月五日まで滞在したこともある。交流が深かっただけに安倍の思い出は数多いのである。

安倍が亡くなって十八年後の一九八四年に竹山も亡くなり、その没後さらに二十数年たったとき、竹山の蔵書のうち和書は神奈川近代文学館に、洋書はその向かいのフェリス女学院大学に寄贈することとなった。婿である私は鎌倉材木座の家で整理しながら数日を過ごした。その際、竹山道雄あての手紙類も整理した。その仕事をした客間には、縁側には梅が咲き、床の間には「山静似太古　日長如小年」という軸[6]がかかっていた。安倍能成が竹山の為に書いた書である。「思い出さない日はほとんどないかもしれない」という言葉は本当だったのだな、と感じた。竹山はおよそ大袈裟な言い方をしない人である。それだけに安倍と竹山の関係はただごとではなかったと察した。残された手紙の中に安倍能成の葉書が何枚も残されていた。他方、竹山が安倍にあてた手紙類は安倍が死去して半世紀になろうとするいま、もはや回収不能であろう。それでも竹山が安倍に宛てた通信には『心』などの雑誌に印刷されたものもある。この際、それらを裏付け資料として安倍能成と竹山道雄の交際について語りたい。

旧制第一高等学校

まず安倍を校長とし、竹山道雄を教授とする旧制第一高等学校は外部の人の眼にはどのように映じたか。そしてその人脈はどのような精神史的意味をもつのか。

二〇一三年、拙著『竹山道雄と昭和の時代』が藤原書店から出たとき、中国出身の学者で東京工業大学で教える劉岸偉教授は駒場の第一高等学校以来の学問的伝統を長文の書評の中でこう評した。外国の人の筆になる貴重な指摘と思えるので、『中文導報』二〇一三年五月十六日に出た『強韌執着的自由主義思想家――読平川祐弘著『竹山道雄与昭和時代』』の一節の原文少々とその前後の訳文を掲げる。

竹山道雄多年執教于旧制一高、培育了衆多弟子。書中対這些年軽弟子同僚群像也有生動描述、即便在戦時下、一高師生固守思想自由、不為権威所屈反骨精神与旧制高校英才教育的良質部分、即独立不羈、学問自由、高貴者責任意識（noblesse oblige）蜜不可分。[7]

竹山道雄は長年、旧制第一高等学校教授として数多くの子弟の教育にあたった。（本書には……同時代の学者、作家、文人――安倍能成、和辻哲郎、立原道造、林健太郎、丸山真男、加藤周一等々――と竹山との交際や評語も）若い弟子や同僚たちの群像も実に生き生きと描写されている。戦時下であろうとも、第一高等学校の教師生徒は思想の自由を固守し、権威に屈せぬ反骨精神と旧制高校の英才教育の良質部分、すなわち独立不羈、学問自由、高貴なる者の責任意識（noblesse oblige）とが互いに不可分に結びついていた。

では当時の第一高等学校の実態はどのようなものであったのか。はじめに安倍能成の略伝を記す。

安倍能成は一八八三（明治十六）年、松山で生まれ、一高、東大で学んだ。夏目漱石を尊敬し師事した。謡については二人とも宝生新に習った相弟子であった。小宮豊隆、森田草平、鈴木三重吉などとともに漱石の四人の弟子と呼ばれているが、漱石の『ケーベル先生』の冒頭の「木の葉の間から高い窓が見えて、其窓の隅から濃い藍色の烟が立つた。先生は煙草を呑んでゐるなと余は安倍君に云つた」の安倍君が能成である。

一九一〇（明治四十三）年八月、漱石が修善寺で吐血して重体に陥ったとき避暑先の沼津から偶然一番にかけつけた。安倍能成が来たからには「アンバイヨクナル」と夏目夫人が縁起をかついだ。そんな話は漱石が健康を取り戻しつつあるころ笑いと共にひろまったに相違ないが、安倍が周囲の人に安心感を与える、包容力のある人格の持主であったことを示唆するなにかであろう。安倍が『涓涓集《けんけん》』に書いた『漱石先生と漱石夫人』などの思い出は人間的魅力に富んでいる。

安倍は一九二六年、京城帝大教授となり、一九四〇（昭和十五）年夏、一高の校長に迎えられ東京に戻った。橋田邦彦校長が第二次近衛内閣の文相となった後任である。林健太郎は二十七歳の年少の一高教授として迎えた新校長についてこう回想した。

　橋田に比べて安倍は大きくないかつい体で、容貌も魁偉《かいい》というような感じであったが、橋田が演説口調だったのに反して普通の穏やかな語りぶりで、私は先ずそれに好感を持った。この「戦時中」を私が安倍校長の下の一高教授として過ごしたのは幸せなことであった。安倍は期待に背かない名校長であった。歴代校長の中でも、安倍ほど生徒全般から尊敬され慕われた校長はなかったであろう。私も校長の生徒への訓辞や会合での発言をいつも感心しながら聴いていた。そしてここにはまた、世俗の名利をよそにして子弟の教育に身を捧げることを喜びとした碩学《せきがく》や学界における地位などに拘泥することなく自己の学問的境位を守って研鑽《けんさん》を続けていた新進の学者たちの教授団があった。「時局」の圧力はここにも及んでいたけれども、それは安倍校長によって適当に受けとめられ、それを超越した精神の世界が守られていた。(8)

竹山道雄は一九〇三（明治三十六）年生まれ、一高時代の一九二二（大正十一）年に安倍講師の倫理の講義をきいたときはまだ個人的なつきあいはなかった。

内容ゆたかな立派な講義だった。その頃には安倍さんは痩せて太い眉の下に目がくぼんで、ひどく神経質な印象をうけた。……

ところが昭和十五年の秋に一高校長としてこられたときには、丸々と豊頬で白髪が立派で威風あたりをはらうがごとく、エネルギッシュなカリスマ性を発散していた。「五十七じゃ」と言っていた。……挨拶がすんで懇談となった。先生は私の前に来て、「あんたは船田君の奥さんの兄さんじゃそうですね」と言われた。（船田享二は京城大学でローマ法を担任、後に芦田内閣の無任所大臣もつとめた）。私の妹（文子）がその妻だった。安倍さんがそれまで京城の法文学部長をしていたときに同僚だった。こう問われて私は答えた。「はい、そうです」。そして言った。「先生は京城で船田とよくおつき合いをなさいましたか?」すると安倍さんは答えた。「いや、つき合わん。気が合わんからつき合わん。あれは先天的な嘘つきじゃ」私は驚いた。初めて会った者にむかって、こういうことを言う人があるのだろうか。(9)

竹山は自身はこういう失礼なことをおよそ言わぬ人だからすこぶる驚いた。ちなみに船田享二と再婚した文子は戦後の女性運動の旗振りの一人であった。安倍の言動には驚かされたが、しかし新校長が教師たちを前にして行なった率直な発言に竹山は心からの喝采を送った。次の「そのころは」というのはいわゆる支那事変が始まって三年、解決の見通しも立たなくなった一九四〇年のことである。二月には斎藤隆夫が衆議院で戦争政策を批判して問題となり、三月には除名決議が可決された。七月には陸軍首脳が米内内閣打倒のために畑俊六大将に単独辞職を勧告した。米内内閣は総辞職する。そして十月には近衛首相が総裁となって大政翼賛会が発足する。

そのころは軍に対する批判はまったくなく、世上惨として声なかった。ところが安倍さんは猛烈だった。「……近頃は忠義な日本人をなるべくなくしようとするやり方である……」。まことに痛快をきわめ、われわれは大いによろこんだ。先生が新聞に書いた忌憚ない意見は非常に評判がよかった。「日枝《ひえ》の神輿《みこし》をもちだして、横車を押すべきではない」。先生は大政翼賛会に入ったが、この会は国民の総意を結集して軍の独走を抑制するのだそうだった。それで、あるいはこういう意見が反映するのではないかとねがったが、その一年後に「米英ト戦闘状態ニ入レリ」ということになろうとは思いもかけなかった。(10)

日枝《ひえ》の神輿《みこし》とは、比叡山の僧徒が日吉《ひえ》神社の神輿を振り立てて朝廷へ強訴《ごうそ》に及んだ専横の故事にたとえて、軍部をたしなめたもので『朝日新聞』に寄稿した記事の言葉である。

旧制高等学校には教授会に実権はなく校長が人事を掌握したが、安倍校長の采配は見事でもあり強引でもあった。会議を主宰しては、威重《いちょう》があり理路整然として類のない名人だったが、政治的なかけ引きや配慮などは皆無で、戦時中の苦境のせいもあったが、会議はときどき修羅場となった。

見事な人事としては木村健康を一高に招いたことがあげられる。木村は河合栄治郎門下の三羽烏とうたわれ、東大最初の近代経済学者として嘱望されたが、河合が昭和十四年休職処分されるや、師に殉じて辞職、河合の公判に際し特別弁護人として働いた。安倍はその出処進退を良しとし、昭和十六年一月、木村を一高教授に招いた。同じ年にはフランス語教授の市原豊太も浦和高校から一高へ招いた。浦高で担任の生徒が留任を求めると、彼らの卒業まで併任を認めた。市原は安倍校長をこう回想する。

太平洋戦争が始ってからの三年半は先生の受難時代であつた。毎月の八日は大詔奉戴日として、宣戦の詔勅が読まれる習慣であつたが、先生はいつも「豈朕ガ志ナランヤ」といふ処を一際声を張上げて朗読なさつた。これは陸軍の専横に対する鬱憤の一つの捌け口で、我々も同感を禁じ得なかつた。(11)

昭和天皇は自分の意志よりも、一つには陸軍の専横により、そして二つには米国の強引な対日政策により戦争に突入せざるを得なかった、「豈朕ガ志ナランヤ」ということであろう。

安倍能成の「稜々たる叛骨」

竹山は、一九二六年、東大独文科を卒業するや、その直後に一高に職を得た。当時としては珍しく独仏両国に学んだという留学体験があり、岩元禎先生などの書物を通してのみ西洋文化と接する多数の教師たちと違って、竹山は只一人、五人のドイツ人講師と親しく、一高に勤めて十余年、学生から慕われていた。私も一九四八（昭和二十三）年、一高に入学してある教室に教師の番付表が落書きされてあり、東西の代りに有能無能と分かれていたが、「有能」の横綱に竹山道雄と出ていたのを記憶している。その番付表の行司に安倍能成と出ていたか安倍が幣原改造内閣の文相に就任したのち一高校長となった天野貞祐と出ていたか、そこまでは記憶がさだかでない。

昭和十五年夏、満三十七歳の竹山は、安倍が一高校長として着任するに及んで初めて安倍と親しく接するようになった。竹山の『安倍先生随聞記』にも世間の知らない逸話が断片的に記されているが、もっとも感銘をうけたのは安倍の公的生活からだとして、一九四〇年九月の新校長安倍の「いまは忠義の日本人をなるべくなくしよ

うというやり方である」という訓辞にふれて、当時の安倍の剛直な態度を称賛をこめてこう書いている。安倍校長は、

新聞紙上でも軍部に対して直言をした。そのころはわれわれはもうすでに倦み疲れて、半ば諦めていたのだったが、先生から戦慄を浴びせられて甦ったような気がした。

一週に一度は冬でも火の気のない寒い部屋に宿直をし、学生と同じ芋を食べ（昭和十五年の秋には、昼食はつねに芋二切れだった）、会議その他の校長の務めをし、配属将校と渡りあい、辞表を懐にして賀陽宮《かやのみや》の査閲をうけ、帝都初空襲の日に山口兵務局長の査閲をうけ——というありさまだった。つぎつぎと出征する学生を送り出したが、その旗に書くために、先生の机の硯箱の蓋がいく日も閉じる間のないこともあった。(12)

その日の丸の旗の何旒《りゅう》かは戦地で翻ったかもしれないが、何旒かは二度と祖国に戻ってこなかったであろう。そして戻ってきた旗は戦後は忘れ去られたであろう。しかし今その旗が出て来たならば、ある立場の人々は安倍を戦争協力者として非難の材料にするであろうが、別の見方をする人もまたいるであろう。

竹山は昭和十九年夏のある晩、まだ夜が明けきらない時刻に、安倍能成校長が中寮主任の幹事として中寮に泊りこんでいる竹山の部屋に来たので、話のついでに、

「戦争には敗けて、国は亡びるのではないでしょうか？」

といった。すると安倍は目をあげて、

「う。それを否定することはできぬ」

といった。(13) 安倍も竹山も、国の名において行なわれようとした自殺行為に対してともに心を痛めていたからであ

る。本土空襲が始まり日本側の敗勢が蓋うべからざる情勢になると、一体だれが言い出したのだろうか「一億玉砕」という文字が新聞紙上に出るようになり、しかもその主張に対して批判的なことは言えなくなりつつあった。そんな中での内輪での会話である。

竹山はさらにこうも書いている。文中の「私が通る町」とは昭和十九年に疎開した鎌倉のことだろう。

> じつに苦しいときだった。いま思い出すと、あのころの先生の風格は昔の乱世の侍《さむらい》大将《だいしょう》という気がする。私が通る町の飾窓に黒糸おどしの大鎧《おおよろい》がかざってあり、その面あては皺だたんで白い口髭がもじゃもじゃと生えているが、あのころの先生はこういう鎧を着て孤城を守る総大将の感があった。「やあやあ、遠からん者は音にも聞け、近くばよって目にも見よ。われこそは伊予の国の住人、安倍の能成なり。それ者共、怯《ひる》むな、退《しりぞ》くな、かかれ、かかれ、かかれ」と采配《さいはい》ふって大音声《だいおんじょう》に下知《げち》をした。しかし、われわれ者共は強将の下の弱卒だったから、先生は歯がゆかったろう。[14]
>
> もっとも目に残っているのは、学生の体格をよくするために全校の体操がはじまり、先生が栄養不足で痩せて肋《あばら》が見える上半身を裸になって白髪をふって体操をしていた光景である。「先生はウンシン(運動神経のこと)がないなあ」と学生がいっていたが、武骨《ぶこつ》で、器用ではけっしてなかった。[15]……
>
> この集団体操はしばらく整然と行われ、まことに見事だった。台の上ではしなやかな体をした学生の選手が模範をみせていてうつくしく、数百人の若い肢体がリズミカルにうごいて、見ていて気持が明るかった。[16]

そのとき壇上に上がって模範体操をしてみせたのが一高体操部の肥田野信である。東大医学部の皮膚科を出た肥田野氏は私より六歳ほど年長だが同じ一九五四年にフランス政府給費留学生として渡欧した。以前は肥田野さんと会うとパリで御嬢さん方と連れ立って踊りに行った話に花を咲かせたが、近年はそれよりもさらに前の駒場のころの話をするようになった。一高はよほど特別な学校で、廃校後六十数年たった今になっても懐かしい。安倍校長は素直露骨で、人を傷つける結果にもなったそうである。その良し悪しについて竹山は、

安倍さんの面目は、卑屈になり鬱屈していた日本人に活を入れたことだった。うんと太い背骨を見せたことだった。その気迫は占領軍をも感心させた。生れつきの性格というものはふしぎなもので、それぞれに長所があるわけだけれども、常時真剣の努力家よりも、どこかずぼらで破綻がある安倍さんの方がはるかに人間的魅力があった。あのようなふしぎな魅力のある人を他には見たことがない(17)。

といい、

こういう気性がもっと公の場面に向うと、それは目ざましいものになった。稜々たる叛骨になって、ことに強者に対しては自動的に反感がおこってきて、それを真正面からぶつけた。先生の叛骨は生得のもので、それがなかったら安倍能成は安倍能成ではなかった。これがあったからこそ、軍にも楯をついたのだし(ただし、対米戦となって「豈朕カ志ナランヤ」とあった後は、忠義の人だったから軍の悪口はいわなくなった)、またアメリカ教育使節団にむかって「日本が満州でしたようなことをしないように気をつけろ」とやった。これがアメリカに対する直言の第一声だったから、万丈の気焔をあげてわれわれの胸のつかえをすっとさせた(18)。

アメリカ教育使節団との初会合で安倍文部大臣は、戦勝国のアメリカが力は正義なりの立場で日本に臨むこと

がないように要請し、その硬骨と格調の高さで米国側にも感銘を与えたと伝えられたからである。

左翼も利用したくなる声望

安倍能成の人気は敗戦を満十四歳で迎えた私の周辺にも伝わった。私の兄は東京高等学校の一年生だったが、中野の校舎が空襲で焼けて第一高等学校に間借りして授業していた。一九四六年一月岩波書店が『世界』を刊行するや、すぐさまそれを買い求めた。『世界』も平和問題懇談会も当初は安倍をかついで始まったのである。安倍能成という名前にはそれだけの後光があったのである。敗戦直後、戦争中の日本で軍部に対抗した勢力は三つあるといわれた。第一は安倍能成の第一高等学校、第二は岩波茂雄の岩波書店、第三は緒方竹虎の『朝日新聞』である。

——ただし第一高等学校を始めとする旧制高等学校は占領軍とそれの主導する教育改革に協力した日本人によって廃止されてしまう。旧制高校廃止に積極的だった日本人に旧師範系や教員組合の人が多かったのは理解できるが、安倍能成が怒ったのは過激な教員組合と対決する席で同志の士と思っていた南原繁が途中で姿を消したことで、安倍能成、田中耕太郎、和辻哲郎、市原豊太などは旧制高校の廃止に手を貸した人として南原をぼろくそに非難した。[19] 岩波書店は創設者の岩波茂雄が一九四六年に死ぬと左翼の大出版社となり、『世界』はあっというまに吉野源三郎であるとかの左翼に政治的にのっとられた。安倍が名を連ねた平和問題懇談会も日本における社会主義陣営擁護の一大中心となってしまい、一九五〇年ごろになると、『朝日新聞』とともに全面講和論を唱えて、吉田茂の自由党内閣と敵対的な関係になってしまうのであるが。

竹山は敗戦直後の日本における安倍の人気についてこう書いている。

若い学生のあいだでの（安倍の）信望は大したものだった。学生を愛して、わけへだてなく接触し、威厳がありながら温情があふれていたから、渇仰の的だった。人間には一方の破壊罵倒欲と共に他方に崇拝讃美欲があるが、あの不安な時代に、安倍さんの後にはひかぬ岩のようなところが頼りになった。猿の集団の研究によると、ボスザルはただ力が強いだけでは足らず、気がつよくて自信があって率先実行する者が他を圧倒して支配力をもつのだそうである。人間なら人格だが、猿だから猿格である。安倍さんは大人格者だったが、また大猿格者でもあった。戦後の文化再興の象徴として期待された。

戦後にシベリアで捕虜になって苦役して帰ってきた大学生がいたが、この人は「収容所の壁新聞に、安倍能成氏文相に就任すと出たのを読んで、嬉しくて涙が出た」そうである。(20)

ちなみに安倍が文部大臣になったのは一九四六年一月の幣原《しではら》改造内閣の際である。幣原首相は四月二十二日に内閣総辞職を余儀なくされた。その際、幣原に次の内閣をやれといわれたが安倍は断った。竹山は幣原の安倍に対する考えをこう評した。

人物は立派だし、ことにどうしてもやらなくてはならない事ならそれを誠実に実行しようと決心していた安倍さんに、占領政策に協力しながらその不当な要求を拒否する役目をになわせようと考えたのは、当然だった。私が安倍さんに「幣原さんから後をやれと言われたといいますが、それは本当ですか」とたずねたら、安倍さんは大きくウンとうなずいた。しかし、安倍さんは文部大臣をつとめて、つくづく政治は自分のエレメントにはないことを痛感して、そういう世界に入ることを断念したのだそうである。安倍さんは権力闘争の泥沼とはまったく縁のない人だったから、あのときに自分を知る明があったのは賢明だった(21)。

筆まめな人

安倍は山梨勝之進前院長に乞われて、学習院の院長となった。これは一九四七年当時にあっては皇太子殿下の御教育に当たり皇室の維持につとめる枢要な責務であった。昭和天皇は戦後日本各地に行幸し、敗戦国の再建を激励してまわった。その巡幸にはアメリカの軍事警察も同行した。いわゆるMPである。土地によっては天皇は神社にも参拝されたであろう。戦死者の英霊のために祈りを捧げもしたであろう。そのようなあらたまった機会にアメリカ兵で煙草を吸っている者がいた。随行した安倍はその煙草をはたと叩き落として「ノー・スモーキング」と一喝した。アメリカ兵は怒ろうとしたが、安倍の毅然たる迫力に気圧されて、憤怒を抑えざるを得なかった。——本当か嘘か、おそらく事実であろうとは思うが、安倍についてはそうした噂が伝わるような人望があったのである。

竹山はそんな安倍は政治ではなく教育がそのエレメントに向いていると観察した。安倍は、およそ偉ぶらない、筆まめな人である。

安倍能成がいまだ連載半ばの『ビルマの竪琴』を山手線の車中で読み励ましの葉書をくれたことは後に記すが、竹山は礼状を書き、安倍の『日本文化の性格』に言及した(竹山は『新女苑』一九四七年十月号に『安倍能成氏の『日本文化の性格』』という紹介を書くことになる)。すると安倍はまた葉書をよこして自己の論について「兎も角も日本文化に関する緊要な問題を提出した積ではありました」と述べ、続けて竹山から贈られた竹山の戦後の最初の出版物を話題とし、

『失はれた青春』も大方拝見、後のドイツについての御文章を残してゐます。戦争後出た書物の中で最も出色なものと信じます。

と書いてよこした。竹山道雄は日本が一九三六年以来ドイツとは日独防共協定の間柄であり、一九四〇年には日独伊枢軸同盟を結ぼうとしている間柄であることを承知していたが、ナチス・ドイツのユダヤ人排斥をはじめとする非人間性に対して鋭い批判の眼を向けていた。竹山は例外的にドイツ事情に明るい日本人であった。それだけではない。竹山はそのドイツ批判を公然と口にし、岩波書店の『思想』に『独逸・新しき中世？』（『セレクションI』所収）と題する一大文章も寄稿した。フランス文学者河盛好蔵は片山敏彦の家で竹山に会い、そのときの思い出をこう書いている。

初対面の竹山さんからは何か威圧されるようなものを感じた。と云って、竹山さんが威張っていたというのでは決してない。精神の高さといったものが、話しているうちに次第に私の威儀を正させたのである。立派な人、というのが私の最初の印象であった。そしてこの印象はその後も深まるばかりであった。……当時はヒットラー礼賛の声がそろそろわが国にも高まり、ドイツ文学者のなかにもナチス文化の太鼓を持つ連中の現われ出した頃であったから、（片山、竹山）両氏のヒットラーやナチズムの批判は痛烈を極め、共鳴するところが多かった。この風潮がやがて猖獗を極めるようになるのは周知のことであるが、両氏は、当時のドイツ文学者のなかで最後まで徹底してナチスを憎み嫌った数少ない明哲の士であった。……戦争中のことでいまでも忘れられないことがある。それはドイツ軍がパリを占領した頃であった。ある日、ドイツ大使館で、パリ占領のニュース映画を見せてくれたことがあった。偶然私は竹山さんの隣りに坐っていたが、パリの凱旋門の上にハーケン・クロイツの旗がするすると掲げられる場面が現われたとき、竹山さんは私の方を向いて、「不愉快でしょう」と大きな声で言われた。それからしばらくして、ドイツ軍の兵士が、立ち並ばせた民衆のなかからユダヤ人を見つけては、一歩前に進ませる場面が出たとき、こんどは、たしかにまわりの人たちに聞こえたに違いのない声で、「イヤなことをするなあ！」と言われたときには私は本当にびっくりした。これは竹山さんが思わず発せられた声に違いない[22]……

河盛は戦後『新潮』の編集に参加したとき、今度の戦争で日本の学生たちと同じように戦ったナチの若者たちのことを知りたいと思い、ナチスについて詳しい竹山に「失はれた青春」という標題も河盛が用意して原稿を依頼した。この『失はれた青春』(『セレクションⅠ』所収) が出たときから竹山の文名はとみに高くなったのである。

だが竹山の名声を決定的にしたのは翌一九四八年三月に単行本の形で『ビルマの竪琴』が出たからである。

それぞれの渡航体験

それからというもの竹山は次々と有力誌に執筆する機会に恵まれた。敗戦後は一大出版ブームであり、竹山が以前に同人誌に発表した文章も次々と書物の形でまとめられた。その一冊に昭和二十四年に出た『希臘にて』(『セレクションⅢ』所収) がある。もとは一九三六年十一月から一九四一年五月にかけて雑誌『世代』に発表した。三島由紀夫は竹山を尊敬した若者の一人だが、それを読んでいたたまれず「一生に一度でもよいから、パンテオンが見たうございます」と川端康成に心情を吐露する手紙（一九五〇年一月十八日付。手紙にはパンテオンとあるがパルテノンの誤りであろう）を書いた。当時の日本は米軍の占領下にあり、外貨が乏しい事情もあって、外国へ旅することなどおよそ不可能事に思われていたのである。

この外国渡航の自由・不自由が戦前とは大きく違う敗戦国のみじめさであった。

しかし外国へ出かけても、かいなでの印象記しか書けない人もいる。

日本人の留学体験には型がある。幕末維新の渡航者たちは死物狂いで外国語を習った。伊藤博文であるとか新島襄の国禁を犯して外国に渡った志士たちと、それに引続く穂積陳重、梅謙次郎、森鷗外、新渡戸稲造などの世代である。彼らは高等教育を外国語で受けた。

ところが日本で教育制度が整備され、帝大出身者の中から教授就任者が内定し、その上で海外へ派遣されるとなると、夏目漱石のように神経衰弱におちいるほど勉強した者も出たが、昨今の日本の大学教授がサバティカルに海外で一、二年暮すのと同じようなことになってしまった。安倍は京城帝大への就任が内定するや、日本の新任教授の常として国費でヨーロッパに渡った。一九二四年のことである。人間四十歳を過ぎて初めて洋行するとなると、外地の生活に馴染むのが難しい。和辻哲郎がドイツ滞在中ドイツ語を話した相手はドイツ語の家庭教師と下宿の主婦だけであったというのはいかにも侘しいが、安倍のドイツ滞在も大同小異だったのではあるまいか。やや親しくしたのはライプチッヒで五日間滞在した家の主人でユダヤ人のアルムハウス翁だけだった。哲学専攻の安倍はギリシャの地にも立ち寄り、その思い出を戦争下の一九四四年になって『西遊抄』として甥が経営していた小山書店から出版している。そこには『ペロポンネソス半島の一角』と題してシュリーマンが発掘した古代都市遺跡を単身たずねた思い出がこう書かれている。

宿で頼んでもらったミュケナイ廃墟の案内者は、十五六歳の気持よい牧童であったが、外国語は出来ず、私に通ずるのは先づ固有名詞ばかりである。彼は殆ど黙々として私の先を歩き、私も亦黙々として彼について行くのだから、いはば啞が啞に案内されるやうなもので、結果からいへば盲人が盲人に案内されたのと大差はない。

しかしいま竹山の『希臘にて』を読むとなんという違いだろう。安倍は思った、竹山は自分より数年後、その同じギリシャの地に立ち寄ったのだが、自由に各国の人と会話して人情の機微を察している。これは西洋の生活にとっぷり浸った人の細部に立ち入った人間観察である。その記述は安倍の文章と質的にまるで異なる。竹山が文章化したギリシャ体験はいかにも美しく、しかも深く思索的である。一九四九年八月十日の葉書で安倍は、四十三歳当時の自分のギリシャの旅の紀行文がベデカーの案内書の引き写しのようであったのに比べて「あなたは若い（二十六歳）のに自分自身の眼で色々なものを鋭く深く見て」いるとすっかり感心した。その率直さがいかにも安倍らしい。安倍も四半世紀前の記憶を呼び出してもう一ぺん自分の印象を再検討したいと思ったが、写真絵葉書などのスーヴェニールを空襲ですっかり焼いてしまい、さびしく思った。

そんな安倍にも渡米の機会が訪れた。日本が独立を回復した年に招かれて渡米したのである。その機会に安倍から編集を託された竹山は平凡社の雑誌『心』の一九五三年一月号に安倍に宛てた手紙『在米の安倍先生に』を載せた。そこには竹山が安倍の謦咳に接するようになってからの波瀾にみちた戦中戦後の思い出の数々が綴られている。安倍が戦後輿望を担って文部大臣になったころの面影が先に立ったせいか、竹山は在米の安倍に過大な期待を寄せたかに見える節さえある。竹山はいう、いま先生はアメリカにいられ、講演つづきの忙がしい日を送っていられることと思います。日本にきたシュプランガーやブランデンはじつによく活動をして、ことに前者からは私はたいへん教えをうけました。先生もきっといい種子を蒔《ま》いてきてくださるでしょう。

米国内の旅行からニューヨークのグレーヴストーン・ホテルに戻った安倍はそこで『心』を手にして「はからずあなたの私に下さつた文章を拝見して感激しました。講演は一度やったばかりで一向強ひられません」。アメリカは日本のオピニオン・リーダーを米国に招いてあるがままの米国を見学させれば効果があると考えているので、敗戦国の安倍からご意見を拝聴しようなどとは思ってもいなかったろう。そもそも安倍の英語の力では英語講演は無理である。アメリカ側も案内はつけても講演の通訳の手配まではしなかったのではあるまいか。そこは一九三五年に来日したドイツの文化使節シュプランガーが来日して一年滞在して八十回ドイツ語で講演して、その講演に聴衆が集まる西欧志向の知識層が存在した日本とは事情が違っていた。

英国の学者詩人ブランデンは戦前東大本郷で教えたときは、かつて同じ教壇に立ったラフカディオ・ハーンの人気に自分が遠く及ばないことを自覚させられたが、戦後英国の文化使節として来日したときは各地で非常な歓迎を受けた。東大駒場に現われた時は私も学生として居合わせたが、講堂は満席で、ブランデンのコールリッジの『クブラ・カーン』の詩の朗読と講演は高雅で、別世界の雰囲気がただよっていた。西洋と非西洋との間にかつてはそんな非対称的な上下の関係があり、そして今もその関係は続いているが、敗戦後はその落差が一段と深いものに感じられたのである。

そのような力関係を反映して、日本には外国語の講演を通訳抜きで理解する聴衆が多少はいるが、米国には日本語講演を理解する聴衆はまずまったくといってよいほどいない。それだから英語で発信することの出来ぬ安倍には彼の地では講演の機会は本来的にあり得なかったのである。安倍が敗戦国の知識人だからその程度のあしらいを受けたのではなくて、戦前も戦後も、いや現在も日本の知識人に対するあしらいはその程度なのである。米国人は頭のいい人は世界のどこでも英語が話せると決めてかかっている国民なのだ。そんな安倍に講演つづきの忙しい日々を予想したのは竹山の認識不足というべきであったろう。

「見て・感じて・考え」る人

ところで一九五五年からは竹山が毎年のようにヨーロッパへ長く出向くようになる。竹山も第一回の会議出席の際は実に丁寧に英語講演の準備をした。しかしそれ以後は会議出席を口実に長期出張を繰返すようになる。すると今度は竹山の安倍宛ての通信が『心』誌上に載るようになった。昭和三十一年一月号には『チューリッヒより』、三月号には『ボンより』、四月号には『巴里より』、七月号には『ロンドンより』、九月号には『文明の害毒』と題されているがまたスイスより、そして十一月号には『ヨーロッパ通信』と題されて竹山道雄と菊池栄一の二人の安倍能成宛ての寄書が掲載されている。竹山はイギリスでは一度サロンめいたものに陪席したことがあった。セント・ポールやカンタベリの寺院は、遊就館みたいなもので、外地戦争の英雄の記念碑でいっぱいだった。一体どこの国でも戦争博物館は自国の戦争を誇りにするような展示をするものである（私は靖国神社の境内にある遊就館の展示に批判的な外国人は自分たちのウォー・ミュージアムは見ていないのか、といぶかしい気持を抱いている）。そうした中にあって敗戦国の日本では日露戦争の際の連合艦隊の旗艦軍艦三笠はかつては横須賀に誇るべき記念として展示されていたが、敗戦後はダンス・ホールにされてしまった。アメリカ占領軍の指令でそうなったのではない。日本人の手でそうされてしまったのである。太平洋戦争当時日本海軍と戦った米国海軍の二ミッツ提督はその惨状を旧敵国海軍のために惜しみ、再びきちんと記念艦として保存されることを望んで私財を投じた。竹山の耳にもそうした話は伝わっていたのだろう、英国の軍事記念碑の数々を見てこう書いた。

横須賀の三笠艦の運命とくらべると、奇妙なことです。「過去二百年間にイギリスが戦争をしたのは約六十回、フランスは約五十回、ドイツは八回、日本は四回。われわれは平和的な国民である」と右のサロンでいゝましたら、座がちよつと白けました。

こんな『ロンドン通信』の一節があるのもアイロニカルな竹山らしい。私は竹山よりすこし前に留学先のパリから渡英したが、ロンドンで乗った最初の二階建てのバスで車掌に「お前は日本人か。日本人は戦争中残虐だったそうだな」といわれたりした。とても竹山流の反論を言うゆとりはなかった。

竹山の戦後第一回のヨーロッパ滞在は一年一ヵ月の長きに及んだが、西洋では外食は一日一回で後は果物やその他ですませてつつましい生活を送っていた。そのころの安倍が留守宅の竹山夫人に宛てたこんな葉書も残っている。

道雄さんから一週間前にスイスから飛行便を頂きましたが、御帰国のことはありませんでした。四五日前に御令弟に御目にかゝつた時にも御存じのない様子でしたが、いつ頃御帰国かおたよりがございましたか御伺ひ申したく存じます。御老母様は御変りもありませんか、皆々様の御健康を祈ります。

一九五六年十月十九日帰国と聞いて十月三日朝安倍は竹山に手紙を書いた。

度々御たよりを頂き、何れも面白く、皆『心』に転載させて頂きました。当り障りはないと思ひますが失礼だつたら御ゆるし下さい。

安倍が留守宅にまで帰国の日を問い合わせたのは、学習院大学での竹山の講義が十一月から予定されていたからだった。竹山は一高廃止の際辞職を申出で一九五一年に駒場を去ったが、教えることは好きで非常勤で東大教養学科や学習院や上智大学では教えていたのである。そのコマ数の合計は常勤のコマ数とほぼ同じだが、収入の上からいえばその何分の一という金額でおよそ割は合わないのだが、安倍院長に頼まれてはとても断わり切れなかったのであろう。安倍は竹山に会うことを楽しみにしていた。

日本のこと、自分自身のことについても御話したいことがあります。御目にかゝる日を待つてゐます。羽田への出迎は致しません。

安倍先生の大きな顔

竹山は安倍に望まれて平凡社の雑誌『心』の編輯に関係した。「そのころ、私は安倍能成先生が「畢生の事業」としていた雑誌『心』の編集をいいつかった。『心』の同人になると翁と呼ばれるからいやです」と断ったが、おっかないから使われた」[23]とおどけた言い方をした。これは安倍が名目的には最高責任者として発足した岩波書店の雑誌『世界』が実質的にいわゆる進歩勢力によって乗っ取られたから、大正教養派は『心』に拠ったのである。『心』

の座談会では一九五三年五月の「安倍能成を囲む会」から始めて二十三回竹山は安倍と同席している。一九六三年、安倍は竹山にこんな礼状をよこした。

ドイツの旅の御印象『剣と十字架』御送下され有りがたうございます。大抵は皆一度拝読したものと存じますが、くり返してよみたくなるものばかりです。あなたの生きかたに比べると小生の生活の甚だ無神経、無意義なことを感ぜさせられます。

『剣と十字架』(『セレクションⅡ』所収)は、東からのコミュニズムの圧迫と、ナチスの罪をいかに始末するかという二つの難題に直面したドイツについて、その由って来たるところまで踏み込んで言及した一冊である。『ダハウのガス室』などという見聞記も含まれている。安倍からはこんな葉書も届いた。

其後暫くお目にかゝりませんね。過日陛下に御目にかゝつた時、あなたの本のことを申し差上ますから御一読あるやうに申しておきました。一冊御送り願へませんか(『剣と十字架』のことです)、小生もダハウのところまで拝見、異常な感銘を覚えました。

『心』の編集に関係した関係で竹山は二まわり年上のいわゆる大正教養派の人びとに接した。その中で和辻哲郎と小泉信三には大いに敬意をもったが、

安倍さんほど人間的に惹かれた人はなかった。一つには、安倍さんが戦中戦後に一高校長であったときに近

く親炙してきつかわれたからでもあったろうが、何よりも先生がその独特の天稟からこちらの魂をつかみとってしまったからでもあった。

先生は強烈な自我としみじみとした魂の深さをもっていた。教養人で思索と弁論に長《た》け、また芸術的天分があったけれども、同時に常識から突出して野性をむきだしにしてもいた。このユニックな人物について、せめて私が接した横顔とそれへの懐かしさを記そうと思うのだけれども、相手が大きいだけに難しい(24)。

竹山はまた「先生の押し出しは無類だった」といい、次のエピソードを紹介している。

安倍さんは武骨な骨格の大きい人だったが、「安倍さん」はその輪郭の外にはみだして、エンテレヒーを発散していた。何の気取りもなかったが、気迫が態度にあらわれていた。ある会で、戦後の世界反共運動のリーダーで『真昼の暗黒』の作者アーサー・ケストラーが、先生と隣り合せて坐った。さすがの千軍万馬の強者も、安倍さんに気圧されて眩しそうだった。先生が席を外したときに、ケストラー氏は別の人と囁いたが、戻ってきた安倍さんにいった。「あなたはカント学者だそうですが、ニーチェに似ています」

ドイツ表現主義の代表的画家ノルデが描いたニーチェの肖像があるが、その炯々たる眼光や大きな髭は、いかにも北方の肉食猛獣が躍りかかってとって喰いそうで、気ちがいじみたいやなものである。安倍さんはまったく自然で飾りなくしずかな東洋的慧知をたたえていた。あの顔は大きな看板だった(25)。

竹山はまたこう評した。

先生の風貌はだてではなくて、それだけの中味があり、剛毅高邁な気象の産物だった。先生も自分の外見を自覚していて、ある年の卒業式の訓話の中で学生にむかっていった。「わしは顔で得をしている」(26)

私は戦後の昭和二十三年に一高に入ったが、その時は安倍校長の次の天野校長も去り、麻生磯次先生が校長になっていた。私が入学した時は、戦争後半期、老教授たちが田舎に引退してから一高を支えた四十歳前後の先生が学校の中核をなしていた。竹山氏にいわせると安倍校長の四天王は日高第四郎、麻生磯次、菊池栄一、木村健康で、その一人の菊池先生は満四十四歳であった。菊池先生は昭和二十年、空襲で二度焼けだされたが、顔色も変えずに勤めつづけたという。そんな次第で、安倍校長はいなくとも、安倍能成という人の存在は戦後の一高生徒にもなお身近に感じられた。最初にお顔を見たのがいつであったかは記憶にない。

後年、私は大学院生として菊池栄一先生の還暦記念論文集を発議し、先生とご相談の上、学習院の安倍能成先生に発起人になっていただくよう目白の院長室にお願いに出向いた。学習院の門には募金目標を記した大きな立看板が立っていた。その三年後の一九六四年五月三十日、その出版記念会が開かれたときが、安倍先生をお見かけした最後になった。白髪の安倍先生が会場にあらわれると、参会者の目はみなそこに集る。安倍先生の人格は現実に骨格の外に働いて出ている、と竹山はいったが、それは最晩年にいたるまでそうであった。「安倍能成乾杯　ewig jugendliches」と当日の私の日記に書いてあるが、その時の先生を見て「永遠に青春的なるもの」を感じたからこそそう書いたので、演奏された音楽の題名ではないだろう。一連の祝賀のスピーチが終ると、芳賀徹の長男の満がにわかに室内をよちよち歩きで闊歩しだした。するとやおら、安倍先生が満を後ろから抱いて高く上にあげたから、笑いが満堂に和やかに湧いた。先生が学習院の幼稚園長でもあったことが思い出された。当日、司会としてその光景を見ていた私は満はこれで一生の幸福を授けられたなと感じた。めでたい光景であった。

安倍能成は学者として大成した人ではない。しかし竹内洋は佐藤卓巳『物語　岩波書店百年史2　「教育」の時代』を評して「いまの大学は改革ブームで怪しげな教育官僚が跋扈している。著者は安倍能成が哲学者として才能がないことを吐露した部分を引用しながら、そうした学問的に誠実な知識人こそ「大学行政の世界」に「必要」という。そのくだりだけでもかれらに読ませたい[27]」といった。

立て続けに届いた葉書

最後に「他人はあまり知らない逸話のようなものを断片的に記したい」といい、竹山自身が安倍能成の葉書について述べた次のエピソードも披露しておきたい。

安倍さんは青年に対して大きな関心をもって、その育成に力をそそいだ。あれがえらいところだったと思うのは、少々困った者がいてもそれを見棄てず、その前途を気にかけていた。学生ばかりではなかった。私共が文章を書いても、すぐに例の住所氏名のハンコを押したハガキが来て、漢字の間違いなどのお小言があった。あるとき、私が幼年時代にいた京城の思い出を書いて、山に洗濯物がほしてあるのが「春すぎて夏きたるらし白たへの衣ほしたり――」そのままの属目の景だったと書いたら、「持統天皇は、春すぎて夏きにけらし白栲の衣ほすてふ――、である」とご注意をうけた[28]。

ここで話題となっているのは一九六五年、日韓基本条約が六月に東京の首相官邸で調印され、十二月にソウルで批准書が交換され発効した年の八月下旬に竹山が韓国を訪問し、なまなましいルポルタージュを書いた時のこ

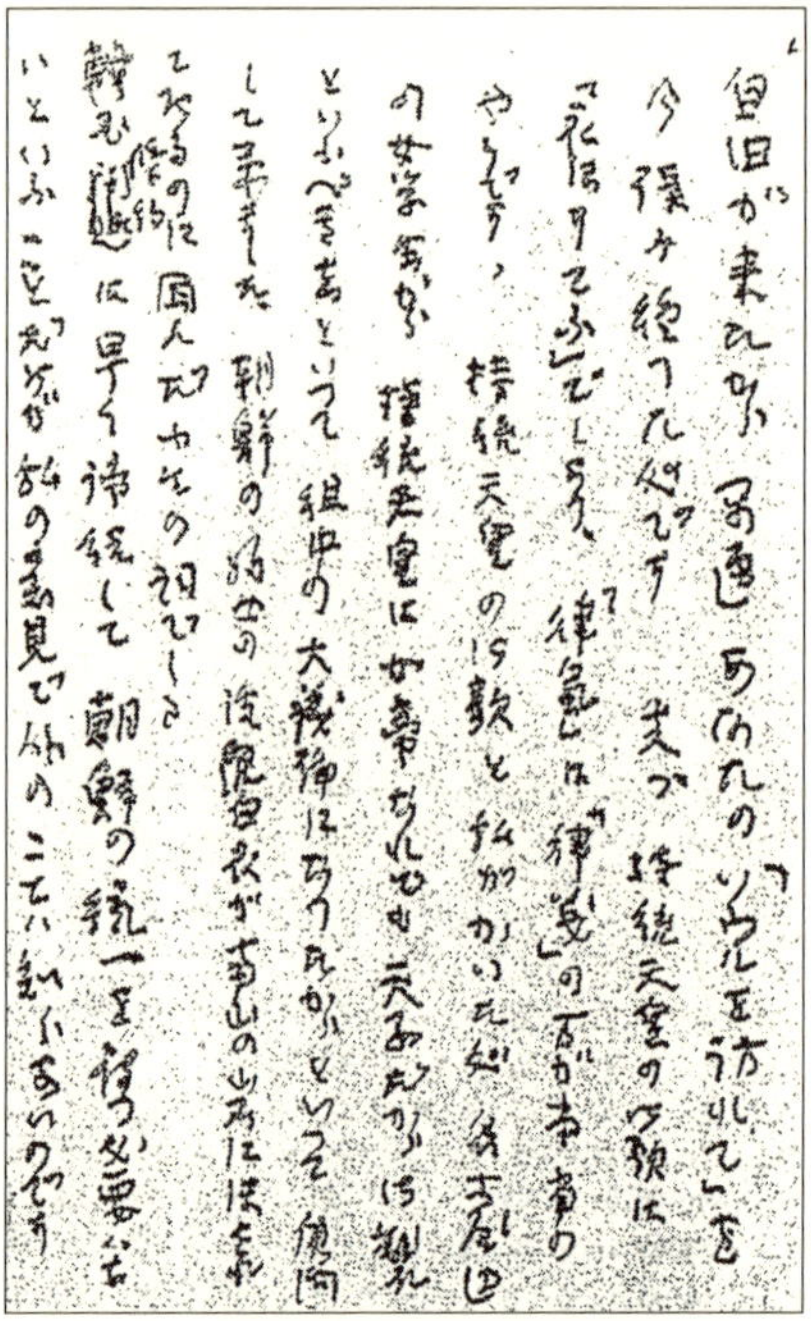

竹山道雄宛の安倍能成の葉書

とである。竹山の『ソウルを訪れて』(『セレクションⅢ』所収)は『自由』十一月号に掲載され、『人間について』ほかに収録された。そこには一九一〇年ころの竹山少年の思い出がこう記されている。冬はひどく寒くて、

鴨緑江が凍って、満洲から鼠が渡ってきて、肺ペストが伝染した。毎冬「もう平壌まで来たそうだ」という恐怖感がひろがった。それに対する警告が行なわれ、防疫に大童だった。私がはじめて映画を見たのはその病人の瀕死の様子を示した宣伝だったから、じつにおそろしかった。春には凧の糸切り勝負が行われて、空にたくさんの大きな凧が舞って、唸っていた。郊外に出ると、方々に唐辛子が夕日の中に干してあり、その真赤な色が目に痛いようだったが、あれは秋だったのだろう。……川では女たちが並んで蹲《しゃが》んで、いつも布を叩いて洗濯をしていた。それを南山に乾すので、まさに「白栲の衣ほし

たり天の香久山」という風景だった。

すると安倍から十月十三日付の葉書が立て続けに二枚来た。その一枚目を句読点も元のまま引用する。写真版を見られたい。

自由が来たから早速あなたの「ソウルを訪れて」を今読み終つた処です　先づ　持統天皇の御歌は「衣ほすてふ」でしよう。「律気」は「律義」の方が本当のやうです。持統天皇の御歌と私が書いた処名古屋辺の女学生から持統天皇は女帝なれども天子だから御製といふべきことといつて組中の大議論になつたが、といつて質問して来ました。朝鮮の婦女の洗濯白衣が南山の岩にほされて居るのに因んだ小生の詞でした

安倍は京城大学教授として十数年暮らした人だから、竹山のこんな属目《しよくもく》の景をなつかしく思ったのだろう。ひょっとして安倍自身もそのような風景の思い出に触発されて『万葉集』の歌に言及し、それで女子学生から質問を受けたのではあるまいか。南山はナムサンといい高さ二百六十五メートル、いまはソウル市の公園となっている。

ところでこの葉書を読むと、漢字の間違いを指摘する安倍本人の仮名遣いがいささかあやしいことに気づかされる。安倍は国語審議会会長として現代かなづかいの制定を推進した。後に「新仮名としたのは一世一代の過ちであった」と悔やんだが、国語学者の山田孝雄から「一世一代の過ちですむか」と叱責されたという。本人の葉書は子供の時に習った通りの歴史的仮名つかいで書いているが、それでいて「でしよう」などとも書いている。

戦後の日本で国論を二つに分けたのは一九五二年のサンフランシスコ条約の際で、自由主義国とだけでなく社

会主義国とも「全面講和」を結べ、という主張であった。吉田茂首相はそのような主張をする南原繁東大総長を「曲学阿世」と非難して、そのために世の知識人や学生の多くから逆に叩かれたが、今では吉田茂こそ戦後日本のもっともすぐれた首相として歴史的に評価されている。それと似たような主張は日本が韓国の朴正熙政権と日韓基本条約を締結した際にも繰返された。安倍と違って国際関係に対して敏感な感覚を持ちあわせた竹山は、日韓基本条約の重要性を自覚していたからソウル入りして、この条約に反対する韓国の人々の意見も聴いてまわったのである。

「北鮮は韓国の領土である。それが一時他者によって支配されているのである。だから、北鮮を別として韓国とだけ条約を結ぶのは、北鮮の他者支配を認めてわれわれを踏みつけるものだ」

半島の人は、ナショナリストであれ左翼であれ、とかく激越な主張をいいつのる傾向にある。安倍はそれについては「韓国条約は早く締結して朝鮮の統一を待つ必要はないといふことだけが私の意見で他のことは知らないのです」と記した。朝鮮半島の統一を待っていたなら、日本はいまなお条約を結べない状態のままだったはずである。しかし正義面をする曲学阿世派はどこの国にもいたし、今もいる。

「危険な思想家」と「安全な思想家」

一九六五年は昭和四十年で戦後二十年に当る。その年の三月八日付の葉書に安倍はこう書いた。

山田宗睦といふ人、久野収君の後輩らしいがカッパブックスといふ『危険思想家』といふのの中にあなたを主として僕のやうな老人までも入れて居るがよく分かりません。あなたのところだけをよんで見ましたが、どうも僕には何をいはうとして居るかが分りません。たゞ思想が保守的で戦後をほんとうに戦後らしくできないといふことらしくはあるが。

『朝日新聞』がこの書物に飛びついた。「明治百年と戦後二十年」という問題提起をしこんなリードをつけた。「明治維新と敗戦は日本が体験した二つの大きな変革であった。今年は戦後二十年――そして二年後には明治維新から百年を数える。日本の現代を、明治いらい百年の連続と見るか、あの敗戦によって再び書直された歴史の一時点とみるか、いわば戦後史の新しい意味づけをめぐって」云々。これは『朝日新聞』の文化欄も、一見公平をよそおって双方の立場の人を次々と登場させながら、同紙も実は戦後民主主義の側に賭けるという立場を間接的に表明したようなものである。片や明治百年の歴史に日本の継続性を認める「危険な思想家」としての竹山道雄、林健太郎、江藤淳、林房雄。片や歴史は八月十五日に始まるとする野間宏、遠山茂樹、小田実、加藤周一の紙上対決である。まず「戦後民主主義を否定する人びと」と山田に告発された竹山道雄が、呼び出しに応じ、同紙一九六五年四月五日号にこう書いて反論した。

明治後百年も戦後二十年も共に歴史的事実であって、これをなかったものとすることはできない。だから「そのどちらかに二者択一せよ」というのは、おかしい。このようにいうのは、明治後百年が戦争と専制のみであり、戦後が平和と民主主義そのものであるという独断の上に立ち、これによって戦後の進歩主義に服従しろ、しなければお前は戦争と専制の一味であるという、信仰査問をしているのである。これによって善玉と悪玉とを分けようとする罠《わな》である。

はたして戦後の進歩主義は、自称するように平和と民主主義だったのだろうか？　――ソ連は戦争をしたくてもできない体制であるといわれ、虐《しいた》げられた他国を解放するといわれ、ハンガリー事件まではそういうことになっていた。「総武装によって平和を闘いとれ」というビラが方々に張ってあったことがあり、さまざまな擾乱《じょうらん》がおこったが、ミコヤンが来て「人口密集した島国に原爆が落ちると――」と恐喝《きょうかつ》をした。中共は柔和そのものであり平和の化身であるとて、あこがれの的だったが、やがてパンツがなくても原爆をつくり、人口の半分が減ってもいいというようになった。……

これらはただいくつかの例を思い出すままに記したのであるが、こういう種類のイメージとムードが積み重ねられ、それをそのときどきの進歩主義者たちは信仰していた。……私には戦後の進歩主義がほんものの平和と民主主義であるとは思われない。それはむしろ、人々の平和と民主主義をねがう気持につけこんで、別なものが進歩主義者を利用して浸透する手段としたのだった。……

近ごろ『危険な思想家』という本がでた。私が知っている事実に関するかぎり、実にでたらめな本である。これを進歩主義の学者たちが高く推奨しているところをみると、この流派では代表的なものらしいが、その粗雑なのにはおどろいた。出版社が読者を愚民あつかいにして誇大な広告でハッタリをかけ、ベストセラーになったそうだから、社会的意味はもつことになった。

この「危険な思想家」と呼ばれた人々と、もう四人の陰で「(危険でないから)安全な思想家」と揶揄された人々との対決は、五十年後の今から振り返ると興味深い。だがここではこれ以上立ち入らない。「危険な思想家」の一人と目された安倍だが、八十一歳の老哲学者には「維新百年が勝つか、戦後二十年が勝つか、それはじつに日本の将来がかかっている。わたしは戦後二十年のがわに賭ける。賭けて闘いたいと思う」などという若い哲学者の独善的な宣言は異次元の発言のように聞こえたことであろう。安倍はその論争にまきこまれなかった。

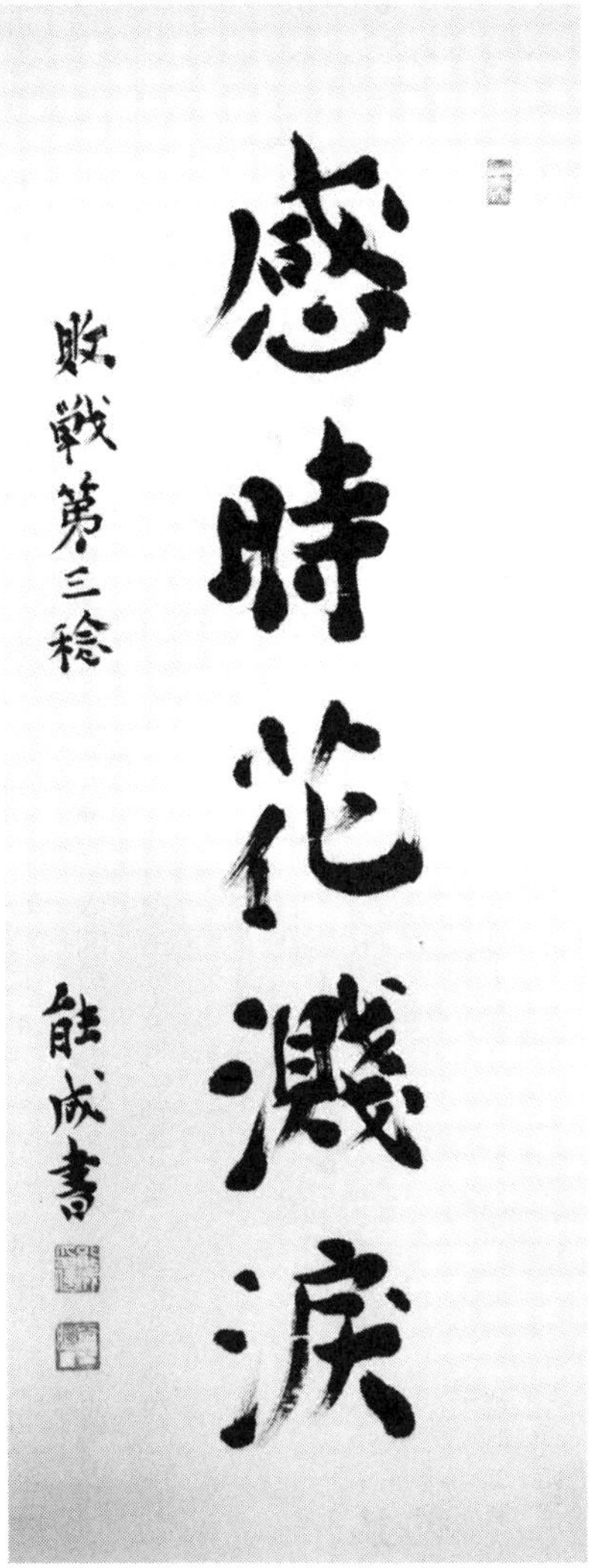

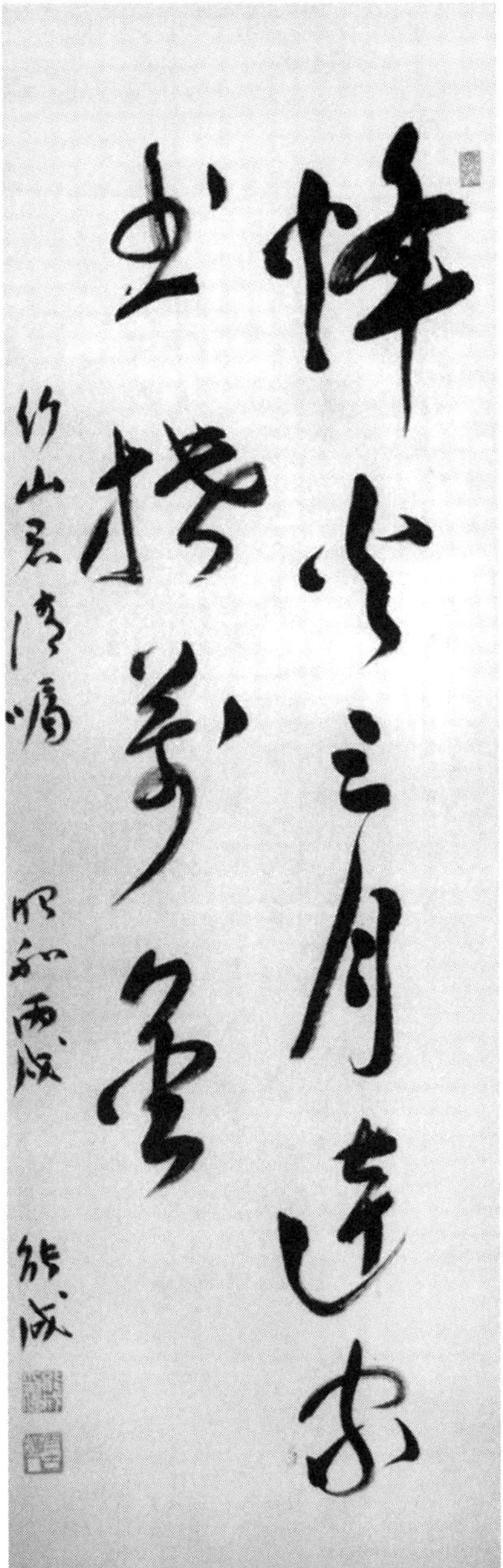

安倍能成の書（昭和 21 年：右、23 年：左）

安倍は大正教養主義の同世代の人より多少長生きした。それで知己の追悼文を何人も書いたのち、本人は一九六六年六月七日に亡くなった。竹山は小泉信三や安倍能成などの『心』の同人を先賢と呼んだが、安倍の死の直後に書かれた竹山の『安倍先生随聞記』はこう結ばれる。

小泉先生は晴れ上った青葉の空のようで、爽快無類だった。それにくらべると、安倍先生は台風日和で、気圧の重い大気が充電していて、カーッと照りつけたと思うとたちまち暴風雨になった。隈取りがこくて、白黒の翳《かげり》がつよかった。謡や書は堂に入って、俗から離れた隠逸の境を愛しながら、なお絶ちきれない妄執のようなものがずっと晩年になるまで残っていた。

両先生ともに、堂々と生きて堂々と死なれた。そして、残ったわれわれの目の前には、大きな空洞ができた。(29)

註

(1)『安倍能成先生のこと』は『竹山道雄著作集』4『樅の木と薔薇』福武書店、一九八三年、に収録。二一九頁。

(2) 北米には反ベトナム戦争世代の日本学者に、羽仁五郎や羽仁から教えを受けたE・H・ノーマンらの講座派と呼ばれたマルクシズムの左翼日本史観を金科玉条視するシカゴ学派とよばれた一派があり、日本ではダウアー、ビックスなどの名が知られる。その一人のマイニアは竹山の戦中戦後の随筆の英訳をとりまとめて一本とした。しかしその Introduction: Takeyama Michio, 1903-1984 には、その随筆自体とは関係があるとは必ずしもいえない紹介を書いて、安倍能成、小泉信三、田中耕太郎、高柳賢三、平林たい子、竹山道雄などはハーバート・パッシンを介してアメリカの Central Intelligence Agency から資金援助を得て雑誌『自由』を出した、と論難している (Richard H.Minear, *The Scars of War, Tokyo During World War II, Writings of Takeyama Michio*, Rowman & Littlefield, 2007, pp. 19-20)。詳しくは平川祐弘『戦後の精神史――渡邊一夫、竹山道雄、E・H・ノーマン』(河出書房新社、二〇一七年、『平川祐弘著作集』勉誠出版、第十八巻) 第十二章を参照。

(3)『安倍先生随聞記』は竹山道雄『主役としての近代』講談社学術文庫、一九八四年、に収録。一九九頁。

（4）『安倍能成先生のこと』一九八頁。
（5）『在米の安倍先生に』は竹山道雄『主役としての近代』講談社学術文庫、一九八四年、に収録。一三〇―一四五頁。
（6）この書の写真は平川祐弘『竹山道雄と昭和の時代』藤原書店、二〇一三年、一六二頁、に収録。
（7）劉岸偉の長文の書評『強韌執着的自由主義思想家――読平川祐弘著《竹山道雄与昭和時代》』は『中文導報』二〇一三年五月十六日。
（8）林健太郎『昭和史と私』文藝春秋、一九九二年、一五五―一五六頁。
（9）『安倍能成先生のこと』一九九―二〇〇頁。
（10）『安倍能成先生のこと』一九九頁。
（11）『安倍能成先生の思ひ出』は初出は『心』昭和四十一年九月号、市原豊太『内的風景派』文藝春秋社、昭和四十七年に再録。
（12）『安倍先生随聞記』一九九―二〇〇頁。
（13）『在米の安倍先生に』は竹山道雄『主役としての近代』講談社学術文庫、一九八四年、に収録。一三二頁。
（14）『安倍先生随聞記』二〇〇頁。
（15）『安倍先生随聞記』二〇〇―二〇一頁。
（16）『安倍能成先生のこと』二〇八頁。体操の場面は紀伊國屋書店評伝シリーズのＤＶＤ『安倍能成』にも写っている。
（17）『安倍能成先生のこと』二一六頁。
（18）『安倍能成先生のこと』二一七―二一八頁。
（19）『一つの秘話』『竹山道雄著作集』４『樅の木と薔薇』福武書店、一九八三年、二二六頁。
（20）『安倍能成先生のこと』二二一頁。
（21）『安倍能成先生のこと』二〇五―二〇六頁。
（22）河盛好蔵『私の随想選』第五巻、新潮社、一九九一、三六〇―三六二頁。
（23）『一つの秘話』二二六―二二七頁。
（24）『安倍能成先生のこと』一九八頁。
（25）『安倍能成先生のこと』二二〇頁。
（26）『安倍先生随聞記』二一〇頁。私には竹山道雄も立派な顔をしていて自分も「顔で得をしている」と自覚していたのではないかと感じている。

(27)『みすず』二〇一四年一・二月号、二六頁。
(28)『安倍能成先生のこと』二二一―二二二頁。
(29)『安倍先生随聞記』二一〇―二一一頁。

7 『ビルマの竪琴』をめぐる手紙

竹山道雄は、目立ちはしなかったが、戦後日本の国民作家である。敗戦後の日本で『ビルマの竪琴』（一九四八年）ほど国民各層に広く読まれた物語は少ない、というか他になかったのではあるまいか。だが竹山道雄の名前が昭和文学史にきちんと記されているかというと、必ずしもそうではない。それは竹山が職業作家とは違う別格の知識人と位置づけられて、しかも『ビルマの竪琴』が少年少女向きの文学と分類されたからだろう。しかし竹山は『文藝春秋』誌上に数多く登場した戦後論壇の人であり、『新潮』誌上にしばしば登場した文学者であり、日本の自由主義陣営を代表する『自由』を主宰したオピニオン・リーダーであった。その地位そのものも『ビルマの竪琴』の名声によって支えられたものと思われる。

竹山が『ビルマの竪琴』で日本の読書界に登場した経緯は次の通りである。児童雑誌『赤とんぼ』の編集者藤田圭雄から声がかかり、昭和二十一年の夏休みに第一話は書かれたが、占領軍の検閲で発表は留保され、掲載は二月遅れて第一話が出たのは昭和二十二年三月号となった。続きは終りまで完成したあと全三話をしらべた上で許可する、との条件をつけられた。竹山が実際にすべて書き終えたのは昭和二十二年七月十八日で、それで第二話以下は同年九月号から翌昭和二十三年二月号まで連載され、単行本は二十三年三月に中央公論社から刊行され

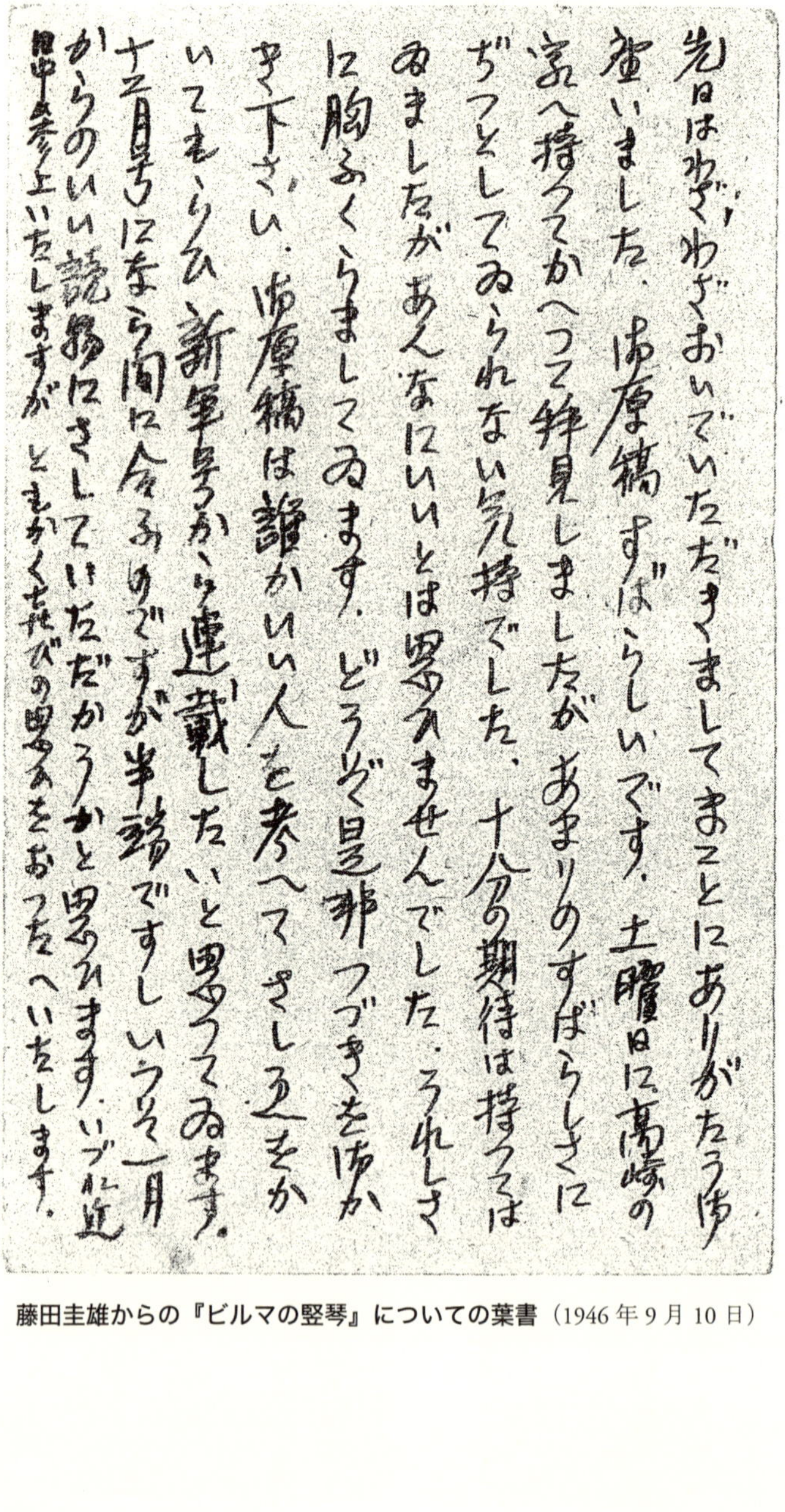
先日はわざわざおいでいただきまして まことにありがたう御座いました。御原稿すばらしいです。土曜日に高崎の家へ持つてかへつて拝見しましたが あまりのすばらしさにぢつとしてゐられない気持でした。十分の期待は持つてはゐましたが あんなにいいとは思ひませんでした。うれしさに胸ふくらましてゐます。どうぞ是非つづきを御かき下さい。御原稿は誰かいい人を考へてさし画をかいてもらひ 新年号から連載したいと思つてゐます。十二月号に来ら間に合ふのですが半端ですし いつそ一月からのいい読物にさしていただかうかと思ひます。いづれ近日中に参上いたしますが ともかく喜びの思ひをおつたへいたします。

藤田圭雄からの『ビルマの竪琴』についての葉書（1946年9月10日）

た。

その作品自体についての平川解釈は『竹山道雄と昭和の時代』の八・九章に書いたので、ここでは主として竹山家に残された手紙によって世間のさまざまの反応を見てみたい。

竹内好の不満

竹山道雄批判をした側からまず紹介すると、中国文学者竹内好（一九一〇―一九七七）は魯迅の中国を讃えることで日本を批判した急進左翼の人である。昭和二十年代の末、「童話から少年小説へ」という急進的な運動の会合でその人たちの目ざしているものが『ビルマの竪琴』と聞かされて、奇異な感じを受け、一九五四（昭和二十九）年十二月号の『文学』に「『ビルマの竪琴』について」こう書いた。

『ビルマの竪琴』の筋はこうである。

戦争の末期、ビルマからタイへ向って敗走中の日本軍の一隊がある。隊長は音楽学校出の若い将校で、隊員はみな音楽がすきである。なかでも水島という上等兵は、……竪琴の名手で、よくビルマ人に化けて敵をあざむき、隊の危急を救っている。あるとき、……イギリス兵に包囲されるが、……隊員のコーラスのおかげで、戦闘をまじえずに戦争終結の報知をうける。これが第一話。

まだ戦争終結を知らずに孤立して抵抗している他の部隊を救うために、水島は単身で出発する。部隊は集結地の収容所にはいる。水島の消息は絶え、死んだと噂されている。ところが、水島と瓜二つのビルマ人僧侶が、しばしば収容所の附近に立ちあらわれる。それが水島らしい兆候がいろいろあるが、確かめることができない。

出発の日に水島であることがわかる。水島はみずから決意してビルマに踏みとどまろうとしたのである。これが第二話。

帰還船の上で隊員たちは、水島が托した長い手紙をよむ。彼が隊をはなれてからの行動と、野ざらしにされている無数の日本人の死骸を見て、これを葬るべく僧となってビルマに残る決意をするまでの心境の移りゆきが、こまかにその手紙に語られている。これが第三話で、物語りの結末になっている。

同胞の骨を打ちすてたまま日本へ帰っていいのか、イギリス兵でさえ「日本兵無名戦士の墓」を立てたではないか、「まちがった戦争とはいえ、それにひきだされて死んだ若い人たちに何の罪があろう」——この水島の回心の動機は、同胞愛と人類愛である。『ビルマの竪琴』の主人公はこの水島上等兵だが、それを一応認めた上で竹内好は違和感をもらす。

水島という人物を創造することによって、作者は戦争の問題、日本民族の生き方、人類の運命などを考えている。水島を理想化することによって戦争批判を行っているわけだが、この戦争批判の角度に私は問題を感じる。戦争を宿命的なものとする考え方と、その救済を精神的な方向に求める態度が強調されているのが、私には不満なのである。

水島は「いったいこの世には、何故《なにゆえ》にこのような悲惨があるのだろうか」という問いを発し、それに対する答えを求める。この種のメタフィジカルな問題提起は自我に目覚めた旧制高校生がしばしば発した疑問でもあったが、戦時下の日本で死を覚悟した若者が直面した問題であり、それに対する答えが水島の手紙の最後の言葉となっている。そしてその水島の決意はとりもなおさず作者竹山の読者へのメッセージでもあった。

この「何故《なにゆえ》に」ということは、所詮《しょせん》人間にはいかに考えても分らないことだ。われらはただ、この苦しみの多い世界にすこしでも救いをもたらす者として行動せよ、その勇気をもて。そうして、いかなる苦悩《くのう》・背理《はいり》・不合理《ふごうり》に面しても、なおそれにめげずに、より高き平安を身をもって証《あか》しする者たるの力を示せ、と。

これは戦時下の一高で出征を前に若い人たちが悩み、考え抜いた上での覚悟だろう。(1) しかしこのような答えを竹内は「一種の貴族的な、超越的なもの、天上から見ろしているような、また、ほろびるものをたたえるような」ものと感じた。戦時下の日本であってみれば思弁する自由はあっても行動する自由は限られていた。日本国民は一九三七(昭和十二)年四月の総選挙で必ずしも軍部を支持しなかったにもかかわらず、シナ事変は拡大し、軍部が日本を引きずる形で四年後には対米英の戦争に突入した。昭和十年代も後半になると日本の若者にはもはや政治的発言権はない。自分の運命を自分で決定することができない以上は戦争を宿命と観ずるよりほかはない。そのような状況下となってしまえば「運命《さだめ》とはかくもいたまし」という感情が湧くのは当然だろう。昭和十七年六月清水健二郎作詞の第五十三回一高紀念祭寮歌にはその宿命感がにじみ出ている。「運《めぐ》るもの星とは呼びて　罌粟《けし》のごと砂子《すなご》の如く　人の住む星は転《まろ》びつ　運命《さだめ》ある星の転《まろ》べば　青き星赤き大星《おぼし》も　人の子の血潮浴びけん」。これは死の予感が言語化され結晶したような歌である。「罌粟《けし》のごと砂子《すなご》の如」きものは自分たち人間個人の運命である。戦争が一旦このような形で始まってしまえば、その運命に直面して高貴に身を処するよりほかはない。

しかし竹内好はそのような態度に不満なのだ。ただ竹内にはどうすれば良かったかという処方箋はない。精神主義は間違っている、だから唯物主義に立脚しろ、とはさすがの左翼の竹内もいいかねている。しかしともかくにも竹山に対しては不満で腹が立つのだ。それだから一高流の精神の貴族主義が『ビルマの竪琴』のなかでも「都の空」という歌の説明に托して次のように賛美されている」と非難して竹内は竹山の言葉を引いた。

これは一高の寮歌《りょうか》です。この学校の生徒が召集をうけて、筆を剣にかえて学園を立ち去るとき、友だちがこの歌をうたって見送ったのだそうです。若い人たちは何者かの目に見えない大きな手によってさしまねかれるかのように、次々と出てゆき、一ころ、この歌は朝に夕に校内にたえることがなかったといいます。……はでな、そして悲しい、心をゆるがすようなリズムです。……日本でも、戦争中に、あの俗な流行歌のような軍歌ではなく、この『都の空』のような名曲が人の口にのぼるようだったら、全体がもっと品格《ひんかく》のある態度でいることができたろうに、と思いますね。(2)

竹内好の批判は当を得たものか、否か。それに対する竹山自身の答えは最後に述べるとして、竹山道雄の作品に対する当時の世間の反応はどうであったのか。次に竹山に寄せられた諸家の言葉を年代順に紹介したい。なお以下の葉書、手紙の類はすべて竹山の遺品の中から見つかったものである。

諸家の反応

『ビルマの竪琴』についていちはやく感想を書いて竹山を励ました一人は、第一話「うたう部隊」を読んだ安倍能成（一八八三―一九六六）である。安倍は、およそ偉ぶらない、筆まめな人で、文相を辞した後、帝室博物館館長の職もつとめたが、竹山が『ビルマの竪琴』の連載を始めるや、昭和二十二年八月二日付でこんな葉書をよこした。

過日『赤とんぼ』の藤田君にあつた時、この頃の少年少女の読物で何が出色かときいた処、貴兄のを挙げ、昨日それを送つてくれたので、今日博物館へ来る電車の中にて拝見、非常に面白く、まことに少女の読物としてのみならず、大人の読物としても感動を与へるものとおもひました。貴兄の業余の御作の香のあることを深く喜び、切に御健康を祈ります。

竹山が掲載誌を送ったわけでもないのに、いまだ連載半ばの『ビルマの竪琴』の真価をいちはやく認め、安倍は早速励ましてくれたのである。戦時下の一高で安倍校長は竹山らの教師や学生と苦楽をともにした。出征する一高生を見送った安倍には『ビルマの竪琴』を書かずにはいられなかった竹山の気持が直覚されたのであろう。事実、『ビルマの竪琴』の「あとがき」には二人の知っていた若い人で、屍《かばね》を異国にさらし、絶海に沈めた人たちの名前が記されることになる。

片山敏彦（一八九八―一九六一）も同じく一高関係者で、戦争末期に職を辞して疎開するまでは同僚だった。竹山が昭和二十二年四月号『新潮』に発表した『樅の木と薔薇』はT・K兄、すなわち信州の高原にそのまま居てロマン・ロランの翻訳に打込んでいる片山敏彦に宛てた手紙の形式をとった随筆だが、それには「運命について」という副題が添えられており、戦争中に竹山が運命についてどのように考えていたかが示されている。結びにはユーリピデスの悲劇の言葉が引かれていた。

われらすべては苦しまねばならぬ。
さだめられた運命をけだかく負う者こそ
賢者である。

竹山はそれに次の言葉を添えて結びとした。「私は運命を形成する人になることはできませんから、偉大への道を行こうとは思いません。できるならば高貴への方向にすすみたいとねがいます。」

そんな竹山と片山との間には何通もの手紙の往復があったが、昭和二十二年九月十八日の近況を報ずる手紙の中で、片山は『ビルマの竪琴』第二話「青い鸚哥」の四まで読んだ感想を書きしなにこう洩らした。

――『赤とんぼ』の御文章愛読しました。小説的構成みごとにてリズムに悠揚迫らざる抒情があって、竪琴もシンボリカルなものを印象づけます。御成功を念願してゐます。

長与善郎の手紙

作家長与善郎（一八八八―一九六一）は十五歳年下の竹山と交際があったが、昭和二十三年十一月九日付の手紙で、文学者としての感想を書いてよこしている。冒頭にある言及は毎日出版文化賞の選考に関することではないかと思うが確かではない。

過日は折角久々の御来訪に何のお構ひもなく失礼しました。

『ビルマの竪琴』が、東京でも関西でも満場一致で第一に推された事は兎も角よかつたと思ひます。小生は実はあの「あとがき」にて何だか悲惨な話の如く思ひ、悲惨な話にはもう余り触れたくなかつたのと、少年少女向きに書かれたものらしく思はれたので、拝読が遅れたのですが、その後通読致し、ちつとも悲惨な印象をうけず、見事な文学に接し大に喜びました。

殊に第一話が傑作で、あの調子で終りまで行くならスゴイものと思ひました。第二話以後一寸たるみ、最後の手紙の所もところ〴〵非凡に好い処がありながら、余りにお話に作られた感じのあること、竪琴が活躍すぎることは少し惜しく思ひました。併しそれにしても終戦以後の白眉と推すべき文学として、作家としての大兄に倍々敬重の念を新たにさせられました。

来年はさぞ筆硯御多祥となられ大変と思ひます。

一高教授ももうそろ〳〵御勇退の時機ではないでしやうか。

寂しい日本文壇のためそれを翹望《ぎようぼう》せずに居られません。

又ちつと御立寄り下さい

とりあへず

善郎

竹山道雄兄

長与善郎は大正教養主義の流れを汲む白樺派の作家である。敗戦後の日本では文壇主流から遠ざけられていた。世間は雑誌文化が花咲いた戦後を新生日本の新文学の隆盛期のようにもてはやし après-guerre créatrice「創造力に富める戦後」などといってはしゃいだ(3)が、その人たちと価値観を異にする長与は「寂しい日本文壇」と呼んだのである。時流に乗れなかった長与は人間についての価値観の上で竹山には共感する節があった。長与が感動したのは『ビルマの竪琴』の第一話で、部隊はイギリス兵に包囲されるが、隊員がうたったコーラスの『埴生の宿』がイギリス兵の耳には *Home, Sweet Home* の歌として聞こえたおかげで、双方に和解が成立、戦闘をまじえずに戦争終結の報知をうける、という話であった。

もっともこの長与の手紙は多少パトロナイジングな感じがないでもない。(4) 竹山の作品で「竪琴が活躍しすぎること」は、リアリズムを尊重する長与の立場からすれば問題はありもするだろう。だが竪琴の音楽がライトモティーフのように繰返されるからこそ作品に経糸が通って、小説的構成がみごとな物語として成立するのだともいえるのである。

長与は竹山に一高教授をやめて文筆家として立つことをすすめた。一高廃校の後は東大教授に任ぜられた竹山が、一高に殉じるがごとくに教職を辞したのは、執筆活動に専念したいと思い、その自己の筆の力を信じることが出来たからに相違ない。だが戦後の生活難のあの時期に、神西清などはいまや筆一本で暮らしを立てているとはいえ、よくも思い切った決断をしたものである。竹山が長与の家を訪ねた時、長与は自分が東大英文科を中退して作家になった話などして後輩に「一高教授ももうそろそろ御勇退の時機」などと言ったのかもしれない。

今道友信の手紙

戦争中、一高生として駒場寮で竹山と苦楽を共にした今道友信（一九二二―二〇一二）は、昭和二十三年東大哲学科を卒業したが、同級生の何人かは学徒出陣をした。その世代の一人であるだけに感銘もひとしお深かったのであろう。その年の晩秋にこんな手紙を書いた。

竹山先生

突然お便り差し上げますのをおゆるし下さい。私は今晩、先生の『ビルマの竪琴』を読みました。そして深い感銘をうけて何遍泣いたか知れません。このやうに真実のおもひをこめた物語りは、もう唯の文章ではありません、私たちがあまりに荒んだ周囲に気をとられ、忘れかけもしてゐるなつかしい魂の世界を、ありありと思ひ出させ、生きゆく道の松明を輝かす力をもつてゐると思はれます。幾人といふ多くの哀しい母親たちが心からの慰めを得、そしてまた精神の指導を喪つたどんなに多くの気の毒な子供たちの魂に、深い力を印象づけてゆくのかわかりません。私の母も先生のこの作品をよみとほし、涙にぬれて居りました。私の判断には自信がない時もあるにはありますが、母はかういふ心の問題でまちがふことはない人ですから、私の印象も正しいものであり、心が洗はれたおもひも、唯の安価な涙ではなかつたと考へます。私はやはり毎日私なりの送り方で哲学の勉強をつづけて居りますが、さういふ生活は却つてどちらかと言へば、かうした書物から疎ましくなつてしまひます。努めて研究的に能率を上げるほど、魂のことがおろそかになりがちなのは、哲学らしくもなくをかしな事でありますが、あの御本で、私も久しく思ひみなかつた少年時代からのひとつの消えない理想の生き方といふものについて考へ直し、想ひうかべる清らかな記憶に希望のわくのをさへ感じました。

前に先生が喪はれた青春といふやうなお言葉を言はれたり、時々いろいろの雑誌に書かれた小説をのぞき見ましたときは、どこまでもまじめにお考へになつて居られるのに、どうしてか私にはあまり賛同しえないことがらが多くて、私は軽はづみにも先生はもしかすると一高時代私の感じたやうな持あぢのお方ではないのかも知れないなどと考へ、つまり一高によくある唯の文化主義者なのだらうかなどと想ひ怖れ、大変思ひめぐらしたことがありましたが、今そのことをしみじみ恥づかしく、お詫び申し上げなくてはなりません。

一高の時、先生が一度鎌倉へいらつしやいと仰言つて下さつたことがございました。それは唯どの生徒にも仰言る唯のお言葉だつたのだと思ふのですが、それでも私には非常に大きな事柄にみえて、今考へてもはつきり思ひ出しますが、詩集をノートに作つてお訪ねを決心したことがありました。空襲のひどくて中々横須賀線の故障の多かつた春のことでございました。何といふことのない気怯れはその後も決心ばかりで、もういつのまにか三年にあまるのをあきれながらかへりみて、悔ゐに似たおもひを感じます。

下田先生を時々おみまひに鎌倉の土をふむのは度重なるのでございますが、いつかはと存じながらお話伺ふ機会を失つてゆくやうでなりません。もう少し話し方が上手になるなり、自信のやうなものが出るなりしなくては、伺ひたいことがらが多くてもやはり唯もつぱらお邪魔になるばかりのやうでためらひつづけるにちがひありません。けれども影ながら先生の御健康をお祈りしつつ、私も出来るだけよい生活をするやう、そしてあの書物のお礼になるやうにと志したく存じます。今日は本当にうれしい日であるとおもひます。ともかく素れこわれた日本の文学の世界に、而も最もかういふものとしては難しい題材で優れた童話が現はれえたといふだけでも、どんなにか誇らしいことに思はれます。そしてまたかういふものに魅せられる私の魂の若さ、あるひはもつと適はしくはアガトンの言ふ μαλακόν やはらかな——ことを知つて、やはりうれしくおもひます。

私にも一人の忘れえない帰らざる人があります。防空壕は家の倉の下に石でかこまれてゐましたから、私どもはよくカタコムブだと申しながら二人でよく古典語の暗誦や歌をうたつたりしたものでありました。二人ともアルプスの雪山が日に輝いてゐる姿容のやうだと言ひながらモツアルトが好きでした。ですから、ヒマラヤの雪の山容をあこがれるビルマの人のわびすむ山河に、美しい竪琴がひびくといふのをおもふと、ありえもしない想像をおこします。その人はすでに何の教へにも變はらないですむひとつの信仰の持主ですからむろんあ

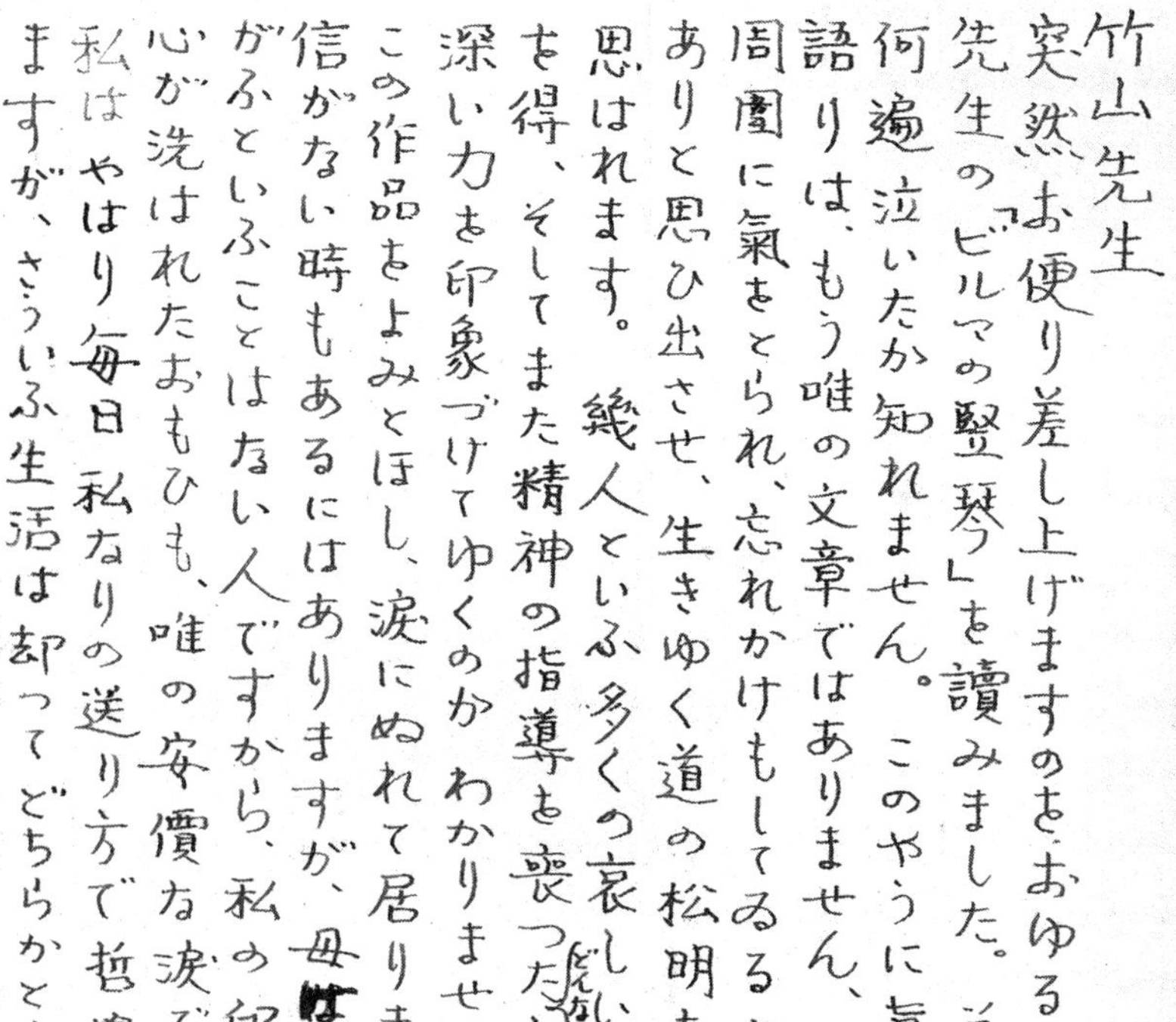
竹山先生

突然お便り差し上げますのをおゆるし下さい。私は今晩、先生の「ビルマの竪琴」を讀みました。そして深い感銘をうけて何遍泣いたか知れません。このやうに眞實のおもひをこめた物語りは、もう唯の文章ではありません、私たちがあまりに荒んだ周圍に氣をとられ、忘れかけもしてゐるなつかしい魂の世界を、ありありと思ひ出させ、生きゆく道の松明を輝かす力をもつてゐると思はれます。幾人といふ多くの哀しい母親たちが心からの慰めを得、そしてまた精神の指導を喪つたどんなに多くの氣の毒な子供たちの魂に、深い力を印象づけてゆくのかわかりません。私の母も先生のこの作品をよみとほし、涙にぬれて居りました。私の判断には自信がない時もあるにはありますが、母はかういふ心の問題でまちがふといふことはない人ですから、私の印象も正しいものであり、心が洗はれたおもひも、唯の安價な涙ではなかつたと考へます。私はやはり毎日私なりの送り方で哲學の勉强をつづけて居りますが、さういふ生活は却ってどちらかと言へば、かうした書物から

今道友信からの手紙

のやうな姿で山野をゆくことはないでありませう。でも私のさうあつてほしいと思ふやうな一人の人を、たとへかたときの夢にであれ、他の人からききえたり描いてもらつたりしたときのよろこびは申しようもございません。いくども私は輝かしい青春といふ題でその人やまた他の人々や、私の交はることのできたごく数少い、しかし類なく秀でた心の人々の想ひ出を書くことを試みました。けれども空しい己れの貧しさからは、ゆたかな想ひは折々わいても、本当の清らかさ、高さ、といふものがまだ生れて来ず、書くことは徒にこわすことになります。しかし今はもう何もあせることを止めようとおもひます。先生はともかく一人の青年の美しい魂の祈りの旅を、とほい山河にくりひろげて下さつたのですから、この世のすべての人々が知らずなつてしまふやうな幾人かの高い青春の影像はあの巡礼者の姿に渾融して、少くも、ビルマの竪琴をよむ人びとの心にはつきぬ印象をあたへるにちがいありませんから。私は厚く先生にお礼を申し上げます。

先生の御健康をおいのりして、筆を擱きます。

十一月三十日夜

今道友信

竹山道雄先生

今道の同年輩の何人かは南方に出征したまま帰って来なかった。その家族の悲しみを知っている今道は『ビルマの竪琴』を読みながら、この本はその人たちの鎮魂のための作品であるとただちに感じたのだろう。十二月半ばにさらにこんな続きを書いてよこした。

あれからもう小半月はたつたやうにおもひます。私はひとときのおもひにかられて、我にもあらぬ事を申し上げてゐはすまいかと、しばらくお出しするのを差控へて居りました。

しかし今はほぼ安んじてお便り致すことができるとおもひます。もとより静かに考へてみますと、必ずしも先生に申し上げずともよいやうなことも書いてあり、あるひは失礼にあたる節がありますのかも知れず、私はどうしてよろしいのか解りません。

美しい印象にたどるとき、私は先生がビルマの人々の宗教性をお書きになるときは、いつも諦観的な、静かに世をあるがままに受けとる精神的態度として、所謂文明――技術的悟性の文化に対比なさるのであったことをおもひ起します。あのことだけは、宗教そのものを一般にあきらめといふ消極性によつて特徴づけてゐられるかのやうに見える向きもあり、宗教が実は生命の原理に対する人の態度として、むしろ希望にあふれてゐるものと考へる私には少し気になつてなりません。静かな、しかし形而上学的にも、生活的にも勇気にみちた精神の生活こそが、今の日本と言はず、すべての人々に要るやうに思ひます。従つて、ビルマ人の生活と日本人の生活について論じあふところに、宗教のビルマ的ではない在り方をも示す一人の人がほしくてなりませんでした。

私の我がままを申し上げて、そして再びお禮の心にみちたつたないお便りを閉ぢようと存じます。

十二月十三日

今道友信

竹山道雄先生

竹山は戦争の原因についてどう考えていたのか。竹山は近代文明には善悪の二面性があり、その悪魔性こそが世界大戦の悲惨を生んだ、というやや超越的な文明史的解釈を下した。

それに対して当時行なわれていた通常的な歴史解釈はこうである。東京裁判が開廷されたときアメリカのキーナン首席検察官は、第二次世界大戦を戦った日本の指導者をこう記述して日本の侵略戦争を非難した。東條英機被告を含む「極めて少数の人間が

私刑を加え自己の個人的意志を人類に押しつけんとした。

彼等は文明に対し宣戦を布告した。

彼等は民主主義とその本質的基礎すなわち人格の自由と尊重を破壊せんと決意した。

彼等は人民による人民のための人民の政治は根絶さるべきで彼らのいわゆる「新秩序」を確立さるべきだと決意した。

そしてこの目的のために彼等はヒトラー一派と手を握った」

——米国は敵国日本をこのような理由を挙げて弾劾し、日本帝国の指導者を処罰しようとしている。だが「何を言っているのだ」というのが当時の多くの日本人の反応だったろう。七十年後の今日でもかりに大学センター試験に右の項目を出題してその是非を問うならば、受験者は「彼等はヒトラー一派と手を握った」の項目には歴史的事実として〇をつけるだろうが、「彼等は私刑を加え自己の個人的意志を人類に押しつけ、文明に対し宣戦を布告し、民主主義とその本質的基礎すなわち人格の自由と尊重を破壊せんと決意した。彼等は人民による人民のための人民の政治は根絶さるべきとした」などの項目には〇をつけかねるのではあるまいか。左翼の人でも×をつけるのが正解と考える人がいるのではあるまいか。それというのも連合国を代表してキーナンが述べた論告は、戦時下の米国が対日戦の戦意高揚のために唱えたプロパガンダによって悪者に仕立てられた日本の指導者のイメージにしか過ぎず、歴史的事実から遠くかけ離れているからである。

竹山道雄はそんな東京裁判を傍聴して『ハイド氏の裁き』(『セレクションI』所収)を書き、被告は「近代文

明といいます」と作中人物にいわせて「持てる国」と「持たざる国」の戦争であった第二次世界大戦の悲惨の原因は近代文明であると説明した。(5) 近代技術文明には二面性がある。近代技術文明は英仏など西洋先進国には気高いジキルの姿をしてあらわれたが、それが全体主義と結びつくと悪魔性を発揮する。そのようなハイドの面をもつ技術文明を疑問視するならば、人は救いを技術文明以前に求めなければならない。(6) それで近代以前の宗教のことが問題となる。『ビルマの竪琴』の中で伝統的な宗教国としてのビルマが思想問題の話題になるのはまさにそのためである。

だが今道友信はカトリック教を奉ずる哲学青年として、第二話の三節で著者が展開するその種の談義、とくに日本とビルマの比較文明論の中の宗教面への言及に心満たぬものを感じ、彼なりの希望を述べずにはいられなかったのである。竹内好とは違う意味で今道友信も竹山の考え方に異議ありとした。

護国の英霊か、犬死か

戦争中「日本は負けない。かつて負けたことがないから」と聞かされた。しかし「今まで負けずとも、これから先も負けないとは証明できない」と数学の先生と笑いにまぎらして言ったこともある。そんな数理的冗談を教室でいえたのは自分たちは負けないと皆思っていたからだろう。昭和十九年、ゲートル巻きで通っていた東京高等師範学校附属中学校に、独立したビルマのバー・モー長官の子息が編入された。私たちはサッカーのボールを蹴りあって遊んだ。頭が丸坊主の日本人生徒の間にあって彼だけはきちんと髪を分け、瀟洒な洋服を着てネクタイをしていた。だがそのころ補給の続かぬビルマ戦線の日本軍は、インパールで敗退を余儀なくされていたのである。そんなことを知らぬ私たちは、日本だけが白人列強の支配を受けず独立を全うし得たのは尚武の伝統ゆえと思っていた。それから一年、大東亜共栄圏の夢は破れ、本土空襲の激化にともない敗色は濃厚となり、昭和二十年五月ドイツが敗北するや日本はもう勝てないと感じた。「降参しない限り負けない」と少年たちも強がりをいっていたが、天皇の御聖断で思いもかけず終わりが来たときは本能的にほっとした。敗戦ショックをさほど受けなかったのは、米国のような物量の国には負けて当然という気持がどこかにあったからだろう。焼夷弾で空襲されれば関東大震災と同じような焼野原になる。そんなことは東京のませた子供は戦前から知っていた。反抗期の理科少年は生産の数量に信を置き、精神主義の強がりにあきていたから八月十五日、玉音放送に引続く内閣告諭の「万斛《ばんこく》ノ涙ヲ呑ミ」の言葉尻をとらえて「そんなに呑めるものか」と呟いた。深刻なるべき終戦の日の昼さがりのことである。

だがそんな私だったが、戦死者の霊を軽んずるような真似はしなかった。大学でフランス人教授の家に招かれ、神風特別攻撃隊の話が出た時、教授が「きっとどこかの無人島へ行って着陸してるのだろう」といい、その席にいあわせたフランス人がどっと笑ったとき、自分には笑えなかった。『きけわだつみのこえ』が訳され特別攻撃隊を志願した学徒兵のことが fanatique と紹介されたとき「狂信者ではない」と言い張る自分を感じた。(7)

だが戦後の日本では、侵略戦争に加担して戦死した人はなにか悪い人であるかのように主張する家永三郎のような人が「良心的」ともてはやされた。そんな風潮に対し私は小声で呟いた。愚かな負け戦さだったとはいえ、過ぐる大戦を戦った米兵や英国兵や中国兵やソ連兵はみな勇士であり、日本兵はたれもかれも悪人であるというのか。バトル・オブ・ブリテンを戦った英国のパイロットが国民的英雄であるのなら、日本の予科練出身者もまた世にも稀な戦士だったのではないのか。ビルマでも硫黄島でもペリリュー島でも、義務を守って戦った兵士は等しく勇士であり、その結果命を落とした人の霊は慰めねばならない。

だがそのような考えを表立って述べることがはばかられたのが敗戦後の日本であった。そこでは死んだ兵士も復員した兵士も、栄誉ではなく屈辱に近い何かを味わわされた。そうした中にあって竹山道雄の書物は例外的に心を慰めてくれる一冊だったのである。

復員兵の手紙

『ビルマの竪琴』は今道のような知的青年にも訴えたが、ビルマの地で戦った元兵士にも訴えた。清水忠孝は復員後大田区雪ヶ谷に住み、苦学しつつ身につけた技術で生計を立てていた。同じく捕虜生活といっても旧日本軍の指揮系統の下で比較的よくまとまっていた中国や南方の場合と比べて、ソ連での捕虜生活には思想的締付けがきびしく、それに重労働、気候などの悪条件が重なって、引揚者の記録(8)は「虜寒さをのみ感じ」させるものとなった。単に厳寒という自然条件にのみ由来する寒さではない。「暁に祈る」などというリンチまがいも行なわれた、共産主義体制に由来する思想教育、内部告発の奨励、捕虜管理の非人間性に、清水の心がふるえ鳥肌が立ったのである。同じ日本軍でもビルマは違う。もっと戦友愛があった、と菊兵団の一員である清水は思った。昭和二十四年二月十一日こんな手紙を中央公論社気付で竹山に書き送った。ビルマは国名を今はミャンマーというが、戦時中は漢字で緬甸と書いた。

前略御免下さいませ。始めてお便り申上げる私は九州より単身上京し働きつゝ学ぶ、二年前ビルマより復員せる菊兵団の一員であった者であります。今回貴方の著書『ビルマの竪琴』を拝読し曾つてない感銘を受けました。今迄数回ソ領より帰った人の著書を読みましたが、何れも虜寒さをのみ感じ、ビルマは違ふ、こんな戦友と言ふものは冷くない、上官もこんなものは居なかった、もっと団結して居たと思ひ続けて居りました。然るに今度明るさ、和やかさの充満していた在緬部隊を貴方が照会して下さって嬉しくて嬉しくて友人に読ませ続け九州の友人にも知らせました。私は十八年初年兵として生死は倶よと語り乍ら渡緬し終戦迄、インパール作戦には最北端のミチナより前進し、爾後雲南、中緬、シッタン作戦と同年兵の九割を失ひ、生残って終った身を只管再建に捧げ亡友の霊を慰めんものと終戦后の屈辱を忍んで帰ったものでした。困苦欠乏に耐えつゝ斃れた戦友を思ひ出すとき何とかして彼等の事を内地の人々に照会したく考えては居りましたもの丶貧しい私の口筆を以てしては如何にも出来ずに居りました。帰ってからの内地の人々の言動の一部には吾々には解しかねるものがあり、憤らしさすらも感じて居りましたが、一線に居た単純な気持では無理なのかなと時々戸迷って了ひます。再建こそ吾々が亡友に報ゆるの道なのです。一八〇頁の古参兵の様な人が私の最も尊敬して居る人です。お互ひ云ひたい事もある事でしょう。そこを押えて自己の職域に本分を辯えて黙々と働く事が一番今の日本には大切な事と思って居ます。私も終生忘れる事の出来ぬ戦友愛、肉親の情愛の最后を見て来て居ります が表し切れない自分が情けなく思って居ます。技術面の素養しか持って居りません。今后の貴方の著書に期待して居ます。マラリアは出ませんか？　御大切に。

清水忠孝は『ビルマの竪琴』を実話《じつわ》と思い込み、竹山が「困苦欠乏に耐えつゝ斃れた戦友を……内地の人々に照会（紹介）」してくれたことに感謝し、竹山もビルマで罹病したのではないかとその健康を気づかったのだ。「マラリアは出ませんか？」とたずねられたとき、著者は返事に困ったことであろう。

その清水が我慢ならないのは「内地の人々の言動の一部」である。この復員兵は中央公論社「ともだち文庫」から出た版を読んだ。一八〇頁の古参兵《こさんへい》とは第三話の冒頭に出て来る下士官のことだが、清水はそのような縁の下の力持ちの日本人を竹山が認めていることを喜んだ。竪琴の名手水島上等兵は同胞を救おうとして降伏勧告に行き自分はその犠牲になって立派に死んだ。――古参兵はそう信じていた。ところが水島は僧衣をまとって生きている。なんと脱走兵になっていた。――そう思った古参兵は涙をながしてくやしがる。竹山は書く。竹山が書きながら思い浮べていたのは、戦中戦後の苦しい時にも献身的に働いてくれた一高の事務職員のある種の人の姿だったのではあるまいか。

この人は誠実《せいじつ》な人です。やや固くるしいほどの責任感《せきにんかん》をもっていて、かげ日なたをつけるなどということは考えることもできない人でした。隊長が元気がなくなってからは、隊のことはこの人が中心になってひきしめていました。ただ、歌こそは「うたう部隊」の中でいちばん下手でしたが。

この人はもともと下級《かきゅう》の勤人《つとめにん》だということでした。復員《ふくいん》してから一度あったことがありましたが、多くの家族をもって、やぶれた家にすみ、色のあせた平服をきて、混《こ》んだ乗物にのって勤めにかよって、休むことなく働いていていました。あまり顔色もよくなく腹を空《す》かしていたらしいのですが、そんなことは何もいいませんでした。

私はよく思います。――いま新聞や雑誌をよむと、おどろくほかはない。多くの人が他人をののしり責《せ》めていばっています。「あいつが悪かったのだ。それでこんなことになったのだ」といってごうまんにえらがって、まるで勝った国のようです。ところが、こういうことをいっている人の多くは、戦争中はその態度があんまり立派ではありませんでした。それが今はそういうことをいって、それで人よりもぜいたくな暮らしなどをしています。ところが、あの古参兵のような人はいつも同じことです。いつも黙々《もくもく》として働いています。その黙々としているのがいけないと、えらがっている人たちがいうのですけれども、そのときどきの自分の利益になることをわめきちらしているよりは、よほど立派です。どんなに世の中が乱脈になったように見えても、このように人目につかないところで黙々と働いている人はいます。こういう人こそ、本当の国民なのではないでしょうか？　こういう人の数が多ければ国は興《おこ》り、それがすくなければ立ち直ることはできないのではないでしょうか？

このような道理の感覚のストレートな記述を芸術作品におけるたるみと感じる人もいるだろう。またそもそも思想的に同調しない人もいるだろう。反抗こそが正義だ、という反抗期の哲学で反体制をけしかける人は日本にもいるに相違ない。しかし清水忠孝にかぎらず『ビルマの竪琴』の読者の中にはこの古参兵のような道徳律を良しとする人が少なからずいたのではあるまいか。傲慢に偉がって「まるで勝った国のよう」な口を利く連中に対し、憤りに似た不快感をわかちもった人は少なくなかったのではあるまいか。

『ビルマの竪琴』の思想に対しいちはやく疑義を表明した竹内好は先の昭和二十九年十二月号『文学』論文で「日本の軍隊を秩序ある集団としてえがくことによって物語りのレアリティーを失っている」とした。だがビルマ戦線から九死に一生を得て復員した清水兵士はそうは思わなかった。それだからこそ同期の桜はたまに集まって死んだ戦友に手を合わせて祈るのだ。日本の軍隊を秩序ある集団として過度に美化するのであれば問題はあるだろう。だが日本の軍隊を悪逆無道の集団として過度に責めたてるのであれば、さらに問題であるだろう。そんな清水は竹山に昭和二十四年二月、手紙を書かずにいられなかったのである。

ここで文学論に触れたい。水島上等兵を主人公とする『ビルマの竪琴』をもっぱらリアリズム文学の視点から論ずるのはいかがなものだろうか。リアリズムの見地にこだわるからこそ水島のモデル探しは続いたのだろう。また現実描写の視点からすればビルマ人や少数民族の風俗・宗教などの記述がおかしい、という反応が出るのは当たり前だろう。だが『ビルマの竪琴』はそのような価値基準で判断すべき作品なのだろうか。そもそも水島のように戦死者の慰霊を願いそのためにビルマの地に踏みとどまった日本兵が実在したとは私は思わない。だがそのような本来ありえないはずの水島上等兵を想像して描き出し、それを読み得る物語に仕立てたところに竹山道雄の非凡な手腕を感じるのである。『ビルマの竪琴』の中で人類愛が観念として処理されているのはその通りであろう。だがこれは少年少女向けの文学という衣裳をまとっているが、一種の観念小説なのである。竹内好はビルマ僧が水島であることを最初に確信する隊長の能力を不自然だとするが、隊長が竹山の思想上の分身でもあってみれば、帰隊しない水島について考え抜いた隊長が彼の動機を了解し、封を切らずとも「僧の手紙」の内容を推察したとしても、物語としては許されることであろう。いや、隊長だけにわかっているからこそ、この謎解きの物語はサスペンスが見事に保たれる作品となり得たのである。ミステリーの作品には結末を見通す千里眼の持主がいる。漱石の『心』でも第三部の遺書によって謎解きはなされるが、『ビルマの竪琴』においても第三話の「僧の手紙」によってその謎解きはなされるのである。

広い心と狭い心

竹山家には何百通という手紙が来た。『ビルマの竪琴』を読んだ子供たちの手紙である。学校で読書の時間に書いた感想もあれば自分で読んだ感想もある。「おじさんへ」と広島県の田舎から来た次の手紙は竹山が最晩年に目にしたファン・レターの一通である。

　私は現在二月十四日の受験めざしてがんばっている小学校六年生です。一月三十一日にはじめてこの本を手にし、夢中でバスの中とか家で二月一日に読みあげました。私は遠方の学校へ行っているためバス通学です。

バスの中で半分涙が出そうになった。この本を読んでいると、作者って広い心の人なんだ、私ってなんて心がせまいんだろう、となさけなくなって、泣いてしまったんです。けっきょく水島さんは日本へかえりませんでした。目的があったからだと思います。人間は目的があります。水島さんは「自分はなくなった日本人、戦友をしずかに無言のうちに神様にささげる」という目的があったのだと思います。赤の他人の死がいを水島さんはしまつします。水島さんにとって赤の他人は広い友だちなのです。すばらしい!

ところで『ビルマの竪琴』については作品内部から出て来る批評とは別個に、著者竹山に対する反感に根ざす批評が次第に見られるようになる。竹山道雄が自由主義者として反専制主義の立場を明確にし、反軍部、反ナチスだけにとどまらず、反ヒトラーの線上に反スターリン、さらには反毛沢東を含めたからであろう。『ビルマの竪琴』は多くの言葉に訳され中国語にも劉華亭訳『緬甸的竪琴』がある。しかしこれは台北星光出版社から出たものである。私は台湾だけでなく大陸でも日本語を教える機会に幾度も恵まれたもので『ビルマの竪琴』を教室で再三とりあげたが、なにしろ大学生には軍事訓練が課されていた国であるから、中国では表向きは必ずしも歓迎されない作品であるらしかった。佐藤忠男『日本映画史』によると一九八六年東京で開かれたシナリオ作家のシンポジウムで中国側は『ビルマの竪琴』について「これは侵略軍の兵士の鎮魂の映画にすぎないのではないか。日本人はただその程度のことを反戦的な表現だと思っているのだろうか、侵略された側のことを考えないのだろうか」と態度を硬化させた由である。しかし表向きはそんな公式見解しか口に出せなかったころに、竹山の作品の人間性を讃える中国学生の感想文に接したときは嬉しかった。そう書いた人は日本人と結婚していまは日本で暮らしている。

ビルマの竪琴論争

竹山叩きは一九六八（昭和四十三）年春、『朝日新聞』の反竹山キャンペーンで絶頂に達した。この年の初め原子力空母エンタープライズ号の佐世保寄港賛否について五人（三人は大学教授で、その一人は日本原水爆被害者団体協議会理事長、二人の無冠の識者は作家の石川達三と竹山道雄）を選択してアンケートを出し、そのうち一人だけの賛成者を浮き上がらせ、これを投書欄というつくられた世論によって叩かせた。テレビでは「奥様方は少人数だと発言を遠慮なさいます。大勢でなくてはだめです」という局側の演出で、四十分の対話中、九人か十人かの相手は全部反対で、奥様方は「発言を遠慮なさる」どころかこもごもに激しい意見をのべ立てたので、竹山の発言が故意に抑えられたわけではないが、テレビは最後に、

「先生は水島ではないのね！」

という女性の叫びで終わった。

この竹山を「かたくなな賢者」と呼び「昼間のたわごと」と揶揄した『朝日』声欄の「ビルマの竪琴論争」なるものは長く続いた。竹山が二月四日「感情論で解決できぬ」と答えた時に始まり四月十四日、竹山は投書に答えた後「なお、多くの方々からのお尋ねに一々返事をして、言論ゲリラのために奔命に疲れてはなりませんから、それはしないつもりです」とつけ加えた。これに対し四月十九日に「許されるのか独立運動圧殺」と「対話の継続を望む」（鈴木氏）という投書があり、竹山がさらに投書欄で答えることを求めた。これに対し竹山はその日のうちに投書し返事は常に問と同じ長さに書いた。——「私は対話を断わったことはありません。また鈴木さんを〈言論ゲリラとあしらった〉こともありません。ただ、同欄の〈許されるのか独立運動圧殺〉という投書など

はあまりにも幼稚な意見で、これに短文で答えることはできません。前に〈無学な田舎のかあちゃんにも分る言葉で〉説明せよと要求した投書は、はたしてそういう人が自発的に書いたものかと疑いました。週刊誌で根拠も示さない扇情的な匿名記事もありましたが、このような不見識なことも行われているのですから仕方がありません。ゲリラとはそういう類のことを指しました。事実に即して論理を正したお説を教わりたいと願います」

だがこの竹山のこの返事は「声」欄には採用されず、没書となった。したがって竹山が「独立運動の圧殺」にも顧慮せず対話を断わったという形で「論争」は終止符を打たれた。徳岡孝夫氏は一九八五年九月号の『諸君！』で当時の『朝日』の扱い方がアンフェアであったことを説き、同十月号で『朝日』の上野晴夫「声」編集長は、担当者が自分の判断で投書を選択するのはどの新聞雑誌でも同じだと弁明したが、土俵に上げてくれない以上「声」欄に答えることはできない。投書欄は係の方寸でどのようにでも選択される。それが覆面をして隠れ蓑をきて行なわれるのだからどうしようもない。『朝日新聞』における言論の自由とはこの程度だということを世間はもうすこし自覚すべきだと思い十一月号に私は次のような具体的事実をあげて反論を書いた。

すなわち、昭和四十三年、論争の結びに出た「今週の声から」によると、かつて『朝日』投書欄であれほど白熱した議論はなく、東京本社だけで二百五十通を越す投書があり「みのりあった」由である。ところがその同じ朝日新聞出版の文庫本『声』（昭和五十九年）にはそれが全部不採用になっている。なぜか。『朝日』は竹山投書を没にした経緯を明らかにされてはまずいと判断し、一切載せないことで「昼間のもめ琴」だか「ビルマのもめごと」だかに幕引きしたのである。「昼間のもめ琴」などと書いたが、実はこれも同紙「かたえくぼ」欄や朝日系週刊誌に出た竹山を揶揄する言葉で、竹山は「言論ゲリラ」にいたるところで狙われ冷やかされもしたのであった。なお「声」欄は竹山反対の投書が多いと報じているが、竹山家には竹山支持の多くの激励が残されている。二月十日付の一読者からのはがきはこうである。「前略　朝日の「声」を見ますと一人の賢者に大勢の愚衆が石を投げています。困った世の中だと思います。御健闘を祈ります」

竹山道雄の自己説明

竹内好が先の論文の結びでにわかに『ビルマの竪琴』の「根本にひそんでいるのは人間蔑視である」と先頭にたって石を投げて断じたのは、竹内独特の論理の飛躍と矯激な表現だが、人間蔑視が竹山の著作に本当にあるというのだろうか。そのような罵倒に類した言葉に喝采する人々がいたし、いまもいるだろう。だがそれは文学批評というよりも狭い党派心である。左翼の権威に服さない竹山に対する反感というべきものではあるまいか。そのような竹内やそのエピゴーネンとはいかなる人たちであったのか。やはり敗戦国日本で傲慢に偉がりたかった人たちだったのではあるまいか。竹内好は反権威主義で、それは一見立派である。しかし人間類型としては一種の「威張り」であり、その実体は反権威主義的権威主義者であったと私は考える。――そして竹山は存命中にはそんな可能性は夢にも考えなかったであろうが、その種の竹山に楯突く人は、なんと日本にかぎらずアメリカの反ベトナム戦争世代の日本研究者の中からも出て来るのである。

自著にふれた竹山の文章であまり知られていないのは「戦野に捨てられた遺骨へのとむらい――『ビルマの竪琴』」(『セレクションⅣ』所収)という『読売新聞』昭和三十九年八月二十六日夕刊掲載の一文であろう。参考までにそれを掲げて結びとしたい。

長与善郎は「余りにお話に作られた感じのあること」を指摘したが、竹山も「空想で組み立てた筋や叙述には無理なぎこちないところができてしまった」ことは認めている。竹山もまた「あの物語りには宗教めいた情緒がながれることになった」とも述べている。

どういう動機であの物語りを書いたのだ、とひところしきりに問われたので、私は『ビルマの竪琴』ができるまで」という文章を書いたことがある。ひさしぶりで読みかえして、あの息もできないほどにこんだ電車で勤めに通い、腹もすいて、夜は停電で蠟燭《ろうそく》の下で書きつづけたころを思いだし、感慨がふかかった。

書きはじめたのが終戦翌年の夏で、本になったのが昭和二十三年だった。

あのころは何もかも混沌《こんとん》としていた。ラジオは行方不明者の消息をたずねつづけていた。未知の読者から「自分の弟はビルマに出征していたし、性質もよく似ているし、どうしても他人とは思われない。弟をモデルにしたのにちがいない。どこにいるのか知らせてほしい」という胸をうつ手紙もきた。帰還兵や引き揚げ者の姿は毎日見た。そして、われわれはいったいどうなるのか、国はほろびるのか再建できるのか、と胸をいためた。あの当時の気持ちは、経験しなかった人にはわからないだろう。

その中で私にとって気になったのは、遠い異国に屍《しかばね》をさらしている人々のことだった。バイロンの句をかりれば、「知られず、柩《ひつぎ》におさめられず、葬《とむら》いの鐘も鳴らされず」(10)にいることだった。ことに前に自分の学生だった若い人々がどこかで野曝《のざら》しになっていることを思うと、堪《た》えがたかった。

戦時中から方々の葬儀に行くと、柩は空《から》で、その上に剣がおいてあったり、見なれた姿の写真がかざってあったりした。ある葬儀で、一人の海軍士官が声をひそめて、「きょうの葬式には遺髪も遺骨もないのです」といった。ちょうどそれが私が考えていたことだった。

何とかして葬いをしなくては――これがあの物語りの動機である。

私は戦争に行かなかったが、長いあいだの世の不条理や悲惨にうちのめされた気がして、意気沮喪《そそう》していた。何かたよるものはないか、どこに生き甲斐《がい》を求めたらいいか、と迷っていたので、それであの物語りには宗教めいた情緒がながれることになった。

ビルマにも行ったことがなかったから、風俗などについてはずいぶん間違いがある。知らないで書いたのだから、間違うのがあたりまえだった。そして、空想で組み立てた筋や叙述には無理なぎこちないところができてしまった。

当時は、世間に戦死者の冥福《めいふく》を祈るような気持ちはなかった。それどころか、「戦った者はみな一律に悪人である」といったような調子で、日本軍を罵倒《ばとう》するのが流行で正義派だった。義務を守って命を落とした人の鎮魂をねがうことと、戦争の原因や責任の解明とはまったく別なことであるのに、おどろくべく軽薄な風潮がつづいた。たしか去年になってはじめて合同の慰霊祭が行なわれた。

妄想《もうそう》をいだいた人々が強力な組織をつくって、方々に生まれた児童文学研究会にイデオロギーを吹きこんだ。そして、『『ビルマの竪琴』の思想は、解決ではなくて解決の逃避であり、その根本に人間蔑視《べっし》と一種の退廃思想がひそんでいる」。また「くだらない流行歌でない高尚な音楽を愛好するなどいうところに、作者のエリート意識がのぞいている」ということになったようだ。そして、スターリン治世こそはより高次元の自由であるとか、中共は柔和そのものであり平和の権化であるとか教えていたのだったが今はどうなっているのだろう。

住んでいた家の近くに鎌倉の寿福寺があり、私はよくここに行った。そこの岩窟《がんくつ》の一つに源実朝の墓があり、そのむかいに白木の墓が立っていて、それに「昭和二十年四月二十四日南洋群島セントアンドレウ諸島ソンソル島ニ於テ戦死行年二十三歳」と書いてあった。その木はもう朽ちてなくなったが、私はいまだに心の隅《すみ》で自分が喪に服しているような気がときどきする。

註

（1）竹内好は竹山の『失われた青春』は「軍国主義にたいする当時の一高生の抵抗の記録であ」り「敬服にあたいする」と前置きしながらも、『ビルマの竪琴』に対すると同じ違和感を同じ一九五四年十二月号の『文学』「『ビルマの竪琴』について」で述べている。

（2）竹山がここで問題としているのは日清・日露戦役当時に比べて太平洋戦争中の軍歌の俗悪さ加減ということであろう。私は愛国少年だったが「出て来い、ニミッツ、マッカーサー、出て来りゃ地獄へ逆落とし」などという戦争末期のラジオが流す歌に心中反感を覚えたことを記憶する。出征する一高生のために歌われた『都の空』は明治三十七穂積重遠作の寮歌で、「都の空に東風吹きて　春の呼吸《いぶき》をもたらせば　東臺花の雲深み　墨堤花の雨灑ぐ」で始まるが、これは「矢弾雨ふる満州の」という日露戦争を踏まえた歌である。竹山は鈴木充形作曲の「心をゆるがすようなリズム」をよしとしたのであろう。なお『ビルマの竪琴』のこの一節はあくまで音楽批評と見るべきではなかろうか。ちなみに昭和四十年代末、福岡ユネスコ主催の会議の懇親会の席上、座興に参加者全員がそれぞれ歌を歌うことを求められた。一高寮歌『玉杯』を歌う者がいたとき、竹内が突然立ち上がって怒鳴った。その無作法な反応に私は驚いた。

（3）こういってはしゃいだのは東大仏文科講師の中村真一郎である。「アプレ・ゲール・クレアトリス」と唱えたが、フランス語の guerre は女性名詞だから形容詞を créatrice と女性形にした中村のキャッチ・フレーズは世間に広まったが、après-guerre は合成語だから男性名詞となる。形容詞 créatrice は間違いで après-guerre créateur にしなければならないことがやがてわかった。しかし誤りは修正されることなく、「華やかな戦後文壇」というイメージは広く世間に定着した。

（4）サイデンステッカーはペン・クラブが日本で開かれた時の竹山道雄の態度に感銘を受け、竹山への敬意を繰返し述べた人だが『ビルマの竪琴』についてはリアリズムの立場から「ヒベットのような非常に趣味のいい男が『ビルマの竪琴』を訳すとは思わなかった」とも述べている。Richard Minear, *The Scars of War, Writings of Takeyama Michio*, Rowman & Littlefield Publishers, p22.

（5）竹山道雄は「被告は近代文明といいます」というような文明史的な巨視的な判断も下したが、昭和日本が五・一五、二・二六事変を起こした挙句、シナ事変、さらには大東亜戦争に突入してゆく過程を具体的にも考察した。一九五五年に書かれた『昭和の精神史』は唯物史観という図式とは異なる考察である。この書物については「他にも同じような表題の本を書いたひとがあったが、それと比べると、竹山さんの書かれたものの方がはるかに観察が緻密で、正鵠を得ており、真実を突いていると思われたのである」と富士川英郎は竹山の死後『文化会議』昭和六十年一月号に書いている（『都雅で、重厚の人』『セレクションⅣ』所収）。

（6）一九四六年十月東京裁判を傍聴して書かれた竹山道雄の『ハイド氏の裁き』は占領軍の手で一旦掲載禁止になったが、竹山は一九五一年新潮社版単行本『樅の木と薔薇』に『ハイド氏の裁判』と題を改めてその文章を忍び込ませて活字にしている。なおこの掲載禁止原稿について、江藤淳が一九八一年四月十日付で次のような手紙を竹山に宛てて書いてよこした。

拝啓、突然お便りを差上げる非礼をお赦し下さい。実は私、一昨年から昨年にかけてウイルソン研究所に出向いたしております間に、メリーランド大学附属マッケルデイン図書館のプランゲ文庫に集められております占領軍の被検閲資料の中から、先生が昭和二十二年一月号の『新潮』に御執筆になり、検閲によって掲載禁止になった『ハイド氏の裁き』というエッセイの校正刷を発見し、そのコピーを取って参りました。東京裁判の不当性を、「持てる国」にあってはジェキル博士になり、「持たざる国」にあってはハイド氏に変身する〈近代文明〉を告発することによって鋭く衝いたすぐれたエッセイでございます。

おたずねいたしたい筋は、このエッセイがその後の御著書のなかに収められているかどうかという点でございます。お原稿が失われていて、このエッセイが闇から闇に葬られた可能性もなしとしないように思い、御多用中とは存じながら敢ておたずね申し上げる次第でございます。

御教示いたゞければ、幸甚に存じます。それにつけましても、調べれば調べるほど占領軍の検閲が徹底的でその影響の根深いことには驚かぬわけには参りません。その反面、敢然と正論を主張しておられた方々がおられたことを知る喜びもあり今更のように敬意を深くいたしております。私などはこの時期、旧制中学の下級生で、このような検閲が行われていたことなどなにも知らずに過しておりました。思想統制とは洵に恐しいものと痛感いたしております。

末筆ながら時節柄お身くれ〴〵もおいとい下さいますよう心より祈り上げます。敬具　四月十日　江藤淳拝

竹山道雄先生玉案下

（7）神風の戦士は軍事目標に突っ込んだのであり、無辜《むこ》の市民を殺傷する人たちではなかったことは近年はイスラムの自爆テロとの相違点としていわれる。私は生還を期することのできない神風攻撃は戦術として外道であると考える。ましてや志願という形をとりながらそれが若者に強制されたことは許し難い。しかしそれでも私は一九九二年東大を去るとき、最終講義でこんな可能性にふれた。昭和二十年八月、テニアン島を離陸したB29

爆撃機は原子爆弾を搭載している。日本軍がその秘密情報をかりにキャッチしたとする。日本の戦闘機は機関砲を積んだままでは一万メートルの高度まで上昇できない。その時は機関砲は外して飛び上り体当りするよりほかに手段はない。そのような際にはこの私も飛行士官であったならば行きて帰らぬ特別攻撃隊に志願したであろう、と。

（8）シベリア抑留報告は悲惨なものが多かった。その中でヒューマンな感じを留める作品は高杉一郎『極光のかげに』（一九五〇年）だが、清水の目にはふれていない。しかし高杉は日本国内の親ソ派勢力に対する遠慮からありのままに書かなかった面もあるという（河盛好蔵談）。高杉は本名を小川五郎といい、「小生のシベリア俘虜記『極光のかげに』出版について、たいへん御世話になり、厚くお礼申し上げます」という竹山への礼状が残されている。

（9）ビルマ戦線で戦った会田雄次は『ビルマの竪琴』が「きれいごとに過ぎて共感できなかった」と『竹山先生と私』『竹山道雄著作集5　月報』に書いている。なお会田が属した「安」師団に比べて清水が属した「菊」師団はひと足先に祖国に帰還した。

（10）これは Byron, *Childe Harold's Pilgrimage*, CLXXIX の最終行 Without a grave, unknell'd, uncoffin'd, and unknown である。

8 戦時下の日本で三点測量ができた人々
——大野俊一と府立四中の友人たち

第二次世界大戦当時の日本には、世界情勢に鑑《かんが》みてわが国が戦争にまきこまれることの不可を心得ていた知識人はいた。しかし政府や軍部の外交方針や軍事方針に知識人が直接口をさしはさむことはまずありえない。それが昭和前期のわが国家であった。そんな中で自分たちの願いとはうらはらに日本は戦争に突入してゆく。そんな時代、より正確には昭和十二（一九三七）年から昭和二十一（一九四六）年までの間、二度にわたり戦地へ出征した大野俊一と内地に留まることを得た竹山道雄の二人は、いかなる交流を続けていたのか。独英仏の言葉に通じ、戦乱の世界の中で日本の行く末を慮《おもんぱか》っていた二人のエリート学者の運命の軌跡をたどる。

竹山道雄の先生は誰なのか

竹山道雄宛ての書簡はその蔵書とともに、神奈川近代文学館に遺族から寄贈するが、その整理を手伝った竹山の孫が「おじいちゃまの先生は誰だったの」と問うたので、私は返事につまった。見当らないのである。竹山道雄が繰返し思い出を書いた尊敬する人には安倍能成、三谷隆正、ペッオルトなど一高関係の人がいる。

竹山は安倍能成に人間的に惹かれた。最晩年、「安倍さんはよほど特別な人で、没後十何年たった今になっても懐かしい。思い出さない日はほとんどないかもしれない(1)」とまで言っている。しかし竹山が第一高等学校で校長として赴任した安倍能成と知りあったのは安倍が五十七歳、竹山が三十七歳の昭和十五年だった。それまでの十余年、一高教授としては十四歳年上の尊敬すべき同僚三谷隆正に親炙《しんしゃ》した。「先生を直接に知った人の数はそれほど多くはないであらうが、知った人にとってはそれは一つの体験であり、生涯の事件であり、幸福だった(2)」とまで述べている。ペッツオルトについては戦時下の日本でドイツ大使館筋の圧迫にもかかわらず一人で毅然《きぜん》として反ナチスを貫き通したドイツ人教授の苦しみや悩みを近くから見て感ずるところがあった。それだからこそ『妄想とその犠牲』(『セレクションⅡ』所収)も書いたのだと竹山は自分でも言っている(3)。そして竹山自身、反専制主義の立場を貫いた。

竹山はまた懐かしい先生としては東京府立四中の数学の坂田先生や英語の北島リリアン先生、パリのアリアンス・フランセーズの女のブリュッゲ先生の名前を『竹山道雄著作集』の『年譜』であげている。しかしその人たちはあくまで先生で竹山の師と呼べる人ではない。

東京帝大時代の美学の大西克禮先生については「高潔な人だったが、日本芸術をヨーロッパの方法や概念で解こうと試みられたために、その晩年の業績の多くは不毛になったと思う」と『日本人と美』の「あとがき」に書いてある。本郷のドイツ風観念美学に辟易《へきえき》した竹山はそれで大西を敬して遠ざけ、入学後三ヵ月で美学科から独文科に転科してしまった。ドイツ語が抜群に出来た竹山はドイツ人講師たちから大事にされたが、しかしその中の特に誰かに師事したわけではない。独文科主任の青木昌吉教授については、その公平さは認めているものの、留学に先立ち挨拶に行ってドイツの商売女との付き合い方を注意されて驚いた話をコラムに書いている。木村謹治教授のゲーテ研究については、いわば生きた人間をX光線で覗いて、その骸骨の話ばかりしているようなものだ、と竹山はひそかに思っており、私にも語った。まだ高校生で何を勉強するかも決めていない孫に向っても、ドイツ風の観念論的な学問はするものではないと言って面喰わせたこともあった。

飛び級の意味

竹山は私たち学生に向ってドイツ語を教えながらも「ドイツ文学は面白いものではありませんよ」などと平気で言った。しかしその竹山の語り口がいかにも滋味に富んでいたから、私はドイツ語ドイツ文化を学ぶことの意味を疑うことはなかった。というか逆にドイツ文学に描かれた青春に憧れた。フランス語の garçon よりもドイツ語の Jüngling に青春の夢はより多くこめられているかに感じられたのである。しかし一高の後身として造られた駒場の東大教養学科について、ドイツ分科の学生を竹山があまり評価せず、前田陽一教授と共にしきりとフランス分科の学生を話題にするものだから、アメリカ分科の一回生の本間長世がたまりかねて「教養学科はフランス分科だけではありません」と言ったこともある。だが竹山の学生を見る眼は肥えており「教養学科はどの分科でも一回生が出来がよく、二回生は水準が落ち、三回生がまた出来がいい」といった。これには合点される節があった。学制改革の過渡期であったため、一回生には中学四年修了で旧制一高に飛び級で入り旧制高校廃止にともない一高一年を経て新制東大を受け直し教養学科へ進んだ英才が集まっていたからである。彼らは二回生と年齢は同じだが、二回生の方は旧制高校などの受験に一度は失敗した連中の集まりであったのでやや自信にも欠け影が薄かったのである。私はそんな区別なぞ大した意味は持たないと当時は思っていたが、このたび手紙類を整理して、竹山といちばん親しく接した竹山の弟子筋は意外やその一高一年を経て教養学科へ進んだ一九三一年前後生まれの人々であったとわかったからである。それを知るに及んで、飛び級には意味があるのだなと近年になって思いを改めるようになった。竹山はなによりも旧制一高の先生だと私はずっと思っていた。それだから、竹山の親しいつきあいも自分たちより上の世代の先輩たちだろうと長年思っていたのだが、どうもそうではなかったようである。

なぜこんな細部にこだわるか、というと、そのことから逆に竹山道雄本人とその中学以来の飛び級グループの切磋琢磨《せっさたくま》といおうか人間形成の歴史とが並行して見えて来たからである。多力者が育つためにはそれなりの条件が必要なのだ。

府立四中以来の仲間たち

安倍能成も和辻哲郎も尊敬すべき先賢であったが、竹山の「先生」ではない。若いころの竹山には日本人にせよ外国人にせよ、師に当る一人の人が見当たらない。竹山の恩師と呼べるような人はどうもいないらしい。だが人間、良き師良き友にめぐり会わずに、偉物《えらもの》になることがあるのだろうか。竹山道雄は良き日本人の師にめぐり会わなかった点では夏目漱石などに似ている。しかし漱石は正岡子規などの友人に恵まれた。そしてその交際場裏《こうさいじょうり》に人間形成をなしとげた。そしてそれと同じように、道雄は驚くほど優れた同年輩の友人に恵まれた。

竹山道雄は大正五(一九一六)年東京府立第四中学校に入学した。第二次世界大戦以前の日本ではたいていの子供の教育は小学校六年どまりか、行くとしてもその先は小学校の高等科二年までで、中学校進学者はいわばエリート・コースを目指す少数者であった。戦前の東京で名門の府立中学といえば一中、三中、四中、五中、六中で、四中は戦後の新制度では戸山高校となったが、一九六六年に学校群制度が導入されるまでは屈指《くっし》の名門校だった。文明国の首府には必ずそのような名門の中学校や高等学校があるもので、パリのルイ大王高等中学校など詩人で外交官のポール・クローデルもその卒業生であるといった類《たぐい》の学校伝説はどこの国にもあり、しかもそこには名物校長や名物教師がいるのが常であった。竹山自身が府立四中について「深井校長のスパルタ的教育法は、頑固もあそこまで徹底すれば立派というもので、一学年四クラス百六十人の中から名を成した者も多く出た。傑出していた同学年生は石田英一郎で、天才肌の岡田家武は上海の自然科学研究所に勤めて戦後も残留し、文化大革命の時に殺された。後に企画院事件に左傾官僚として連坐する正木千冬は当時は文学青年で道雄と親しかった。厳しい規律に反撥した者も多く、新劇俳優となる三津田健などはそうであった」とやはり『年譜』で回想している。そしてその中で道雄の友人には神西清《じんざいきよし》と大野俊一がいたのである。

府立四中三年の秋、榛名山《はるなさん》へ修学旅行に行き、その夜神西と語り明かしたのが竹山の生涯の転機となったことは竹山自身が『亡き神西清君のこと』に書いている。二人とも大正九年、四年修了で一高に入ったが、理科に進んだ神西は一時期精神的に悲惨な状態に陥った。しかし一高を中退し、外国語学校のロシア語科に入ってからは、魚が水に帰ったようになった。ことばという自分の天性のエレメントの中に思うがままに泳ぐことができたからで、プーシュキンなどの訳など真にすばらしい。この神西と竹山の交友のことは『竹山道雄と昭和の時代』の中でもふれたが、神西は複数外国語を解するいわゆるポリグロットでロシア文学者として知られるが、府立三中から一高に進んだ堀辰雄とはジッドなどフランス文学の作品も共訳している。

独文学者竹山も結構フランス語をよくしたが、実は神西、竹山にかぎらず複数の西洋語をものし複数の西洋に留学した人はこの四中・一高グループにはほかにもいたのである。その一人がここで話題にとりあげる大野俊一で、ここでは大野と竹山の交友関係に焦点を絞りたい。神西もそうだがこの二人は、自己の研究対象国だけに一途《いちず》にのめりこむタイプではない。大野と竹山は四中、一高、東大独文科へ共に進んだが、二人とも一辺倒《いっぺんとう》のドイツ一国研究者とは異なるひとだった。いうなれば彼らはヨーロッパ文明に対するときも「三点測量」をよくした都雅《とが》の知的エリートであった。

外国語学習と一辺倒の関係

多くの日本人は日本語の世界に安住して自給自足している。外国の事も日本語に書かれたものを読むことで満足している。今日、ヨーロッパの小国の都市の本屋には母国語の本のほかに英語の本も売っているが、日本の町の書店も図書館も外国語の本をまず置いていない。しかしグローバル化するこの時代、選ばれた人は自国以外も知らなければならない。西洋でも同じことで、選ばれた西洋人は西洋語以外の非西洋のことも知らなければならない。実をいえば、中国大陸でも朝鮮半島の北でも南でも、日本のことをもっとありしがままに知ってもらわなければならない。

では外国語を習えば、世界の中の日本を客観的に把握できるか。日本という一点を頼りにするより二点を知る方が知識の線は確実に伸びる。母国語を一外国語と結ぶと知識がばらばらの点でなく線となる。しかしこの線による結びつきには危険も伴う。外国語を学びその線にすがるととかく相手を理想化してしまう。外国語を学ぶ人は相手を師として奉《たてまつ》るからである。外国語教師が優れているのは自分よりも外国語知識が乏しい同国人に対してだけである。だがそれだけでは能《のう》がない。それだと特定の一国を盲目的に敬して愛し、自国や自国民を貶《おとし》める人が出て来る。線上はるかかなたに見えてくる外国が理想郷に映じるからである。

漢文明との関係で荻生徂徠《おぎうそらい》（一六六六―一七二八）は自分を「東夷《とうい》」と卑下した。本居宣長（一七三〇―一八〇一）は海彼《かいひ》の国を聖人の国と仰ぐ儒者の漢意《からごころ》を批判したが、それは儒者が漢学を学ぶうちに日本人のアイデンティティーについての自覚を失い相手に同化し得たと錯覚してしまうからである。しかしだからといって国学者の「やまとごころ」を主張する自国中心主義にも、中国中心主義の中華思想に劣らぬ危険がある。外国一辺倒も困るが排他的国粋主義も剣呑《けんのん》である。とくに愛国主義は性善良だが智能の劣る人のよりどころとなりやすく、それでいて「正論」を自称することが多いからである。外国人が読んでなるほどと納得できるような論でなければいくら大声で「正論」を主張しても意味は薄い。

明治維新以前の漢学者と国学者の対立はそれ以後も別の形で繰返される。日本の西洋主義者に西洋心酔の危険はないのか。実はすでに十八世紀の昔から一部の蘭学者にその傾向が露骨に顕われていた。『蘭学事始《ことはじめ》』の立役者である前野良沢（一七二三―一八〇三）にも「蘭癖《らんぺき》」があり、和蘭《オランダ》人のお化けとひやかされ、殿様から蘭化《らんか》の号を賜《たまわ》るほど研究対象国に入れあげたからであり、それは学問熱心としてはまことに結構である。だがその挙句、自国に有害な存在となる人もいないではない。かつて小磯国昭は在外勤務の陸軍武官の心理的偏向を批判し「笑止なのは英国に永い人はパリやベルリンを誹謗《ひぼう》し、仏国に永い人は英独を、独逸に永い人は英仏を良く言はず、駐在国が駐在者の母国でもあるやうな話振りを聞くことが屢々《しばしば》である」[4]と述べたが、日本でナチス・ドイツの旗振りをしたドイツ文学者の中にはただ単にドイツが好きという程度の留学帰りの人もいた。毛沢東の旗振りをした日中友好分子もその程度の人が多かったであろう。一辺倒の中核を形成するのは元留学生や外交官や特派員や商社マンである。一辺倒でなく「文化の三点測量」が出来るエリートを養成しなければならない。

文化の三点測量

では「文化の三点測量」とはなにか。

日本人の外国研究者がすべて親独派の駐独大使の大島浩陸軍中将や戦後のチャイナ・スクールの面々のように

一辺倒になられてしまっては大変である。だが日本人の俊秀《しゅんしゅう》がすべてそれほど愚昧《ぐまい》であるはずはない。第二次大戦下の日本にも少数の例外はいた。たとえばドイツ文学者の竹山道雄はナチス・ドイツ批判の大論文を一九四〇（昭和十五）年四月号の『思想』に発表した。竹山の『独逸・新しき中世？』（『セレクションI』所収）の結論はこうである。

これだけの事ははっきりと言えそうである。――事「思考の自由」という一点に関する限り、英仏側が勝てば、少なくもわれらの生きている間位は、これは何らかの形に於て救われ得る。独逸が勝てば、そんなものはわれらから立ちどころに根柢的に奪われるであろう。

ドイツの機械化部隊が破竹の勢いでパリに向けて進撃しようとしていた時、こんな大胆なドイツ批判をなぜ発表出来たのか。

それは日本には他の全体主義国に比べて言論の自由がまだしもあったから意見を発表できたのである。昭和十五年、竹山はナチス批判を書いたからといって第一高等学校の教職を追われる心配はまったくなかった。戦時下の日本でファシズム批判をした河合栄治郎は別件で執筆を禁じられたが、だからといって河合の本が古本屋や図書館から押収されるようなことはなかった。そこはソ連邦とかナチス・ドイツとか中華人民共和国と違う日本のお国柄である。

次により重要な点だが、なぜ竹山がドイツ文学者でありながらドイツ批判が出来たのか。その理由は一つには、ナチスの悪についての認識があったからである。文献を通してだけでなく、迫害されるユダヤ系ドイツ知識人を直接知っていたからである。それから二つには、昭和初年、ヨーロッパへ留学した際、ドイツだけでなくフランスにも留学し、ドイツをフランスから見るという視座を有しており、片山敏彦などと同じく三点測量をすることが出来たからである。世間はロマン・ロランの訳者の片山をフランス文学者と思っているが、どうして片山は東大独文科の出身で、竹山に招かれて一高でドイツ語を教えた人である。

ここではこの第二点、ドイツをフランスから見るという視座を有した少数の日本人エリートがいかにして育ったか。そのことを話題としたい。竹山は突然変異的にあらわれた一人ではなく、戦前の日本の少数の知的グループの中から出てきた人である。英語・ドイツ語・フランス語と外国語知識が加わるうちに西洋と線で結ばれていた知識は面となり、さらには西欧認識について立体感が生まれてくる。外国について三点測量、いや複数点測量ができた戦前の少数エリートたちを調べると、彼らが複数の外国語をマスターできたのは中学四年で飛び級して高等教育に接することが出来たから、いい換えると、満十六歳で第二外国語を学び始めることを得たからだということがわかる。外国語は若い時から学べば学ぶほどよい。しかもそんな複数の外国語をよく解する少数のグループが中学以来身辺にあって互いに意見を交わし合っていたからこそ満三十六歳の独文学者竹山道雄は一九四〇（昭和十五）年四月、ナチス・ドイツの非人間性を弾劾する一大論文を『思想』誌上に発表することを得たのだ、ともいえるのである。

大野俊一君の出征

東京府立四中で竹山道雄のいちばん親しい友人は神西清と大野俊一で、大野夫妻は神西清と田辺百合を媒酌し、神西夫妻は竹山道雄と南保子の実質的な仲人をつとめた。彼らは四年修了で第一高等学校へ進学した。竹山道雄、神西清、堀辰雄、大野俊一などは大正末年から『箒』『虹』『山繭』などの同人雑誌に関係する。このグループが英独仏語を解する仲間で、その中で神西清はさらにロシア語に打ち込む人となるのである。ではその中で大野俊一とはいかなる人か。竹山と同じ一九〇三（明治三十六）年生れ。俊一は「しゅんいち」と読む。竹山より一年遅れて一九二七（昭和二）年東大独文科を卒業、一九三一年四月から三五年三月にかけてフランスとドイツに留学した。パリに二、ベルリンに一の割合で滞在したらしい。その大野は帰国後二年半で突然中国へ士官として出征を命ぜられた。四中から一高へ進んだ者たちの同人誌『一高城北会誌』昭和十二年秋号に寄せた竹山記事『大野俊一君の出征』をここに再録する。

「十一月五日朝、五時半、目を覚せば我が乗る船は上海南方〇〇の沖合〇〇キロの所に停船し居れり。朝靄か煙幕か、何かもや〳〵したものを透して、遥かに砲声の殷々《いんいん》たるを聞く、海はまったくの泥水なり」

「航行中の船より君に書を送る。

勿論貨物船なり。従来の生活に比するまでもなく、およそ便利と清潔から遠いものなれども、これでも兵隊に比べれば数等の優遇にて、更に戦線の艱苦《かんく》欠乏を思へば勿体なき限りなるべし。

兵隊はまことに可愛いものなり。殊《こと》に農村出の者が宜《よろ》し。その自己犠牲の精神、我等をして愧死《きし》せしむ。

銀座、神田辺をごろ〳〵してゐる書生共、スポーツとやらにて体格はなか〳〵立派、それにどうせ知性で御国の役に立つとも思はれぬ低能書生なぞ、どし〳〵戦線に送るがいゝ。泥沼の中に大八車をひかせたら少しは性根も直らうといふものなり。下略」

「まことに今次の事変は天が我に与へたる大試練なりと思ふ。多分、予は戦地に働く間に、今まで獲得したる語学力の多くを失ふならん。されど予が新に獲得するものゝ如何に大いなるよ！

予は天に感謝せざるを得ざるなり。渺茫たる大洋の上に星晨《せいしん》燦たり。下略」

軍事郵便の封をひらくと、聯隊旗を印刷した書翰紙に独特の細い文字でぎっしりと書いてあった。この文語体は私達が四中の一年生以来二十年間の交友の間に、自然と生じた一種の心安いふざけた調子であって、特別にいかめしい意味のあるものではない。彼は杭州湾上陸をしたらしい。そして今は上海にいる事が最近分った。

彼と私とは「そんなに性質が違っていて、よく仲がいいものだ」と度々言われた。彼は四中の時は勤勉な模範生で大抵組の一番だったが、一高に入ると忽《たちま》ち放歌乱舞《ほうかいらんぶ》のデカンショ一高生となり、大学に入ると多情多恨の文科生となり、卒業して兵隊にとられては真黒になって練兵をしてやがて少尉にまでなった。語学が好きで仏独英露を解し、就中《なかんずく》前の二つは大したものである。大きな飜訳もいくつか出したし、自ら出版業を志した事もあり、時勢にかぶれて一寸《ちょつと》左翼になった事もあり、時には徹底的に虚無《きょむ》思想の虜《とりこ》になって、いつ尋ねて行っても昼過ぎまで寝ていた事もあった。その他彼の履歴については無数に記憶があるけれども、今は外務省の文化事業部に勤めて、忙がしく働いていた。人間味豊かで、順応性に富み、心の底からの平和主義者で、情味のあふれる人である（従って私はその反対という事になるのだろうか）。

十月半ばのある初めて冷い雨の晩だった。夜の九時奥さんから電話がかゝって来て「これから来て下さいませんか」と言う。後から思うと途方に暮れた様な調子だったけれども、その時は気が付かず、不審に思い乍ら「もう今日はおそいから――」と断った。「実は只今召集令が参りましたので。それに大野はお役所の石井さん（石井菊次郎氏令息、父君に伴して欧羅巴に行かれた）の送別会でどこにいるのか心当りを電話をかけても分りません」心細くてならないし、色々相談もあるから是非来て欲しい。

私は思わず大きな声を出して驚いて、着物を着換えて家を飛び出した。省線電車の中で大学生が戦争の話をしていた。一人が「死にさえしなけりゃ己も一生に一度戦争に行って見たいな」と話をしていた。

大野君はかねてから〇〇輪卒隊長の役を指定されていて、相当覚悟して準備をして短銃を買ったり日本剣を買ったりしていた。それが下町の大家の末子で、美的生活者（アービテール・エレガンシエ）で低徊趣味の彼にはいかにも似合わなかった、私は幾度も「君なんか兵隊を東京から下関まで汽車で送ったり迎えたりしていればいゝのさ。朝鮮海峡を越える事はないね」といってからかった。すると彼は「そう馬鹿にしなさんな」と言った。始めはそんな比較的暢気《のんき》な気分だった。ところが今戦争は意外にも非常な勢で拡大して行く。毎日新聞で、裸身の敵前渡河《てきぜんとか》や、蒙古の都会や、硝煙に包まれた上海のクリークや、途洋爆撃やその他の雄大な悲壮な写真や記事を読んで、私と彼とは会う度に戦争を論じ、彼に外交の話を聞き、容易ならざる世界史の転回期ともいうべきものが迫って来るのを覚えて、身が固くなるのを感じたのであった。とう〳〵彼のところにも赤紙が来た。あの毎日街頭に聞く凄まじい歓声の渦、旗、兵士を満載した列車――彼もその中の一人になっていよいよ大陸の奥へ戦いに行くのだろうか。

涙ぐんでいる奥さんを慰めて、長い間待っていると、よほど遅くなって彼が帰って来た。こんな事は珍らしいのだそうだが一時頃漸《ようや》くベルが鳴った。異常な報知の最初の衝動のあるべきを予想して、遠慮して私は玄関に行かなかった。所が意外にも非常に静かな声で、

「あ、来たか」と言って、彼は部屋に入って来た。

それから私達は座り込んで昂奮《こうふん》を押え乍ら、またいよいよという瞬間が意外に穏かなのを訝《いぶか》り乍ら、いつまでも話をした。奥さんの出してくれた熱いウィスキー紅茶を啜って、感慨やら相談やら前途の想像やらに喋り疲れて、暁方《あけがた》になると耳が底の方で遠鳴りをした。出征とはまるで縁のない冗談を言って笑ったり、泣く奥さんを冷かしたり、そうかと思うと不意に彼の顔が痙攣したように歪んだりした。彼は僕に遺言を残した。明日は忙がしいからと寝たのは四時過ぎだった。

翌々日彼は入営した。近衛三聯隊の塀の前の舗装道路にはチョークで線をひいて、その中へは見送り人は入

れなかった。

彼の部下たるべき若い兵卒が荷物を運びにやって来たが、新しい長靴、新しい剣、いかにも素人くさい少尉殿があまり丁寧な言葉で礼を言ったり頼んだりしているので、面喰っていた。

それから一週間の間、色々用や打合せの為、私は殆ど毎日兵営に行った。将校への面会というので営舎の内へ入って行く事が出来た。そこで私は驚いて了《しま》った。まず営門へ入るとき、恐ろしい喚《わめ》き声が耳のそばで爆発するのに驚いた。一切が正確で機械のようで殺風景でしかも若々しい力に溢れているのに驚いた。彼、大野俊一が押しも押されぬ一部隊長になって大権力を握って多数の人間を指揮しているのに最も驚いた。ある時は彼が、あの寒がりやでもの臭《ぐさ》な彼が、営庭を馬で乗り廻していた。後には血色のいゝ兵隊が走っていた。

彼は一日一日と別人になって行った。若白毛の髪を短く刈って、胸を張り出して、荒い声で話をした。私は何だか傍にいて自分が小さく弱々しいのを感じた。出発の日が迫った。私はその頃聞き込んだ話から、彼が平《へい》綏《すい》線を内蒙古の方に行くのだろう、と言った。彼はフンフンと聞いていたがやがて最後に、

「昨日地図を貰って行先は分っているのだが、軍機だから言えん」と言った。

またこう言った。「兵卒の中には真に神の如き人がいるものだね。心から己を虚《むな》しうして隊の為め国の為め身を棄てる事を願っている人が本当にいる。えらいものだ――」

彼の品川駅出発は夜明けの四時集合だった。六時までは面会が出来ると言った。然《しか》し彼は自分の隊の他尚三つ、合せて四つの隊の輸卒隊長として責任を持っているので、早く構内に入って了ったので、私が五時半に品川に着いた時は最早面会出来なかった。

あたりは真闇で夜明けの気味の悪い光がさし初《そ》めていた。提灯が一面に揺れていた。群集の歓呼の叫びは長く尾を引いて波のように盛り上ってはまた高まった。私は張りわたした縄につかまって、早足で行進して行く

目の前の兵士の列を見送った。人々は皆涙をたゝえて昂奮した顔をしていた。特務兵というのであろうか、銃を持たず、風呂敷包みを下げた一隊があったが、その中の若い人が群衆の一人に「じゃ、元気で行ってまいります！」と叫んだ顔がいつまでも私の記憶に残った。

別のプラットフォームに立って、彼のいる筈の汽車の箱を眺めているうちに、汽車は轟然たる響きと喚声の中を、左右の窓から一面に小旗を振り乍ら動き出した。そうして丁度無数の足を静かに波のように動かす百足《むかで》のように、駅の外れの陸橋の下を抜けて、遥かに見えなくなって行った。——

大野君は今上海にいる。一高城北會の先輩がこゝにも一人働いているのである。初めは忙がしくて目が廻るようで手紙を書く暇もなかったらしい。近頃はあの上海で得意の語学を使って、事務と人事に従って、多少は時間の余裕もあるらしい。私の所へは語学の辞書を送って呉れ、と言って来た。

「近頃は上海も皇軍の制圧下に全く静穏なり。不自由なし。うまい外国煙草が安く吸へるがうれし」之が最近の便りの一節である。「大野少尉は上海で土耳古《トルコ》風呂に入ってよろしく清遊しているそうだ」こんな失礼な噂をする者もある。

今晩のラジオの上海の日本軍租界行進の放送を聞いて、剣戟《けんげき》の音、喇叭《らっぱ》の響、号令の声、万歳の叫びの中に、もしや彼の一声なりと交っていはすまいか、と私は耳を立てたのであった。あの上海の支那船群るバンド、南京路、西蔵路、それから怪奇な城内を、彼は軍列の先頭に立ってどんな気持で行進をしたのだろう。

「内地の人に見せてやりたい」放送の中の群衆の一人はそう囁いていた。彼は私を見せてやりたい人の中に数えたに相違ない。

学者としての大野俊一

大野俊一が中国へ向けて出征したのは一九三七（昭和十二）年十月で、その二年後、ヨーロッパで一九三九年九月、ポーランドの東西で第二次世界大戦が勃発《ぼっぱつ》したとき、府立四中以来の友人竹山道雄、神西清、片山達吉のグループは祝杯をあげた。

「とうとう初めやがったね。これで日本にも神風が吹いた。シナ事変も何とか片づくだろう」

しかし軍部主導の日本帝国は日中間の戦局は行詰まったままで、対米改善も思うように進まない。一九四〇年六月にフランスはドイツに降伏する。すると日本はそれとばかり九月にドイツと同盟を結ぶ。当時の日本ではアンドレ・モーロワの『フランス敗れたり』がベストセラーであった。一九四一（昭和十六）年夏に除隊されて上海から一旦帰国した大野は、以前と同じく昼は内閣情報局に勤務し、夜は主にドイツのフランス研究書を翻訳した。その頃の気持を大野は戦後『現代フランスの文学開拓者』の「あとがき」にこう書いている。「この国」とは日本である。

狂犬の毒牙により私の愛するフランスが殆んど致命的に傷つけられ、もはやフランスは地理学上の名称としてしか存在しないかの如く、この国の人々にも云はれてゐた頃であつた。この国の知識人にもナチ・ドイツを礼讃し、これを「友」として持つことを喜んでゐたものが、少くなかつたやうである。フランスとその文化が如何に不朽の人間的記念碑であるかを示し、かつまた当時の狂へる日本が如何なる道伴れを選んだかを示すことは（アンリ・ベール『ドイツ論』一九四一年萬里閣刊、アンリ・リシュタンベルジェ『近代ドイツ、その発展』一九四一年愛宕書房刊)、小さきレッシングの徒である私の、当時公表し得る最大限のプロテストであった。

日本はやがて太平洋戦争に突入し、一九四三(昭和十八)年夏、大野は今度は南方へ向け出征した。そのために竹山が大野に代わってクゥルティゥス著大野俊一訳『現代ヨーロッパに於けるフランス精神』の校正をし、かつ「あとがき」を書いたのである。*Französischer Geist im neuen Europa*(1925)のこの訳は生活社から昭和十九年三月に出版された。戦争中の日本では言論統制が厳しかったが、当時もこのような学術書は刊行されていた。この竹山の「あとがき」は時代の証言として記念碑的な意味をもっている。

クゥルティゥス著大野俊一訳『現代ヨーロッパに於けるフランス精神』への「あとがき」

あとがき

大野俊一君はこの飜訳を完成し、すでに原稿は印刷所に廻つて校正が出るのを待ちわびてゐたとき、昭和十八年の夏の某日、ふたたび応召し、ふたたび海を越えて征つた。出征の前の依頼によつて、私が校正を見、巻末の索引を作つた。

大野君、君はいま筆を捨てて、南方のいづくかの絵のやうな島の赤い砂浜に生ふる椰子の林のほとりを、陸軍中尉の任を果して戦ひつつある。君の便りには、「まことにこの大みいくさは想像を(君の想像をも小生のそれをも)絶する」とある。

今は当地の冬とかにて思ひのほか涼しく、わけても夜半とスコールのときは故国の初秋を偲ばしめ候。月光のもと椰子の樹蔭に摂つた上陸第一夜の夕食は終生忘れえざるべしと存じ候。われらの安着を祝するイルミネーションのごとき山火事、鳥に似たりと聞けどいまだその正体を見たることなき鳥の不思議な鳴声、はじめて見る土人の姿、黎明時の爆音（ただし目下は友軍機の哨戒の音）、さては暗夜に大洋航行中の船より眺めたる水平線上の稲妻、油を流したやうな海面、いづれも忘れえざらん。「竹の柱に茅の屋根」、だいたいこの絵のやうな小屋にて極めて簡素なる生活を営みつつあり。

この手紙の古典的な文体は、われらが少年時代からの手紙の習慣となつたスタイルで、いかに照れくさい個人的感情をも一種の品格を以て表現しうべき手法である。絵ハガキには鬱蒼たる森の中に蒲鉾型のニッパハウスが描いてあり、その前に裸かの土人が坐つてゐる。

さきに君が三年間の上海駐屯の任を果して帰つたのは昭和十六年七月であつた。それから二年の間に、君はかねてから興味を持つヨーロッパのなかんづく独仏の文学と言語の研究を続けてゐた。さうしてこの間にベールの『ドイツ論』、クゥルティウスの『フランス文化論』、メイヨーの『ヨーロッパの言語』、リシュタンベルジェの『近代ドイツ・その発展』、それからヴッサーマンの『コロンブス』等の彼地の文化の核心を示す作品を飜訳して出版した。しかも君が残して行つた原稿は本書のほかに、なほ民族学の大作がある。君はむかしからの習慣どほり毎夜二時三時まで起きてゐたが、これらの仕事が内閣情報局勤務の余暇になるのを思ふとき、その精力に驚かざるをえない。しかもそれがいづれもきはめて良心的な労作であり、原文中の一つの史的事実をも一つの引用句をもゆるがせにせずに調べ上げ、詳しい註を施したものである。原書を読みながら、「これを種本にすれば、大学の講義の一年や二年は大丈夫できるね」と君はよく笑つて言つたものだつたが、まことにこれらの書は明晰な講義として、西ヨーロッパについてのわれらの智識を彼地の人々の水準にまで引き上げるためにこの上ないものである。君が旨としたところは、——他国を知るには箇々の事実の智識や鑑賞のみでやむべきではない、その民族の文化の観念、歴史の魂、人間像、心的構造、そのほかさまざまなものの全体的関聯の中に常に姿を渝へつつも一貫して生きて流れてゐるものを立体的に把へなくてはならぬ——といふ新らしい観点であつた、といつてよいであらうか。西ヨーロッパについての本格的な研究はわれらの世代から——といふ抱負を君は次々と実現して行つた。

かくしてあるうちに君はふたたび召されることとなつた。明日はいよいよ出発といふ日に、私は少しでも君を安心させたいといふ気もあつて、やうやく出はじめた最初の校正を持つて君を営舎に訪れた。君はそれを一目見て、冒頭の凡例の第一頁第一行の Europa といふ字の誤植を校正してないのを目ざとくも見つけた。さうしてその後で、炎天の下の営庭を歩きながら、あちらこちらから板のやうに直立して敬礼する兵たちに挙手しながら、「どうも校正のきらひな人にこんなことを頼むのはまことに何だが——」と笑つて言つた。あの暑い日のことなども夢のやうに思ひ出される。

君が出征した頃から比べても、国内はさらにさらに緊迫を加へた。この数年来われらが共に体験してきた国の内外の大波瀾も、いまややうやくその最後の決定を目前にするところにまで来た。国民は激しい昂奮の渦中にあつた一頃よりはむしろ落ちついて、底に一抹の凄壮の気を帯びた静けさのうちに息を凝してゐる。まことに今のわれらほど大いなる歴史の前夜にあるものはいまだなかつた。われらははつきりと意識しつつ来るべき運命に突入せんとしつつある。

君が出て行つてから、かうしたことについての一切の思想を打ちまけて語りあふ長年の習慣を奪はれて、まことに寂しい。私はこれらの事を思ふごとに胸が引きしまるやうな感を覚えながら、煩忙の日々の余暇にこの校正をしたが、君の心血を瀝《そそ》いだ仕事を瞳を凝らして見つめてゐると、思ひはおのづから戦場にある君の上へと及んだ。ことにその君の生命があるひは玉と砕け散ることがないとはいへないのであるから。

深夜に校正に疲れた眼蓋をおさへながら、君の姿を想ひ見ることもしばしばだつた。君は強い体力と均衡のとれた感情を持つてゐるから、戦地にあつてもいつものやうにおだやかにあの眼中の慈光は失せないでゐるだらう。さうして余裕のあるときには、この本の校正の進行のことなども考へ、プルーストやヴレリーについての所論やポンティニーの会合やさては本書の三〇二頁以下に引いてあるモンテルランの言葉などを思ひめぐらしてゐるだらう。

モンテルラン！　私はこの人については何も知らないが、本書に挙げてあるその言葉には真に心をうたれた。二十歳の青年のこの言葉には何といふ大きなものがあるだらう。ともすれば意気沮喪せんとする人間に新らしい光明をあたへ、生活に生々とした面を拓《ひら》くのは、かういふ言葉であらう。かうした人間を生むフランスは、たとへその運命に蹉跌《さてつ》を来したとはいへ、その文化をさらに新らしく検討され直す資格を持つてゐるに相違ない。君はあのモンテルランの言葉をおそらく幾度となく思ひ出してゐるだらう。——われらの想像を絶する大みいくさのさなか、イルミネーションのやうな山火事を望見しながら、不思議な鳥の声を聞きながら。

平素から友愛の情にあつい君は、「人間を心の底から愛し得る唯一の場所」たる戦場にあつて、銃火の洗礼の下に、どれほどの真実の対人間関係を体得してゐることであらう。後に残つて黙々と忍苦の日々を生きてゐるわれわれが、君のそのあたらしい眼になほ価値あるものとして映ればよいが！　私にはこれが何だか心配なやうな気さへする。君はわれらの思ひも及ばない危険な崇高なものを体得しつつある。われらがますます煩忙を加へる公私の日常生活のうちにただあわただしく身も心も消耗してゐるとき、君は外に出て男子の本懐ともいふべき試煉に鍛へられてゐる。「精力を、生のままの生を、土と風との匂ひを、囚はれぬ心を、危険を、自由に身体を使ふことを、一口にいへば男らしさを」生きてゐる。危険のうちにあるときにのみ、死の可能性を前にしてゐるときにのみ人に開かれるといふ、浄化され高揚された君の愛の心にわれらも価するものでありたい。帰ってきたときの君の瞳の前から慙ぢて逃れ去らずにすむものでありたい。

「近代ヨーロッパに於けるフランス精神」――この大きな問題についての犀利《さいり》な論述を、おのれの手によって日本語にした君が、その成果を繙くのは、いつ、どこで、いかなる環境にあってであらう？　早くこの本を君の手許に届けたいものである。もし君が生命を賭する日々のうちのある一日に、焼き払はれた原始林のほとりにでも坐ってこの本を手にしてしばし心愉しむことがあれば、そのときには、私はこの手伝ひによって、三十年にちかい間の君の一方ならぬ厚誼にいささかなりとも報いたと思ひたい。

せっかく校正のことを引きうけながら、充分責を果すことができなくて、まことに申訳がない気がする。原稿は丁寧に手が入れてあり、印刷も今としては珍らしいほど誤の尠《すくな》いものであったが、それでも校了になってから気がついた誤もいくつかある。校正を厳密にしなければ気のすまない君にとってはさだめし不満なところでも多いであらうが、許しを乞ひたい次第である。各校とも私が見たが、特に再校は末野妙子さんが綿密に見て下さった。けっして容易ではない本書の校正の日本語の部分が正確であるのは、そのお蔭である。

あたかもマーシャル群島に敵機来襲の報をききつつ　竹山道雄

モンテルランの言葉

大野俊一中尉が南方から送ってよこした絵はがきは竹山家に見つからなかった。この「あとがき」はマーシャル群島のクエゼリン・ルオット両島にアメリカ軍が上陸した一九四四年二月一日前後に書かれたものであろう。書物そのものは三月五日に刊行された。

竹山が「あとがき」で言及した三〇二頁以下に引いてあるフランス作家アンリ・ド・モンテルラン（一八九六

—一九七二）の言葉とは彼がフィリップ・バレスの『二十歳の従軍』を論評した言葉である。それをドイツの学者クゥルティウスが引いたところに意味がある。

「われわれにとつて人生に入ることは、戦場《そと》で、男たちのなかで、認識することであった——愛される価値のあるのは何であるかを。時には敵さへもそれであつた。時にはその勇気を見てわれわれは、彼等のそばに近づき、その手を握り、仲よく並んでゐたいとさへ思つた。だが彼等を殺さねばならないのだつた。優しい心——われわれはこれを贈り、また受取りもした。尊敬を受けるに値したいといふ並々ならぬ欲求によつて、われわれはみづからの高められるのを感じた。われわれは讃歎され、愛惜され、擁護され、宥恕されるのを感じた。それはわれわれが愛されてゐた時期だつた、と言つても差支《さしつか》へない。さうだ、われわれが戦場でまみえなかつた人に就いては、「この人は果して愛される価値があるか、どうか」と、われわれの感情が決しかねることもある。さうして、われわれが愛する人に就いては、「なぜ僕は戦場《そと》でこの人と一緒でなかつたのか」といふ声が心のなかでする時、われわれは自分がこの人を愛してゐることを知るのである。

「われわれはかう考へた、——もしも他人をしんから悪人と考へるならば、われわれは政治的な人間になれるだらう、と。だが、どれほどそれが気の利いたことであらうとも、さういふ態度はわれわれにはもう不可能である。戦争はわれわれの心内にブレーキを置いた。ブレーキは活動を始めた——少くとも戦争に出た人々、もしくはこれから戦争に出るかも知れない人々に対しては、侮蔑の心を阻止するやうにと。彼等は擁護されてゐる。……われわれのことを鉄兜を被つた野獣とか、血に渇《う》えた獣とか呼ぶ人は、たつた一つかも知れぬが確かに誤謬を犯してゐる。彼は理解しないのだ——われわれが憧れてやまぬもの、戦争当時を偲んではわれわれが物足りなく思ふもの、それは愛であることを。まことに戦争こそは、われわれが人間を心の底から愛し得た唯一の場所である。

「これは一つの事実である。この事実には何も不思議なことはない。われわれはようく知つてゐる――人間は善と悪とから成つてゐることを。危険にさらされると、魂は両者を解き放す。魂が両者のうちわけても善を思ひ出すといふのは、われわれの性情の気高い点であるし、われわれがこれに慣れてゐないだけに一層強い印象をわれわれの心が受けるのである。

「この事実は尊敬を要求する、――およそ事実といふものが受けるべき権利ある尊敬を。戦争の弁護になるからといつてこの事実を隠蔽したり否認したりするのは、賤しむべきことであり、また無益なことでもあらう。その善が存する場所を、いつまでも魂に向つて隠しておけるものではない。かつまた、この善は既に知られてゐる。これが知られてゐればこそ、古来の伝統のなかでミリタリスムと名誉とが混和し、殺人と最大の人間的品威とが混和することも可能だつたのだ。さうだ、かう考へてもいいのである、――もし戦争といふものに何ひとつ善いものがなかつたなら、戦争はその恐しさと愚かさのためにおのづから死滅してしまつた筈だ、と。

「しかし一旦この事実を――戦争によつて一つの善がかく創造されたことを――認めたあとで、残るのは次の課題である。これは二重のポリティックを有する。

「第一は、一つの地盤を求めること、――その地盤に立つて、効果的に且つ国民的品威と抵触することなく、たとへ少しでも平和のためになるやうな何ごとかをなし得るやう。

「第二は、あの「優しい心」をといふのは、戦争が創造したあの人間対人間の深い尊敬を――失はないやうにすること、戦争の有する他の美徳に就いても同様のこと。これを平和のなかに移し入れること。無我を、献身を、犠牲を、共通の一理想（信仰に於いて、目的に於いて、意志に於いて）の意識を、平和のなかにも見出すやうに努め、そのための機会を求めること、――それから亦、精力を、そのままの生を、土と風との匂ひを、囚はれぬ心を、危険を、自由に体を使ふことを、一口に言へば男らしさを。

「これらの目的はたしかに、そのためにわれわれが生きる価値を有する。さうして又、そのためにわれわれが死する価値をさへ有する。」

武士道

アンリ・ド・モンテルラン Henry de Montherlant はドがつくことからもわかるように貴族だが、Henri でなく Henry という古風な綴りにも貴族主義の家風がうかがわれる。随筆集『秋分』でモンテルランは次のような日本武士道へのあこがれを書いている。

私はかつて日本の書物でつぎのような一節を読んだ。一人の侍が果し合いをするために定められた場所へ行く道すがらである。侍は傘をさしていた。雨が降っていたからである。ふと見ると向うから果し合いの相手が来る。相手は傘がない。侍は相手に傘にはいるよう誘った。こうして合傘をして談笑しながら二人はともに決闘の場へ向った。そしてその場へつくと、二人は鞘《さや》をはらって立向かい、ともに斬死《ざんし》をとげた。

モンテルランがこの話をするとフランス人はたいてい肩をすぼめて笑ったそうである。彼はそれに腹をたてて「近ごろのフランス人は精神の偉大さを解さない」といらだった。近ごろの日本人も似たようなもので、モンテルランが『二十歳の従軍』(Philippe Barrès, *La guerre à vingt ans*) について述べた言葉を聞くと薄笑いを浮かべるのではあるまいか。モンテルランが日本の講談にでもありそうな話に感心したのは時代錯誤かもしれない。しかし彼がむきになって武士道を口にするとき、それにけちをつけようとして奇妙な笑い声をたてたのも、これももしかすると精神の矮小化《わいしょうか》なのかもしれない。

ヒトラーが政権を掌握したころ、モンテルランはフランスの陸軍大学で講演した。「日本では、国を思う人は、意見を文字にしたためて、切腹いたします。死ぬことによってその意見は重きをなすのです」

しかしだれも彼の言うことなど相手にしなかった。そしてフランス陸軍はナチスの機械化部隊にいともやすやすと負けてしまった。そしてフランスが簡単に負けてしまったからこそ軍部主導の日本はその直後にドイツと同盟を結んでしまったのである。

フランス派ドイツ研究の意味

竹山も言及した大野のクゥルティウスの『フランス文化論』の訳業の価値は昭和十七年当時の日本でも学界関係者には認められたのであろう。戦争中に第二版が出た。そんなだからこそ、より特殊な作家研究から成り立つ『現代ヨーロッパに於けるフランス精神』の翻訳も引続き行なわれたものと思われる。それが昭和十九年三月、三千部刷られているのだから驚かされる。それらが――森鷗外、姉崎正治、木下杢太郎などの個別的にドイツ語もフランス語も学んだ学者を別とすれば――日本におけるフランス派ドイツ文学研究の端緒《たんちょ》でもあるのだが、戦後七十年、日本における大学生数の増加にもかかわらず、複数外国語教育の水準は戦前よりも低下したらしい。大野俊一とか片山敏彦のように「独仏両棲類」と呼ばれるような人は減ってしまった。どうしてそれがわかるかというと、東大駒場図書館に助手当時の私が買い揃えておいたオービエ書店の外国古典対訳叢書 Aubier, Collection bilingue des classiques étrangers が借り出されている形跡がどうも少ないからである。学術世界における英語一元化の進行の反映でもあろうか。しかしそれだけではない。戦前は中学四修で満十六歳で旧制高校に進学した英才は、その年齢で第二外国語を習い始めたから、第三外国語をも習うゆとりがあったが、満十八歳で大学に入学してから第二外国語を習い始める戦後世代は、すでに外国語習得の能力が低下し始めているからであろう。近年、フランス派英文学やフランス派独文学研究の学統を引き継ぐ人材が最高学府に見当たらない。複数の外国へ留学することがいとも容易になっている時世であるのにまことに残念なことである。

独仏対訳叢書

かくいう私はクゥルティウスのこの訳本が出てから六年後、平和恢復の日本の昭和二十五年秋、東大教養学部後期課程に新設された教養学科のフランス分科に進学した。同級生には中学四修で一高に入学し、一高の廃校に伴い、一年飛び級で新制東大を受験して合格した者が何人もいた。それが揃いも揃って学部の前期二年はドイツ語既修フランス語未修のクラスの出であった。自分たちの身の上と引き較べつつ竹山・大野世代の苦労を読むと感慨を禁じ得ない。占領下に高等教育を受けた高階秀爾・芳賀徹・平川祐弘の世代は、物質的には大正末年に高等教育を受けた竹山道雄・神西清・大野俊一世代に比べて格段に貧しい生活を送ったことは間違いないが、しかしなんといっても平和な時代を過ごしたからで、やはりそれを幸運に思わずにはいられない。

駒場の教養学科構想は旧制第一高等学校の長所にパリの高等師範学校 École Normale Supérieure の精鋭主義を加味しようとするものだ、という説明も聞かされた。教養学科の実質的創設者は前田陽一助教授で、前田は戦前フランス政府留学生としてパリ高等師範学校で学んだ学者外交官だった。ドイツで抑留されたが日本へ引揚げると駒場の第一高等学校の教授へ転職、竹山から教務課長の職を引きついだだけでなく、一高が改組され新制の東大教養学部となるや、その機会に後期課程の見取り図を進んで描き、その実現にこぎつけた。前田が抜群の行政手腕を発揮できたのは当時は食うや食わずやの時代で、皆が前田に教養学部後期課程の設計を一任した感があったからである。そのとき新設の教養学科フランス分科で必読文献に推薦された一冊がクゥルティウスの『フランス文化論』で、これも大野俊一訳、昭和十七年六月創元社刊である。私はその第六章「教育制度」などをとくに読んだ。

なお『フランス文化論』は戦後第三版が出た。その「あとがき」に大野俊一は「万死に一生を得て故国に帰った訳者が今回『フランス文化論』の戦後新版を見るのは望外の幸である」と一九四七年十一月に書いている。

私はフランス留学の三年目、パリで通訳をして稼いだ金で留学にさらに留学を重ねボンやウィーンに学んだが、それは私が東京の学生時代、パリのオービエ書店刊の独仏対訳叢書を盛んに利用した、その延長線上の勉強をヨーロッパ各地で行なったまでである。私はソルボンヌでも独仏対訳本を持参して学部のニーチェのエクスプリカシオンのクラスに出たりしていた。

ラバウルで故国へ帰る日を待つ大野俊一中尉への手紙

大野が配属された南太平洋上の第一線はニュー・アイルランド島であった。ラバウルのあるのがニュー・ブリテン島で、その北に東西に弧をなす島である。そのカビエン基地で海軍航空隊を指揮した市丸利之助は戦いの合間に島の生活を歌に詠んだ。

仕事場に原住民ぞつどひ来る赤き腰巻青き腰巻

いと赤き槿《むくげ》の花ぞ住民の男このみて挿頭《かざ》す風俗

そんな風俗の絵葉書が戦前に作られたままだ島に残っていて、大野はそれを手に入れて竹山に送ったのだろう。「なぜか戦争においてきぼりをくらって、私のいる島は攻撃を受けなかった。私はロシア語の聖書をくりかえし読んで、ロシア語の独学をして[5]」いた由である。大野自身は『現代フランスの文学開拓者』の「あとがき」で南方戦線での二年半の生活にふれてこう書いている。『現代ヨーロッパに於けるフランス精神』は、

> 二回の追送にも拘らずニュー・アイルランドにゐた私の手には遂に到達しなかつた。この絶海の孤島に於いて私の読書に対する渇望を僅かに医してくれたものは、日本から持つて来たゲーテの *Die Wahlverwandtschaften* と、アルフォンス・ドーデーの *Le Petit Chose* とジェラール・ド・ネルヴァールの *Sylvie* と（出発の際、なぜこの三冊を選んで行李に入れたのであるか、私は思ひ出すことが出来ない）、留守宅から追送され例外的に私の手にとどいた呉茂一氏の『ラテン文法概要』と、戦友から借りたディキンズの *Great Expectations* とシンクレア・ルーイスの *Ann Vickers* と、ドイツ語の新約聖書と、……それだけであつたと思ふ。私はこれらの優秀な書より成る、しかしながらおよそ体系的でないビブリオテークを、あの生き地獄のなかで、いかに鍾愛《しょうあい》したことであらうか。その多くは三四回ひもどいたやうに思ふ。左第五趾《だいごし》切断後の臥床《がしょう》中に耽読したラテン文法も、今は殆んど忘れてしまつたが、ジャングルの湿気に痛ましくもくづれた呉氏の著書は、わづかに数冊より成る今の私のビブリオテークに於いて、最も貴重なる、かつ極めて懐しい宝となつてゐる。

大野の無事は戦争終結後しばらくしてわかった。敗戦翌年の一九四六年春（竹山の手紙に言及されている旧円

の流通禁止は昭和二十一年三月三日以後である。また戦後最初の総選挙は四月十日である)、竹山は南半球のラバウルで復員船を待つ大野宛に手紙を書いたが、郵便局で受付けてくれなかったのか、それが出されぬまま竹山家に残されていた。手紙は当時の文化事情、生活事情を語って貴重な証言となっている。なお巣鴨の大野邸が焼けたのは昭和二十年四月十四日の第二回夜間東京大空襲のことである。

ラバウル第三集団第六団本部大野俊一様

大兄ラバウルに健在ときいて、大丈夫とは思つてゐたものの、やはり胸を撫でました。六月までには全員引き揚げられる由、ラヂオで知りましたが、大兄は通訳として働いてゐられるからには最後の船になるのではないかと思つてゐます。通訳者ならば供与もおそらく最悪にてはなかるべく、あるひは想像よりいゝかもしれない気がするし、まづ〳〵何より御無事で結構でした。実は近頃戦争犯罪の問題が内地ではやかましく、ことに将校に対してはかうした怨嗟もひどいので、あるひは団体的に巻きこまれてゐるやうなこともありはしないか等とも心配してゐましたが、それもなく、何といつても複雑深刻豊富激烈な体験をされたことは、この限りに於ては悪いことばかりでもなかつたでせう。

小生方も一同やうやく無事。小供もやうやく楽になり、生活難に苦しみながらも、近頃は再建の為に働いてゐます。忙がしく、忙がしい。

片山達吉氏は空襲につぐ空襲の頃、にはかに死にました。あの頃の東京の凄惨たりしことは筆紙に及ばず、今は一望数里の焼野原にて、何ともあさましき限りです。神西清は近頃はロシア文学の中堅の第一人者とて、引つぱりだこで、一切の公職を擲《なげう》つて文筆に従事してゐます。小生も余暇をぬすんで小篇を物してゐます。戦後の日本は雑誌の氾濫にて、文運は一陽来復といふところ。

餓ゑは依然としていつになつたら去るか分らぬものゝ、日本全体が一時の茫然自失の虚脱失神、このまゝで亡びるかと思はれた状態からやうやく立ち直つて、近頃は大分恢復して労働意欲もおこり、この分ではあるひは何とか立ち直るかもしれぬ気配も見えてきました。一時はお話しにならなかつた。たゞ何といつても食物がなく、これには閉口です。そして交通の不便は一月ほど前までは地獄のやうでした。しかし近頃は新憲法、総選挙、財産封鎖と政治的には少しづつ体勢とゝのひつつあるものゝやうです。占領は米軍は一時は日本人に対してよほど猜疑をもつてゐたのが、案外に従順平和なので、最近はときぐ\はお褒めの言葉も賜はつてゐるやうです。まことに去年の夏、一切は破壊され、原子爆弾まであらはれた時は、生きた心地もなかつた。ラバウルはあまり戦争もなかつたやうな話もきゝますが、もしさうだとすれば、われぐ\の方が戦禍を体験したかもしれません。

大兄が帰つて来られたら仕事が沢山待つてゐます。白日書院といふ相当大きな本屋ができ、小生、神西先生など顧問です。こゝで飜訳部にぜひ大兄の力をえたく、まづクルチウスの *Literarische Wegbereiter* を訳していたゞくやう、待つてゐます。その他仕事は山のやうにあります。

大兄は帰られればおそらく横須賀に入港されることとなるべく、さうしたら一まづとりあへず小生宅にて休養されんことを。こゝにて夫人と将来の設計について御相談の上、上京されるなり、信州に行かれるなりがよろしかるべしと夫人と話しました。小生は一昨年の春鎌倉に越しました。渋谷では生活がなりたゝなくなつたのです。目下鎌倉は関東で一番の平和な文化都市です。戦禍をうけなかつたから。それでも去年は田舎に家族をやつて大いに苦労しました。混雑きはまる汽車で子供を二人つれて荷を負つて、空襲の中を田舎に行く面白さ、何とも忘れられぬものです。

小生たちの近頃の食物を申上ませう。一日二合一勺の配給ももうそろぐ\怪しくなり、大分日がおくれることがあり、混ぜものも少くなし。それに自家菜園の菜つ葉。近頃は新円にて闇が買へないから、蛋白質はほとんどお目にかゝらず。煙草は光がヤミで一箱（十本）十五円。停電しきりで、その時につける蠟燭が一本十円。すべて十円が単位です。味噌醬油も大不足、この夏には海に海水を汲みに行くつもり。いにしへの汐汲《しおく》みを再現するわけなり。この冬には小生栄養失調気味で足がむくんで困りました。去年の夏は階段を昇るのがつらかつた。しかしそれでも生きてゆくから妙にて、かくて近頃は以前のやうに毎日重い荷物を負つて運んだり、庭に穴を掘つて埋めたり、土を運んだり、防空演習をしたり、暁天動員をしたり、竹槍を持ったりしなくてすむから楽になつた。

大兄の巣鴨のおたくも全焼にて何ともお気の毒です。しかし家財は大部分を疎開してあつたのでまだ幸せでした。あゝした立派な家はもう二度とは建つまじく、今度は不自由を忍ばれなくてはなるまじく、大兄の文化生活もいつから始るか分りませんが、それでも今は少くとも人間の dignité は尊重される世の中となつたこと故、何とか少しづつ築き上げてゆくべくお互ひに勉めはげみませう。

大兄の御留守宅が焼けた夜は、小生一高に宿直して塔の上からあちらの方一面の火を眺めてゐました。照夷弾が空を舞つて、火の粉が潮のやうに大地を這つて、実に美しく、ボードレールの幻想的なデッサンそのまゝでした。早き御帰国を待ちます。

（付・鎌倉駅から寿福寺手前の鎌倉市扇ヶ谷八十一番地竹山までの略図）

竹山道雄

大野兄

dignité とフランス語で竹山は書いたが、これは信州から片山敏彦がよこした手紙にも「ようやく人間の威厳が恢復される時がきた」などの言葉があり、それに同感したからであろう。

「あの飢餓と屈辱との日々の後」終戦により状況は一変した。大野は通訳としてオーストラリア軍将兵からも敬意をもって遇せられたからであろう。そこがロシア語ができると関東軍のスパイ容疑で酷薄な扱いを受けたシベリアの日本人捕虜たちの抑留生活との違いである。

巣鴨の家は焼けて書物もない

大野は一九四六年五月、二年九ヵ月ぶりに南方戦線から復員した。巣鴨の家は焼けて書物もない。夫人の実家のある信州八ヶ岳の麓《ふもと》にひきこもり、戦地で損なわれた精神の健康を取り戻すと、竹山が手紙の中で言及した *Literarische Wegbereiter* の仕事にとりかかり「三ヶ月の後この訳業の成るのを見て、私は生きてゐることの悦びを告白せずにはゐられない」。こうして訳書は『現代フランスの文学開拓者』と題されて白日書院から出た。一九四七（昭和二十二）年三月のことである。大野は「あとがき」の末尾に次のことも書き添えて訳書を片山達吉に献《ささ》げた。若き日のベルリン留学生竹山道雄が片山達吉に送った絵手紙はすでに紹介した。

私の用ひた原書は、私の留守中に急逝された畏友片山達吉君の蔵書から、その歿後、竹山君が譲り受け、これを私に貸してくれたものである。この片山君と、堀辰雄君と、神西清君と、竹山君と、私とは、二十年ないし三十年来の親しき友であつて、文化と生活とに燃えてゐた私たち五人の青春時代は、この訳書に詳述されてゐるフランスの知的精英のひそみにならふものであり、うたた懐旧の情に堪へぬものがある。

大野俊一は一九五五年になって教壇に立った。一九五七（昭和三十二）年に慶應大学に迎えられ一九七〇年に武蔵大学に移った。私は外国留学中だったので習う機会を逸したが、東大駒場の比較文学比較文化の大学院にも主任の島田謹二教授に招かれて非常勤講師として教えにみえた。クゥルティウスではやさしすぎるといってジャン＝パウル・リヒターの、先にふれた独仏対訳本（Traduction et préface de Geneviève Bianquis）を演習のテクストに用いられたとのことである。働き盛りに前後七年近くを軍隊生活を送ることを余儀なくされた大野であった。フランス派ドイツ文学研究やドイツ派フランス研究の翻訳や紹介以外に見るべき自身の仕事はなかったといえるのかもしれない。しかしフランスにもドイツにも留学した大野だからこそ竹山と同様、ナチス・ドイツの批判を抱き続けたのであり、そうした人々との「一切の思想を打ちまけて語りあふ」交流の中で竹山も呼吸していたからこそ大胆なナチズム批判もなし得たのである。大野俊一は一九八〇年に亡くなった。七十七歳であった。

註

（1）『竹山道雄著作集』4、一九八頁。
（2）『竹山道雄著作集』4、一六〇頁。
（3）『竹山道雄著作集』1、一六〇―一六一頁。
（4）小磯国昭『葛山鴻爪』四〇九頁。
（5）慶應で大野から学んだ宮下啓三が一九八〇年三月、大野が亡くなる月に書いたみすず書房版『現代ヨーロッパにおけるフランス精神』への「あとがき」による。このロシア語の聖書は宮下の記憶違いでドイツ語の新約聖書だったのであろう。

9　秦郁彦の母からの手紙

向こう一年間の休学申し出

学生には近づきやすい教師とそうでない教師とがある。竹山道雄は若者が相談をもちかけやすい教師であった。学生本人だけでなく父母までが竹山を頼りにして手紙をよこしたこともある。次の一通は秦治子が東大生の息子郁彦を案じた手紙である。

秦郁彦は一九三二年（昭和七）年十二月十二日に生まれた。父は広島出身、国鉄の技術者で、各地で勤務した。門司で暮らしていた昭和十六年十二月八日の朝、小学三年生の郁彦は「戦争が始まったよ」と父に起こされた。その父は陸軍司政官としてフィリピンに派遣され戦争末期に死んだ。フィリピン戦では日本軍五十万のうち十万人しか生き残らなかったのである。郁彦は軍国少年のはしくれで戦争中は大本営発表の戦果をノートに書き写した。本籍は広島市の爆心地にあり、家族は八月六日の一年前に母の実家の防府に疎開したから生き延びたが、小学校同級生の多数は原爆で亡くなった。そんなであればあの戦争は何であったのか、という気持がひとしお強かったにちがいない。かつてノートに書き写した戦果と実相の違いに秦青年は目をみはることとなる。例えば昭和十八年十一月二日のラバウル空戦で二百一機撃墜と大本営は発表したが、戦後に判明したアメリカ側資料では十九機にすぎない。もっともアメリカ側の戦果も誇大に報道されていて、お互いさまという面にも気づいた。それが彼を現代史の実証研究に向かわせたのではあるまいか。東大にストレートで合格したのは一九五一年、法経志望の文科一類である。卒業したのは五年後の一九五六年、入省したのは大蔵省である。東大になぜ一年余計に在学したのか。大蔵省のエリート官僚の道に乗ったはずの秦郁彦が、なぜ後年、資料と事実に基づく近現代史研究の大家となったのか。

その間の機微を語るのが母秦治子さんの手紙である。子供の将来について思いあぐねた母が竹山道雄にあてた手紙を読んで見よう。封の裏に山口県宇部市東区笹山真宅正一方秦治子、三月二日夜とあるが、内容から推して一九五三年（昭和二十八）年である。句読点や濁点は平川がつけ足した。

突然手紙を差し上げます失礼を何卒御ゆるし下さいませ。未だ拝眉の機を得ませんけれども御高名はかねぐ〳〵御著書其他でよく承知致して居ります。教養学部文一に在学中の愚息（秦郁彦）常にお世話様になって居りますことを深く御礼申上げます。

実は先日突然たよりをよこしまして向ふ一ヶ年間の休学を申出でました。理由はお聞き及びと存じますが例の太平洋戦史を書くためで一年間に戦史第一巻をまとめ、また法学部へ復帰専心勉強するから許してほしいとのことで私も全く予期しないでもございませんでしたが、このように意志表示されて見ますと非常に困惑致しました。彼の戦史に対する熱情は昨日今日にはじまつたものでなく遠く小学校時代に其の端を発して居ります。小さい時から凝り性で、色々な事に興味をもつて相当期間研究をつゞけ又次にうつつてゆくという風で、ラジオの気象通報をきいて欠かさず天気図を一年余りも書きつゞけたのも其一例で、戦史に対する熱も其内さめるかと見て居りましたが、これだけは更に倦きる様子もなく益々熱がたかまるばかり一生かゝつても誰も書かなかつたような戦史を書きたいとよくもらして居りました。昨秋試験休みに帰省致しました際、竹山先生は僕の仕事を認めて激励して下さつたと非常に嬉しそうに申して居りました。学部決定についても先生のおすゝめもあり史学科へと大分気持が動いた様子でございましたが結局全く彼の自由意志によつて法学部をえらびました訳で私も一安心致して居りました。其際戦史はどこまでも学業の妨げとならぬようにとかたく申して帰寮させました。其後お正月帰省致しました時にも何も申さず四月から本郷へ行けば学資を増額してもらはねばと相談致しましたので、すつかり安心して何とか学資を仕送りしてやり度いと心をくだいて居りました矢先へ右のような申出でにてどうしたものかと日夜思案致しました結果彼の最も尊敬致して居ります先生に御相談申上げたらと思ひつきまして失礼をもかへりみず拙きペンを取りました次第でございます。

郁彦より御聞き及びかと存じますが、主人は昭和廿年七月比島に於て戦死致しました。夫を失ひ財を失ひ戦後の混乱の中に容易ならぬ苦労をなめて漸く二児を育てゝまいりました。筍生活も遂に続かなくなり何とか職業について生活を安定させねばと四十をいくつも過ぎてからの勉強で一昨年栄養士試験をとりまして昨年七月より当地医大病院へ勤務致し、新中一年の女児と二人の生活はどうやら安定致しましたものゝ学資までは仲々及ばず殆ど凡てを育英資金にたよつて居りますような事で、彼の業成る日を一日千秋の思ひで待ちつゝ馴れぬ勤めにはげんで居りますような事にて、出来れば予定通り勉学をつゞけて卒業して欲しいと存じます。一年の休学位で目鼻のつくような仕事でなく彼の性質から考へても必ずやりはじめたら仲々やめないであらう事は相像に難くありません。折角入学をゆるされた学校を中退するような事態になつてはいかにも残念でございます。

まだ若いことでございますから余り性急にならずとにかくあと二年の学業だけはまづ卒へて欲しうございま

す。私も無理をつゞけてゐますのでいつまで健康で働けるかこれも保証出来ず、郁彦一人でしたらかまひませんけれ共、女の子がゐる事でございますし、一まづ卒業して其上で大学院にでもと申しますなら出来るだけ希望に添うつもりでございますし戦史にかゝることも許し度いとおもひます。先生にはどう思召しでございませうか。十日で試験も終るようにきいて居りますが、試験がすみ次第御迷惑とは存じますが彼に御逢ひ頂きまして篤と本心をおきゝ頂き、母の希望もお伝へ下さいまして何とか思ひ止りますように御骨折りお煩はしとうございます。

御多忙にあらせられます事は万々承知致して居りますが、とても他の親族の者などに話しても駄目とおもわれます様で、信頼と尊敬をもつて居ります先生に御説得願うより他に道なしと存じまして不躾千万なお願ひを申上げました次第でございます。心のみはやりまして拙き筆はすゝみかね意を尽しませんけれ共、私の衷情御さつし下さいまして何分共よろしくお願ひ申上げます。春寒なほ去りがたき折柄呉々も御身御大切に祈りあげます。

かしこ

秦　治子

竹山先生

玉下

実証的戦史への熱情

竹山道雄の遺品を整理してこの手紙を見つけ、私は読んで「この母にしてこの子あり」と感銘を受けた。きちんとした措辞の母親の手紙に若き日の秦郁彦が見事に活写されている。この手紙を返したとき、秦氏は竹山が自分たちのクラスのドイツ語教師でかつクラス担任だったと言った。しかしそれは錯覚だったらしい。竹山は秦青年が東大に入学するすぐ前の三月に教授の職を辞し、昭和二十六年四月からは非常勤講師として駒場で教えていただけで、クラス担任は常勤に限られていたはずだからである。しかし個人的に学問的関心を打明け、進学先の相談もできた竹山であった。それが旧制高校の師弟関係の良さでもあった。その息子からもいろいろと聞かされていた母親も、竹山を担任と思い込んでいたのではあるまいか。

秦氏の良さは物怖じせず人に聞きに行く姿勢で、これは若い時から変わらない。これと目をつけた人に会いに行く。大学の内でも外でも、監獄の内でも外でも、日本でも外国でも足まめである。駒場では竹山道雄に、本郷では丸山真男を研究室に訪ねた。私宅にも行った。秦青年は太平洋戦争の原因や史実をイデオロギー抜きで知りたくてたまらない。本人がきちんと調べて話しに行くから、受け答えが成り立ったのである。

『昭和の精神史』(『セレクションI』所収)を書く前の竹山も秦青年と同じような問題意識をわかちもっていた。占領下の日本では敗戦国民を洗脳するためのように流布された歴史解釈があるが、二人とも納得がいかない。戦中の皇国日本中心史観もおかしいが、東京裁判の判決に示された連合国側の解釈も妙である。戦後のスターリン中心史観はさらにおかしい。秦青年の母が息子の将来を案じて竹山に手紙を書いたのは昭和二十八年だが、その年に出た日本の歴史学研究会編の『太平洋戦争史』第二巻は「中日戦争」と題されている。その題の書き方でもわかるが、主義者にとって歴史とは革命実現のための鑑であり、冷戦時代は反米反日、親ソ親中の政治的立場を露骨にとる歴史学者が支配的だったのである。

秦氏はそんな時代に自分で資料を調べて客観的な太平洋戦史を書こうとした。その熱情が一段と嵩じたのは、一九五二年に対日講和条約が発効し巣鴨プリズンで服役中のA級戦犯の面会が大幅に自由になったからであろう。

当時は旧軍人は社会の風あたりがきつかったから、プリズンの内にいようが外にいようがみな小さくなっている。そこに東大生がきて話を聞いてくれるから喜んで話す。戦犯にされた者もされなかった者も歓迎してくれた。そして聞くべき人を紹介してくれた。

昭和二十八年東大駒場の前期二年をまさに終え四月から本郷の後期二年、法学部政治学科への進学が内定していた満二十歳の秦郁彦はこのA級戦犯や旧軍人・旧政治家へのヒヤリングの重要性を自覚していた。秦は家庭の経済事情もあり、法学部なら就職も有利だから、一年間休学してヒヤリングの取材をしたら普通の法学部のコースに戻る、それだから休学を認めてもらいたいと母に申し出た。秦青年にそうした問題関心があることを知って竹山は国史学科への進学をすすめたが、秦は歴史学研究会の支配するような世界へは行きたくなかった。なにしろ当時は「自衛隊は違憲だから、中国と朝鮮の人民と協力して全廃をめざさなければならない」(大江健三郎式の、およそ客観的立場とはほど遠い、政治にどっぷりつかった歴史観が主流だったのである。

竹山が秦郁彦を呼び出してなんと諭したのか知らない。しかし秦の決心に変わりはない。法学部を休学して巣鴨プリズンを訪ね次々とヒヤリングを重ねた。ただし母への約束通り一年後に復学した。母に迷惑をかけぬよう秦青年は自活する。育英会の奨学金のほかに小学校の警備員のアルバイトをした。その二つを合わせた収入は大蔵省に入った昭和三十一年当時の公務員の初任給よりも多かったそうである。ちなみに秦は頭脳明敏、国家公務員試験の上級職に合格、大蔵省に入省しエリート・コースを進む。しかし内面的には大蔵官僚でなく歴史家になっていた。『日中戦争史』『軍ファシズム運動史』を刊行したあと、丸山真男の推薦でロックフェラーの資金で一九六三年から二年間ハーバード大とコロンビア大へ留学する。大蔵省からは出張扱いである。帰国して防衛庁へ出向し航空自衛隊を担当、防衛研修所の教官に移り、軍事史を教える。防衛庁から大蔵省に戻り占領期財政史の編纂に事務局長として関係しアメリカの対日占領政策を扱った一冊を書く。しかしそれが出来上がるころ上司と衝突した。秦氏は大蔵省をやめ、しばらく浪人したあと、いろいろな大学に迎えられた。

竹山道雄の息子護夫は京都大学史学科を経、東大大学院の国史学博士課程を一九七〇年に出、秦郁彦他と共編『日本陸海軍の制度・組織・人事』を一九七一年に出している。その年に護夫は秦郁彦『太平洋国際関係史』の書評を書いている。秦と近い日本のファシズムや昭和の軍部などの分野で仕事をした。ヒヤリングなどもしている。山梨大学で教えたが早く没した。『竹山護夫著作集』五巻と補巻が名著刊行会から出ている。護夫だけでなく私も学問上秦さんとふれあっている。

一九七八年、私がワシントンのウィルソン・センターにいた時、秦氏があらわれナショナル・アーカイヴズで調べものをし、その結果を英語で発表した。帰国に先立ち車を売却した秦一家を私のステーション・ワゴンで空港まで送ったことがある。そのころ家永三郎に対する低評価で二人の意見は一致した。秦郁彦の実証的手法について当時シカゴにいた入江昭が「手法が古い」と評した。そのときの私はうなずいたが、それから四十年、私の評価は逆転した。ライシャワーが米国の学界に君臨するとそれに靡き、反ベトナム戦争世代が実権を握るとそれに同調するようなはしたない真似を秦はしない。秦氏は近現代史の大家として実証に徹することで菊池寛賞、毎日出版文化賞、正論大賞に輝いた。ただし朝日賞は授けられていない。ちなみに秦郁彦『慰安婦と戦場の性』(新潮選書) は済州島などの現地調査で、日本の大新聞が世界に向けて垂れ流した性奴隷神話の発生源、吉田清治『私の戦争犯罪――朝鮮人強制連行』が詐話であることを実証した研究である。

秦の母治子さんは地元の女学校を佐藤寛子さん (のちの栄作首相夫人) と一緒に卒業、日本女子大を中退して結婚、平凡だが幸福な主婦生活を送っていたが、戦地へ赴いた夫は帰って来なかった。秦さんが『文藝春秋』二〇一〇年十二月号に書いた「おふくろ」によると、母は戦後は三人の子を抱え売り食いでしのぐが追いつかず、妹一人は亡くなり、母校の小学校に給食婦として働きに出る。手紙にあるように栄養士の国家試験に合格し病院勤務、看護学校の先生、羽田空港の女子寮舎監などの職を転々とした。秦郁彦は大学進学に際して、出身市の第一回奨学金を貸与されたが、のちに母が黙って全額を返済していたと知り、愕然として日本育英会の借入金残額をあわてて返済する。母は静かな晩年を札幌に住む北大教授に嫁した娘一家とすごし、二〇〇一年に九十五歳で亡くなる。息子に小言めいたことはついぞ言わなかったが、ふっと、

「あなたは最後まで私をハラハラさせましたね」

と洩らした。そのとき郁彦は忸怩《じくじ》たる思いだった由である。

10　芳賀徹との交流――比較文化史家の誕生

芳賀徹には「竹山道雄先生と私」と題された文がある。中公クラシックスの一冊に竹山道雄『昭和の精神史』が収められた二〇一一年、芳賀が寄せた解説『昭和日本への反時代的証言』の冒頭部分がそれで、一九〇三年生まれの竹山先生と一九三一年生まれの芳賀の交流を語る最良の言葉である。まずこれを引き、次いで二人の手紙や葉書を掲げたい。ちなみに芳賀徹と私は小学校四年の時からの同級で、私は中学で科学組に選ばれたから一高は理科甲類へ進んだが、芳賀は文科乙類へ進み、ドイツ語を竹山から習うこととなった。芳賀夫妻は私と依子の仲人である。

わが家の書庫の一隅に竹山道雄コーナーがある。ひさしぶりにその棚の前に立ってみた。一九八三（昭和五十八）年、竹山氏の死の一年前に福武書店から出た『竹山道雄著作集』の函《はこ》入り全八巻がきれいに並んでいる。私も粕谷一希や平川祐弘らとともに竹山門弟の一人として編集にたずさわり、第二巻『スペインの贋金』では解説をも担当した。竹山氏はこの著作集の完結を機に同年十一月に菊池寛賞を受賞したのだから、私たちにとってはまことになつかしい貴重な八冊である（第二巻を開いてみたら、なかから授賞式当日の写真二枚がすべり落ちてきた。ステッキを手にして長女平川依子夫人と並んで椅子に座った竹山氏が、溢《あふ》れるような銀髪は美しいが少し疲れた姿で写っている。その側に粕谷と小堀桂一郎と私が立って、なにか談笑している。もう一枚は私と平川夫妻の立ち話の景。弟子たちのほうはみな五十代になっていたはずなのに、まだずいぶん若々しい)。

著作集の側には、私が旧制一高一年生徒から新制東大一年に進学した一九四九(昭和二十四)年、その十月に渋谷の古本屋で買った白日書院版『失はれた青春』をはじめ、竹山氏の著書がずらりと並んでいる。『樅の木と薔薇』『昭和の精神史』『剣と十字架』『京都の一級品——東山遍歴』『日本人と美』『乱世の中から』『手帖』等々、もとの単行本もあり、新潮文庫版もあり、竹山氏の歿《ぼつ》後《ご》に平川編で主に講談社学術文庫として出たエッセイ集の類も多い。竹山氏から頂戴したものが大半である。どれも、それを貰《もら》った頃、読んだ頃、そして読んでは刺戟《しげき》されて氏が論じる神社仏閣や絵画や都市を自分の足で見に行った頃の思い出と深くつながっていて、なつかしい。新潮文庫版の『ヨーロッパの旅』も大好きな一冊だったが、それが棚に見あたらないのは、私の長男が留学するときに貸してやったのであることをいま思い出した。

この竹山氏著作の列の上に、ファイルが二つほど横に押しこんである。これもとりだしてみると、一つは、最近娘婿平川氏が鎌倉の竹山氏の書斎を整理したときに見つけた私の竹山氏あての手紙の束だった。全部で三十通ほどもある。パリ留学から帰国した一九五〇年代後半からのものが大半で、国内外から折にふれて御挨拶したり、こまごまと自分の研究の現状を報告したりしている。私も意外にまめに書いていたものだと思うが、なによりも先生が旧一高以来の一生徒の寄せた手紙をこのようにまとめて保存しておいて下さったということに驚き、胸が熱くなるのをおぼえる。

たとえば、一九六一(昭和三十六)年六月のはがきは私の手書きのガリ版刷りで、「東西文化論グループ」

の研究会として七月一日（土）に村上泰亮が「経済発展と文化の型」の発表をし、八月二十六日（土）には「満月の鎌倉山に昇る頃」、鎌倉・瑞泉寺で「竹山道雄先生を囲んで精進料理を試みる会」を催し、その食前に私が「ビスマルク演説と明治の指導者たち（一八七三年三月十五日）」について報告予定とある。追而書《おってがき》で「もっと風流なテーマなきや」と言い、さらにこの秋には村上がスタンフォードに出発予定、『島田謹二教授還暦記念論文集　比較文学比較文化』および平川祐弘『ルネサンスの詩――城と泉と旅人と』が近く刊行予定、といったことも書き添えてある。右にいう「東西文化論グループ」とは、東大駒場の教養学科第一回卒業生の何人かの仲間でつづけていた研究会で、それがこの頃から竹山氏を囲んで談論風発する会に転じつつあった。

同じ頃の私の他のはがきをみると、鎌倉・瑞泉寺の会は、私は担当幹事なのに、自宅にまだ電話がないことを口実に、予約の手配などをみな竹山先生にお願いしていたらしい。そしてその八月の満月の宵、一座には平川も高階秀爾もいたが、精進料理のあとの歓談のなかで、竹山氏は明治の洋画家高橋由一《ゆいち》の作品がたくさん金刀比羅宮《ことひらぐう》博物館に展示されていることに触れた。私の岩倉使節団についての報告から、話が明治の近代化＝西洋化の問題におのずとひろがっていたからららしい。先生は旅先でその由一を見てきたが、「あれは、実におもしろいものですなァ」と、例の静かなゆったりとした声で語った。竹山氏のこのためらいを含んだような、さりげない口調には、旧一高以来、いつもなにか若者の心をそそる力があったが、画家由一についてもこれによっていっぺんに好奇の火を点《とも》されてしまったのが、私であった。

その年（一九六一年）の秋十一月、私は奨学金で佐賀、平戸、長崎を廻る旅行をし、その帰途にさっそく琴平《ことひら》に寄って高橋由一の『豆腐』や『絵本と草紙』その他をはじめてつぶさに観察した。その琴平からの十一月八日付の竹山氏あてのはがきが、束のなかに残されていて、表裏びっしりと胡麻粒《ごまつぶ》大の字で由一発見の興奮が綴《つづ》られている。――「昨夜遅く着き、今朝早速山に参って、半日がかりで丹念に見、写真に収めましたが、かくも重厚な画風とは知らずにおりましたので、その執念のような凝視のパッションに打たれました」と。そして由一と金刀比羅宮の因縁について、学芸員（松原秀明氏）から聞いたことをこまごまと報告し、あわせて平戸の松浦静山《まつらせいざん》旧蔵書にはアンブロワズ・パレの外科書の立派な蘭訳本（一六二七年）などもあって、驚嘆したことを書いている。

このはがきの隅には、さらに小さな字で杉田玄白の日記で見つけた――

ふけどふけど埋火《うづみび》を消す涙かな

の一句も書きつけてあった。このときの一人旅で佐賀の先の武雄《たけお》の高等学校に某先生を訪ね、同校蔵の蘭書を見せてもらおうとしたとき、その先生の机の上にたまたま『杉田玄白全集』第一巻がおいてあり、先生が現れるまでの間に開いて見つけた『鷧斎《いさい》日録』中の句であった。

このような五十年前の自分のはがきを思いがけず読み返すことになってみると、あらためて竹山先生の学恩を蒙《こうむ》ることのいかに深かったかを悟り、背筋がピンと伸びるのを感じないではいられない。高橋由一の件に限らず、徳川中期からの蘭学の運動などについても、私自身がその後進めるような比較文化史研究の大筋は、すでにあの頃の先生との談論のうちにきざしていたものであったことを、あらためてつくづくと感ぜずにはいられないからである。

竹山氏は蘭学、ことに杉田玄白らの『解体新書』や『蘭学事始』については、意外なほどにあちこちのエッセイで触れている。なかでも、私は当時まだ読んでいなかったはずだが、『古都遍歴――奈良』（一九五四年）という書物の一章では、意外にも「日本人の空間感覚の変遷」と題して、鎌倉の近代美術館で見た「日本風景画展」を論評していた。そのなかで氏はすでに円山応挙の眼鏡絵や、『解体新書』の小田野直武による解剖図や佐竹曙山《しょざん》の西洋画論についてかなり詳しく触れ、さらに司馬江漢、亜欧堂田善《あおうどうでんぜん》の遠近画法まで論じた上で、外界に対する科学的視野の獲得という点から「日本人の精神的近代化とは、応挙の「覗き眼鏡」、あるいは杉田玄白の『解体新書』あたりからはじまった、というべきであろう。フランス革命の前のことである」と結論している（『著作集』第八巻一二六頁）。

私はフランス留学から帰国後、「近代日本における意識の危機（思考様式の急変）」という問題をみずからに立てて、一九六〇年代を通じてしきりにその展望を追い求めていたのだが、竹山氏はすでにその十年ほども前にこのような明快な言葉で「意識の危機」発生の時期を示唆していたのである。私はやはり仏さまの掌の上で踊っている一学徒にすぎなかったらしい。

竹山氏は私が論文の抜刷をお送りすれば、大概は面白がって、他の雑誌に紹介してくれたり、談論風発の合間に不意に皮肉な論評をはさんでこちらを慌てさせては楽しそうな顔をなさったりした。あるときは大月如電《おおつきじょでん》（修二）編、コロタイプ版の『新撰洋学年表』（昭和二年）をにわかに私に手渡しで贈って下さった。蘭学史研究には不可欠の名著だが、古本屋でも別格の値段で、貧書生にはとうてい手の出ない憧《あこが》れの一冊だった。いま久しぶりにとりだしてみると、最終頁に「一九六二年九月、平川祐弘、依子結婚記念に竹山道雄先生より贈らる」と記してある。杉田玄白の木版肖像入りの『形影夜話』原本を、「こういう書物はそろそろ君に譲ろう」といって譲って下さったのも、右の少し後のころであったろうか。

こういうことを思い出しながら書いてゆけばきりがない。敗戦直後、一九四八（昭和二十三）年の最後の旧制一高生徒として、文乙のクラスで先生からは毎週四回もドイツ語を習い、文法が終ると秋の学期からすぐにドロステ＝ヒュルスホフという十九世紀の女流作家の『ユダヤ人の橅《ぶな》の木』と題する奇怪難解な小説を読まされた。同じ駒場に新設された教養学部でもゲーテの『ヴィルヘルム・マイスター』の抜粋を習い、ケラーの『緑のハインリヒ』を習った。教養学部のシニア・コースとして教養学科が創設されると、そこでは「近代思潮」

であったか「ドイツ社会誌」であったかの授業で、第一次大戦後のドイツの「ノイエ・ザッハリヒカイト」(新即物主義)の運動について、先生が眼鏡を拭《ふ》き拭き、低くうなるような声で語っていた姿が印象深い。

当方十七歳、先生四十五歳の年から始まって、先生が東大を去られた後も、ついに一九八四(昭和五十九)年六月十五日、八十一歳で逝去なさるまで、三十五年余もつづいた長い幸福な信従と親炙《しんしゃ》の歳月であったのである。その間にも先生は七十歳代に入るまで、ほとんど二、三年おきに数ヶ月から一年におよぶ長い海外旅行をつづけた。西ヨーロッパ諸国はいうまでもなく、ソ連にも韓国にも東南アジアにも足をのばした。そしてその旅先から、また帰国してから、実に数多くの切実にして辛辣《しんらつ》な知的自由擁護のための評論を書き、同時代のイデオロギー批判の論文を発表し、深い洞察に富んだ日本文化史論をあらわしていった。

私は竹山氏のそれらのエッセイや著書を、発表されるたびに追いかけて読んでいたわけではない。一九四八年、直接にドイツ語文法を習っていた当時でさえ、この先生が『ビルマの竪琴』の作者として高名な人であるとは知らずにいて、何年かたってから妹のもっていた本ではじめてこの傑作を読むという始末であった。それでも、後追いながら、いくつものエッセイや著作を耽読《たんどく》し、東京で、鎌倉で、思いがけずパリでも、直接に先生の謦咳《けいがい》に接しては、その度に眼を開かれ、心を洗われ、知的視野をおしひろげられたのである。

私のほうでも、プリンストンから、プエルトリコから、リヨンやエクス・アン・プロヴァンスから、またワシントンからと、海外にあればいっそう竹山先生の面影を思いおこして便りを書いた。私の年賀状の類まで先生は保存しておいてくれたのだが、そのなかの一九八二(昭和五十七)年の一枚に、私は中村草田男の一句を引いて挨拶したあとに、「先生の皮肉のますます辛辣ならんことを。——先生の生徒であったことがひとしお愉快に思われてくる最近であります」などと書き加えている。それは、その年から三十年近くたった今でも、私の心身に深くいきいきと残っている実感である。

私の竹山道雄のファイルのもう一冊には、一九八四年六月三十日、東京・信濃町の千日谷会堂で行われた先生の神式葬儀で私が読んだ弔辞の原稿や、さまざまな新聞・雑誌に寄せた追悼文の切抜きなどがはさまれている。そのなかに一通、竹山先生からの封書が入っていた。間違って上下逆さまに使われた封筒の消印は昭和五十八（一九八三）年二月七日となっている。先生からのはがきや手紙は、先生の本のあちこちにはさんだままになっているのが多いのだが、さすがにこれは格別で、別にとってあったらしい。先生の歿くなる一年と少し前、私が解説をした『著作集』第二巻（『スペインの贋金』）刊行への礼状のかたちにはなっているが、先生から私への最後のお手紙であり、その一節には先生最晩年の思いが次のような切実親密な言葉で洩《も》らされている。

……私はコレリのラ・フォリアというViolin曲が大好きにて、文章を書くならあのような典麗艶美の底に情熱がこもっているものを書き度《た》いものだと思っていましたが、ついに一つもできませんでした。

駒場の教養学部は何といっても懐かしく、ここから新しい学風が生れて、西洋の大学にあるような駒場学派といったような、独立した自由な精神拠点ができるといいが、と思っています。

以下に二人の葉書手紙を掲げる。一九六三年七月二十一日の芳賀の竹山宛の手紙に「去年先生が小生宅にお見えになってから、もうぢきちょうど一年です」とあるのは前年の夏、竹山がひょっこり芳賀家をたずねて平川を娘の婿にと思うが、と縁談を切り出したことをさしている。

鎌倉市材木座六―十二―二十六　竹山道雄先生　東京都文京区駒込曙町一〇　芳賀徹　昭和三十三年元旦

謹賀新年

パリの日本館でお話うかゞって以来御無沙汰いたしました。五七年秋帰国し比較文学の方でまた学生です。先生の御健勝をお祈りし、かわらぬ御導きのほどをお願い申し上げます。（先生の『ヨーロッパの旅』をなつかしく拝読いたしました）

竹山道雄先生　芳賀徹　一九五九年一月一日

賀正

わたくしのこころの尽きせぬねがひ、
それは、愛をはらんで吹きめぐるそよ風、
春を讃へる小夜鳥《さよ》のさわやかな囀り、
そして果しない森の壮麗、
おお、それを、静かに澄みわたる
　　　　　　夜の深みに、
こころを燃やしつくすすずしい炎《ほむら》のただなかに、
下さいますやう。

こんなスペイン中世の神秘詩人の頌歌をもっと探り入ってみたかったり、CL・ブレンターノの絶唱をいい日本語になんとか移してみたかったり、曙の紅のように夢ばかりひろがるお正月です。お見捨てなくお導き下さいますように。

竹山道雄先生　芳賀徹　一九六〇年一月一日

賀正

新春のおよろこびを申しあげます。先生からなおいろいろお教え頂きたいことがあるのですが、中々おめにかかれず残念です。今年は久米邦武の『米欧回覧実記』（明4―6）について比較文学的エッセエを書くことと平川祐弘と共にスパンレの『ドイツ思想』を訳すことが、目前のプランです。いっそうのお導きを賜りますよう。そして先生の御健康をお祈りいたします。

竹山道雄先生　芳賀徹　一九六一年七月十四日

竹山道雄先生

暑くなりましたが、先生にはお変りございませんか。

島田教授のためのフェストシュリフトが出来上り、或いは先生はすでにお受けとりになられたかも知れませんが、小生の分の抜刷り一部お送り申しあげます。終りの方がハショってあってまことに不十分、お恥しいものですが、先日横浜で先生とお話ししたようなことも触れておりますので、先生へ御報告までに。

昨年夏、先生が栗本鋤雲の『暁窓追録』のお話をして下さったときには、小生まだそれを知りませんでした。その後、明治文化全集で『匏庵遺稿』などを求めていろいろ読みますと、実に面白い、江戸の漢学と本草学の教養をたっぷり身につけた人物であることがわかってきて、転換期のポルトレにぜひ加えるべく岩倉使節団のことなどと共にさらに調べてゆこうと考えております。

今日はこれから本郷に西園寺の『欧羅巴紀遊抜書』を筆写に参ります。

島田さんの『ロシヤにおける広瀬武夫』はピトレスクな歴史感横溢、夜を徹して読みました。これについても先生の御高評を伺いたいと願っております。

八月廿六日の瑞泉寺を楽しみにしております。敬具

七月十四日　パリ祭の日

芳賀徹

竹山道雄先生　芳賀徹　一九六三年七月二十一日

竹山先生

瑞泉寺では大へん楽しい一夕を過させて頂き、まことに有難うございました。みなそれぞ（れ）心みちたりて帰りました。

昨日蘭学研究会で報告してきたもののプリントを一部お送り申しあげます。ごく限った問題についてのみ、ここでは触れてありますが、この休中に拡充して由一の一生にわたってまとめあげようと思っております。由一のことは、先生からの inspiration ですから、そちらも、できましたらまたお送り申しあげます。

由一の法名が「実際院真翁由一居士」と言うのも大へん面白いと思います。麻布富士見町のお寺をそのうち掃苔にいってこようと思っております。また美術学校に通って暑い中で、彼のスケッチ帖をのぞいたりしています。今のところ由一の方がゲーテよりも面白いと言った感じで、やっています。

『国際文化』連載の『大君の使節』、先日さしあげました分のつづきが出ましたのであわせてお送り申しあげます。本間君のコロンビア大学も出ております。以後、つづけてお送りいたします。

ようやく夏休の気分になってまいりました。

昨日、祐弘君あて発信、ここしばらくむこうから便りありませんが、依然ペルージャでしょうか。
去年先生が小生宅にお見えになってから、もうぢきちょうど一年です。
奥様にもなにとぞよろしくお伝え下さいますよう。　芳賀徹
（江漢像の写真一枚、そえます、小生撮影）

目黒区駒場一―八―一　東大教養学部比較文学比較文化　芳賀徹様　竹山道雄　一九八〇年六月下旬ころか

拝啓　ご恵与の『明治維新と日本人』を面白く拝読、精神史のところどころのヤマにハイライトをあてて、イメジあざやかに描写していきいきとした再現がしてあるので、こういうふうな史書をもっと読みたいと思いました。
小生よく思うのですが、松蔭、海舟、西郷、大久保などという人々は、心情において洞察においてじつに立派なもので、これが「明治維新と日本人」の大きなテーマであり、しかもその立派さは昔からの教養から生れたものです。サムライ魂があたらしい目で研究さるべきだと思います。これを痛感するのは、場合は大いにちがつてはいるものの、ナチスの首領たちは品性といい思想といいおどろくほど粗暴な劣等なものでした。そしてあれも昔からの教養の一つの産物でした。ビスマルク大先生が木戸大久保に教えたのは現実政治ではあったが、人間的には弟子の方が高尚だつた。匆々

文京区本駒込一―一七―一六　芳賀徹様　竹山道雄　一九八三年二月七日

拝啓　ご無沙汰をしていますが、一度ゆつくり御話をうかゞい度いものです。
此度は私の本の第二巻に解説をお書き下さる由、お忙しい処をまことに有難うございます。断片的な駄文ば

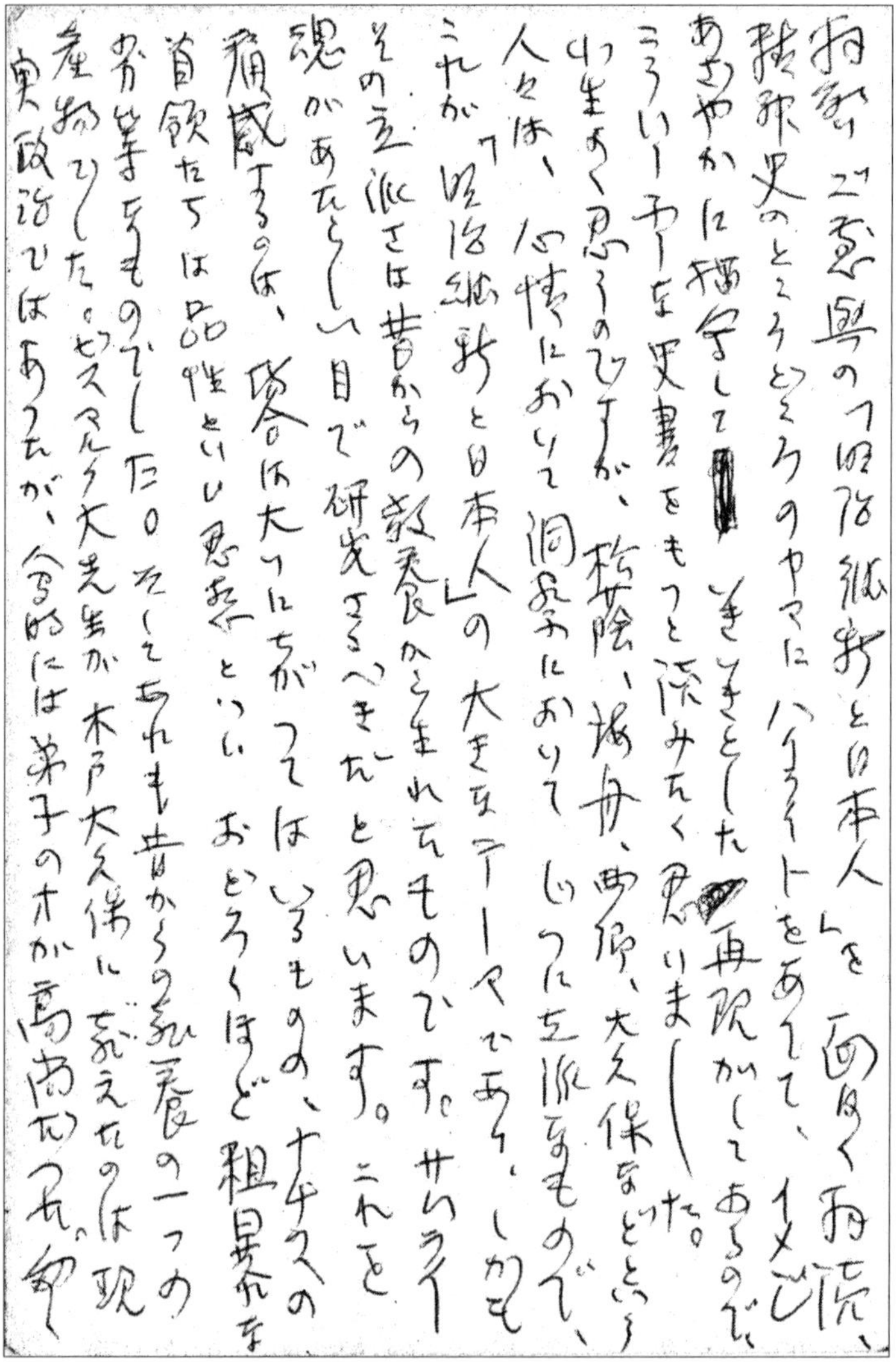
御恵与の「明治維新と日本人」を面白く拝読、
技術史のところどころのヤマにハイライトをあてて、イメージ
あざやかに描写して[redacted]生きとした[redacted]再現がしてあるので、
こういうテーマを史書をもっと読みたく思いました。
いつもよく思うのですが、松陰、海舟、西郷、大久保などという
人々は、心情において洞察においていづれも立派なもので、
これが「明治維新と日本人」の大きなテーマであり、しかも
その立派さは昔からの教養から生まれたものです。サムライ
魂があたらしい目で研究さるべきだと思います。これを
積蓄するのは、場合は大いにちがってはいるものの、ナチスの
首領たちは品性といい思想といい、おどろくほど粗野な
お粗末なものでした。そしてあれも昔からの教養の一つの
産物でした。ビスマルク大先生が木戸大久保に教えたのは現
実政治ではあったが、全的には弟子の方が高尚だった。御

芳賀徹宛の葉書（1980年6月下旬頃か）

かりで、もつと一つの主題に集中して勉強すればよかつたと思いますが、一面あゝいう事が面白くもあつたし、編集者に責められたし、何分当時は貧乏で毎月原稿料をかせがなくてはならないという事もあつたし、という風でもありました。あの時期の外的事情と小生の非体系性から、こんなものになりました。

一度も読み返したこともなく、何を書いたか覚えていないものもあります。「私の文化遍歴」などはどんなものだつたか、あまり醜体なものでなければよいがと思つています。

私はコレリのラ・フォリアというViolin曲が大好きにて、文章を書くならあのような典麗艶美の底に情熱がこもつているものを書き度いものだと思つていましたが、ついに一つもできませんでした。

駒場の教養学部は何といつても懐かしく、ここから新らしい学風が生れて、西洋の大学にあるような駒場学派といつたような、独立した自由な精神拠点ができるといゝが、と思つています。われわれの頃はただ西洋のものをそら暗記するだけでしたが、おいおい「平賀源内」とか「鈴木貫太郎」とかいうような綜合的視野の中からのものができてきたのは力強い事です。

右ちよつと御礼のしるしまで。匆々

竹山道雄先生　文京区本駒込一―十七―十六　芳賀徹　一九八三年三月二十四日［高橋由一「読本と草紙」の絵葉書］

拝啓

『昭和の精神史』がなかなか美しい装幀で出て、まことに嬉しく存じております。続巻がそれぞれみな楽しみに思われます。先生からのお誘いには恐縮しておりますが、平川君がそれぞれに御返事してくれと申しますので、小生の勝手な都合を申しあげますと、四月四、五、七の三日があいており、十日ならば夕方五時半ぐらいからなら馳せ参じられます。清水徹君はその週は大体があいているとのことでした。いずれにしてもお目にかかるのを楽しみにしております。小生は明日から一週間アメリカ行きです。

竹山道雄先生　芳賀徹　一九八三年四月十七日　［「孔雀明王像」、入定千百五十年　弘法大師と密教美術展の絵葉書］

先日は大変御馳走様になり、まことに有難うございました。久しぶりにゆっくりと先生のお話をうかがうことができて、知的活力を注ぎこまれたという感じです。先生の著作集がさらに広い読者に同じ思いをさせてくれるようになることを願っております。「江戸の比較文化史」について御懇切なお励ましの言葉をいただき、とても嬉しく存じました。テレビでは、なかなか書くほどうまくはしゃべれません。今日、京都でこの展覧会を見てきました。奥様になにとぞよろしくお伝え下さい。

竹山道雄先生　リヨンにて　Univ. Lyon　芳賀徹　一九八三年十月十二日

竹山先生、いよいよお元気の御事と存じます。渡辺崋山のテレビについてのさっそくのおはがき、まことに嬉しく、有難く存じました。十月二日から日仏会館の派遣ということで、駒場の秋休みを利用してフランスに来ています。昨日はリヨン大学で北斎についてフランス語で二時間講演をしました。来週はパリ大学でやります。リヨンはパリからT・G・V（Train à Grande Vitesse）という新幹線で二時間。しかし途中、町一つなく全くの田園ばかりで改めて驚きました。今夜は元教え子の婦人留学生と旧リヨン区で腸詰の料理を食べてきたところです。明日パリに帰ります。25日までこちらです。いずれまた。

文京区本駒込一—一七—一六　芳賀徹様　竹山道雄

拝啓　御手紙有難うございました。

四月六日には参上いたします。お手紙には「前にもまして健康の様子」とありますが、去年は大分無理をし、それにこの寒さなので、あまり具合がよくはありません。年故衰えたのも当然です。何とか余力をしぼってとは思っています。当日おめにかゝって——。匆々

11 家族や知人との手紙

最後に竹山道雄の家人や知人との文通を掲げたい。道雄は昭和十四（一九三九）年十一月十二日、新婦南保子の希望を容れてキリスト教による結婚式をあげ、その上で十四日、東京會舘で結婚式および披露宴を行なった。第一高等学校教授の道雄は満三十五歳、保子は満二十三歳で、道雄は渋谷区代々木大山町に住んでいた。

神奈川県鎌倉市扇ヶ谷八一　南保子様　速達　昭和十四年十一月八日

明九日木曜日午後五時にもし差支へなかつたら銀座千疋屋においでください。差支へでしたらそのまゝで可。あてにせずに待つてゐます。　怱々　竹山道雄

二人の間の最初の子は昭和十六年五月十二日に生まれた。

保子様　道雄　（慶応病院、昭和十六年五月）

名前は結局　依子　にしやうと思ふが如何？

もつと気のきいた名もあるべけれども、「さらばすべて人の思……」に未練あり、どうもこの文句により度く、之が生涯の精神的の守りとならば結構と思はる。字面はあまりパッとせず音もどうかと思へども、特に悪くもないからまづこれにしてはいかがならん。しかし別のがありといふ意見ならば更に考へる故、さう申越されたし。

一戸より電話あり。「国よりお七夜の祝の事をたのまれた。お談をしに扇ヶ谷に行つたらおるすだつた。それで、本当の祝は家にかへつてからするとしても、病院の中で看護婦その他に祝ひをする等の習慣あらば、他のふり合ひもあり、習慣どほりにするがよろしかるべし、」とのこと。

これは尤もなれば、堀内さんにきいて下さい。そしておみき嬢に言つてくれれば、明日小生が行つてその通りとりはからふ積り也。堀内氏に多分つつむ等のことはあるべきか。

「さらばすべて人の思《おもひ》」については一一二頁を参照。下堀とは遠州浜松の下堀村で道雄の両親は昭和十三年からそこの「おくにのおうち」に住んでいた。

神奈川県鎌倉市扇ヶ谷八一南様方　竹山保子様　渋谷にて　竹山道雄　昭和十六年八月六日

明七日の夕方七時に横浜の菊屋にて落合ふことにきめました。なるべく間に合ふ様に御出で下され度、小生はできたら明日午後二時頃に扇ヶ谷に行きおよりのお尻でもふいてから行く積りなれども、丁度した事件あり、ことによつたら扇ヶ谷によらず直接横浜へ行くやも知れず、午後四時頃までに行かなかつたら、直接横浜と思つて下さい。

東京は暑さ酷しく少々閉口です。

下堀でオヨリの写真を早く送れとしきりに言つてゐます。できるだけ立派に写したのを一つこしらへておいては如何。

昭和十八年二月、長男護夫が生まれる。竹山は昭和十九年五月、日立へ勤労動員された一高生に付き添ってゆく。竹山家はこの年二月、代々木大山から保子の母が住む鎌倉市扇ヶ谷に移る。

神奈川県鎌倉市扇ヶ谷八一　竹山保子様　茨城県多賀町水木濱や旅館　竹山道雄　昭和十九年五月二十二日

午後三時に中途大した難なく水木の宿に到着、景色はよく、部屋もそれほど悪からず、夕飯もそれほど粗悪にてもなく、まづまづ快適な一日を送れそうにて、これで家のことが気にかゝらねばよき頭の洗濯です。さちんの袴をはいた生徒が閾際《しきい》に手をつかへて「先生お風呂ができました」とサービスをしてくれる。今までの忙がしい生活からよい休養になりさうなり。朝夕の授業の他、作業の方は適当にサボレさうにて、生徒の頭が「ごゆつくり本でもお読み下さい」といつてくれる。奥様も鬼のゐない間に十分のんびりとして、就中も少し睡眠時間を長くしなさい。御輿入れ当時の寝だめも最早つきたらうから。もしどうしても困つたことがおこつたら電報をうつてほしい。さうでないと抜けて帰ることは具合悪し。

神奈川県鎌倉市扇ヶ谷八一　竹山保子様　茨城県多賀町水木濱屋旅館　竹山道雄　昭和十九年六月一日

こちらの食糧問題についてては何も心配することはいらず。荷物の包紙も送るに及ばず。今日小包を送る故、前のと同様、内容につき批評して、こんなものはいらぬ、この種のものをもつと欲しい、といつてきてほし。中折帽を一つ買つた。七円八十セン、しかも小生の冬のより上等である。これは小供用にも改造できるかと思ふが、もしできるならもつと買ふが如何。本皮のスバラしい紙入れがある。但二十九円、これなどはどうしたものか。衣料切符があれば糸が買へる。かうした雑貨は何がいるか分らないので、買ふに迷ふ。但もうあまり残つてゐない。ナフタリンの中に針が入つてゐる。下駄はポックリといふやつの台なら沢山ある。奉書を買つた。忙しい中にもできるだけズルけて休養してゐるので身体の調子は可。

神奈川県鎌倉市扇ヶ谷八一　竹山保子様　茨城県多賀町水木濱屋旅館　竹山道雄　昭和十九年六月四日

……こちらは明日からまたもとの濱やにかへります。クラブは生活がよろしけれども濱屋はまことに不自由にて閉口です。便所と風呂にもつとも辟易。朝授業、ひる作業、夜授業といふ日課にて自分の時間がまつたくなく、本を読むどころではなし。やうやく任期の三分の一がすぎたところなれども、帰りたくなりました。もしどうしても困つたことになつたら、四日から九日までの間なら電報をうつてもらへれば帰ります。十日から十六日までは日立にゆき（日立二七三呼出し、一高の竹山）それから二十日まで濱やに帰つて、二十一日には帰れる予定。道雄　奥様

神奈川県鎌倉市扇ヶ谷八一　竹山保子様　茨城県多賀町水木濱屋旅館　竹山道雄　昭和十九年六月十一日

家のことが片付かぬ間は実はこちらにゐてもはなはだ落つかず閉口しましたが、今度はまつたく安心、こちらの雑用も大体整理ついたので、今日の休日は思へば何とも久しぶりにゆつくりと終日本を読み仕事をしてゐます。天気よく生徒はみな遊びに出かけひとりで濤《なみ》の音をきいてゐます。

茶を送ります。値段がみなちがふ。どの種類がよいか、よいのをまた送ります。糸は二日前に販売禁止令がでたとて買へなくなつた。惜しいことをした。生徒のために東京から洋服屋がきて国民服第二号を作つてゐる、

先生もつくりませんかといふ故、仕事着にと思つて注文しましたが点数は四〇。もし点数が困れば取消しができる故御返事を。気がついてまた叱られはせぬかと胆を冷した。点数を渡すのはずつと後でよい由。糸のための点数をおくりかへします。

校長が月末までゐてくれといふのを断つた。

お隣りに何かお土産をと思ふが、何がよろしきや。茶か？　どのくらゐが適当か御教示を乞ふ。怱々　道雄

御奥様

昭和二十三年三月に『ビルマの竪琴』が単行本で出た頃から竹山は文壇の寵児であった。二十四年に、同じ鎌倉の材木座に引越す。二十六年四月十日付で東大を辞職しているが、退職金一四四九〇〇円、普通恩給年額八四六七二円である。文運盛んであった当時とはいえ、思い切った事であった。沓掛温泉にはおそらく執筆のために出版社が宿を用意したのであろう。返事を書いた依子は当時は横須賀の清泉の小学校四年生だった。

鎌倉市材木座八二二　竹山依子様　護夫様　沓掛にて　昭和二十六年七月二十四日

しんしゅうというところは、山にかこまれた平地で、こういうところをぼん地といいます。温泉は山のふもとですから、ときどきにわかに雨がふつて雷がなります。そういうときは気もちがいいが、晴れたときは鎌倉よりあついくらいなのにびつくりしました。もつと山の中に行きたいが、そうすると電とうがもつと暗くなるそうです。汽車の中でアメリカ人の子供がお父さんのいうことをよくきくのに感心しました。そのアメリカ人が「おたくの坊ちゃんはどうですか」ときいたので、返じにこまりました。

長野県上田市外信州沓掛温泉おもとや内　竹山道雄様　鎌倉市材木座八二二　竹山依子　昭和二十六年七月二十六日

おとう様お手紙ありがとうございました。依子は元気です。もりおちゃんとよくけんかをしてしかられます。私毎日海に泳ぎにいっています。お父様はおんせんにおはいりになるのですね。私もはいりたいです。しんしゅうのほうはさむいのかとおもったらあついそうですね。きしゃの中でアメリカ人とおはなししたとき、ちゃんとへんじすればいいのに。でわはやくかえっていらっしゃってください。御元気でごきげんよう　七月二十五日

鎌倉市材木座八二二　竹山依子様　信州にて　竹山道雄　昭和二十六年七月二十九日

はがきをありがとう。字も文章もちゃんと書けているので、かんしんしました。お父さまは毎日朝から夜まで、おんせんに入ってはまた仕事をつづけているので、だいぶすすみました。たぶん五日ごろには帰れると思います。あさってごろからはよそのいなかに行ってみるつもりです。さようなら

次の葉書は『藝術新潮』などに昭和二十八年一月から連載した『古都遍歴――奈良』執筆のために戦後はじめて奈良地方へ出かけた折に書かれたものである。

神奈川県鎌倉市材木座八二二　竹山依子様　護夫様　法隆寺にて　竹山道雄　昭和二十七年十月十二日

法隆寺《ほうりゅうじ》というところは、世界でいちばん古い木造のおおきな御寺です。りっぱな仏様が見きれないほどあります。今夜はこの村の古い古い宿屋にとまっていますが、軒はかたむき、歩くたびにたたみがへこみ、障子の

すぐむこうに牛がいて、まるでお話にでてくるような家です。明日は奈良県の南のアスカという日本で最初に都のあつたところへ行きます。十五日には奈良の東大寺のお祭りで、千二百年前のとおりのお祭りが見れるはずです。

竹山が戦後初めて海外へ行く機会を得たのは昭和三十年二月で、行先はビルマ、バングラデッシュである。

神奈川県鎌倉市材木座八二二　竹山依子様　護夫様　Strand Hotel, Rangoon　**一九五五年二月二十四日**

こちらは毎日鎌倉のいちばん暑いくらいです。たいへん面白くて愉快だけれども、朝から夜まで会議や招待で、忙がしくてたまらない。ひるは議論のしどおしで、夜は方々の国の大臣や大使の宴会でライスカレーを食べてビルマやインドの音楽や踊りを見ています。今日でラングーンの会議はすんだけれども、二十四日からのダッカ会議に出席して、帰りはインドに寄り、カルカッタからベナレスあたりまでゆき、それからタイのバンコックで一二日泊つて、日本に帰るので、到着は三月五六日になるかもしれません。とにかく自分の時間がまるでなくて、楽しみにしていた町の見物もまだしていないので、手紙もゆつくり書くひまがない位。護夫と将棋でもさしていた方が楽だ。

こちらの景色やビルマ人の様子は、『ビルマの竪琴』に書いてあるとおりです。こちらの新聞に「ミスター竹山はこの国に来たことがなくてこの本を書いたが、今度はまたビルマについて別の本を書くだろう」と出ていました。

これで日本に帰ると、ストーブをたいて厚い着物をきるのかと思うと、うそのよう。大いそぎで右まで。竹山道雄　依子様　護夫様竹山が戦後初めてヨーロッパへ行く機会を得たのは同じく昭和三十年の九月である。

神奈川県鎌倉市材木座八二二　竹山逸子様　保、依、護様　La Locanda dei Parioli, Roma, via Niccolò Porpora 15

一九五五年九月十四日

十一日十時半頃難なくローマに安着、あまりに簡単な旅行なのであっけないくらい。前にローマにきたときには灰色で貧乏くさい町だと思ったが、今度は夏のせいかじつに美しく楽しげで、もうここで動きたくなくなりました。

同封のカードは、ペテロが殉死した丘の下で子供づれの奥さんが、通行人にわたしていたもの。ここには熱心な信者がたくさんいて、方々の大きなお寺でお祈りをしています。このカードは依子の約束。

西洋の町を歩くのは、東京の町をあるくよりもっと楽で、分らないで困ることも何もなく、のんきです。これから半年原稿の締切のない日が暮せると思うと、愉快。十年以上一日もやすまないではたらいたから、すこし楽にするつもり。

今日はこれから古蹟を見にあるいて、大いに感慨にふけるつもりです。竹山道雄

神奈川県鎌倉市材木座八二二　竹山依子　護夫様　チューリッヒ　一九五五年十月二十日

イタリアは立派な美術がたくさんあるので、どうしても早く出ることができなくて、とうとう四十日近くもあちこちと歩きました。今日スイスのチューリヒにつきました。見物はたのしくてすこしも疲れない。頑張って長い原稿を書いたら疲れました。大学者のブルンナー先生が東京に来られたときに知り合いになり、またむ

かし亡命してきたときに世話をしたドイツ人がいて、それぞれたいへん歓待してくれるので、この国も早く出ることができるかどうか、分りません。子供たちは寝冷えをして風邪をひかないように。道雄

神奈川県鎌倉市材木座八二二　竹山保子　依子　護夫様　Unterägeri, Kanton Zug, Suisse 竹山道雄　一九五五年十月二十六日

スイスのチューリヒから三十分ほど汽車にのっていたところにツークという湖水があり、ここのツークの町からさらに三十分ほどバスで行つたところにエーゲリという村があり、いまはそこに住んでいます。窓の外には青い湖水、そのむこうにうすい雪がかゝつた山、あたりは牧場で、牛が鈴を鳴らしている。物音一つせず、往来をあるくと人々がみな「今日は」といって声をかけるし、じつに親切をきわめるし、まことにいいところもあるものです。

ドイツ人の友人がこゝに住んでいて、大歓迎をして離してくれない。この人はヨーロッパのことをきくのにいちばんいゝ先生だし、日本のことに非常な興味をもつているし、話はつきないので、しばらくこゝに滞在して、休養方々原稿を書くことにした。

ここの家で話しをしているときに、同じ村に住んでいる六十くらいのお婆さんがいたが、皆々で散歩に出た。このお婆さんが買物をするというので、一緒にあるチーズを売つている店に入つた。お婆さんが買い物をしているあいだに見ると、銀紙につつんだ小さなチーズがならべてあつて、その商標は女の子が笑つている顔で、ハイジと書いてあつた。

これを見たとき、あのハイジを訳したときのことを思いだし、連年の過労で黄疸まででたが、この病気のあいだにと思つて飜訳をしたくるしかつた日々のことが目に見えるようだつたので、そのチーズを買いました。

そして友人の家での夕食で（毎日昼夜二度こゝでたべる）、ポケットからハイジのチーズを出して、たべた。人々が変な顔をしているから、訳を説明したら、笑っていた。

この話が村中につたわり、「あの人はハイジを日本語に訳した人である」とて、往来をあるいていると「あなたのハイジの飜訳は――」といってきかれます。

次のものをこの友人に送ってもらい度し。送るのは飛行便による必要なし。

神奈川県鎌倉市材木座八二二　竹山保子　依子　護夫様　ボン　竹山道雄　一九五五年十一月二十九日

私ようやく目的地のドイツに入り、ボンにつき当地の日本大使館につとめている教養学部の大賀さんといふ人と二月以上ぶりで日本語を喋り、それも一日喋り、それから加瀬大使の家で晩御飯を御馳走になつたら、何となく気がゆるんで、それから数日は朝寝をした。新聞を読んでぶら〳〵と過してしまいました。新聞を数種読むのが一勉強で、毎日読みきれない位ある。

依子はもう専門学科をきめなくてはならないなら、自分でよく考えて、いちばん自分が興味をもつているものを選ぶようにしなさい。どの課目をえらんでもいいが、とにかくそれが本当にやる気になるものでなくてはいけません。もし特にこれをやり度いと思うものがないなら、外国のものをやらないで国語でもやりなさい。外国のことなどはいくら勉強しても本当に分ることは知れたものである。国語もいやなら裁縫でも料理でも家事でも実地に役に立つことをやりなさい。生半可な学問をしても人間は上等になるものではない、実地をよくやつた方がはるかにましです。

護夫はいまのところは英語をちやんとやりなさい。今からドイツ語に手を出すことなどいけない。何もかもやると、結局何もできない。英語をちやんとしておけば後になつてからドイツ語はずつと楽にできるし、ドイツ語はむつかしい国語で、これを二年や三年よくやつたからとて、何の役にも立たない。もし余裕があるなら今やっていることをしっかりとやること。精力分散は不可。

二人共に体に気をつけて、表だつた華手なことは一切やめて、ひたすら地道にしづかに実力をつけてゆくこと。今のうちの虚栄心は後になつてからの大損の因となる。二人共に睡眠をよくとること。依子が体がよくなつたのはたいへんよろしい。

護夫の為には一部屋をつくつてやろう。ただしお父様はうちにお金がどのくらいあるか知らないから、それとの相談だが。二階の納戸を改造して、窓をできるだけ大きくして、壁紙をはり寝台を入れたら、相当いゝ部屋になると思われる。床は畳にした方が温いだろう。冬は電気ストーブ。いまあるガラクタはなるべく整理をし、物置きにある本を書庫に移し、その後へ入れること。これ以上は我慢すること……

旅行に出てから、原稿をもはや小さな本になるくらい書き、第一回六十五枚、第二回五十五枚と新潮社におくり、第一回は十二月号に出ることと思つていたところ、今日大使館で日本の新聞を見ても新潮十二月号の広告にそれが出ていない。おそらく正月号に出るのかと思うが、もし原稿がとどかなかつたとすると困つたこと。

数日のうちにパリにむけて出発。匆々　竹山道雄

神奈川県鎌倉市材木座八二二　竹山依子様　Les Eyzies-de-Tayac (Dordogne)　**一九五六年一月八日**

南フランスのピレネー山脈にちかいレゼジーという村では、近所に先史時代の洞窟がたくさんあり、牛やマンモスや犀の壁画がいっぱいです。みぞれが降っていて寒いが、じつにめずらしいものを見て、それも忘れました。これから三四日のうちにパリにかえるつもり。正月は地中海のニースの東の海岸の村で迎えました。家では何も変りがないことと思います。一月八日　竹山道雄

鎌倉市材木座八二二　竹山保子様　依子様　護夫様　M. Takeyama chez Mme B. Soulignac 161, rue Legendre Paris 17e　一九五六年三月八日

パリにきてから、まことに居心地よく毎日本を読んでくらしました。この冬は稀な寒さにて、時には零度以下十八度にまで下つたことがあり、たいてい十度前後にて、外に出るのもおつくうで、おかげでゆつくりと休養しました。

むかし知つていたフランス人の一家が大歓迎をしてくれ、「おまえは瘠せて貧相になつたから、うちにいる間に昔のようにしてやる」とて毎日肉やモツ料理でせめたてられて、こまつています。十二月はじめにボンを出てから日本の便りを一つも見ないが、何事もないことと安心しています。

―――

右の一家は「そんなにいうなら食費はもらうが部屋代はとらない」というので、おかげで旅費がたすかり、この分なら五月末か六月はじめまでこちらにいることができると思います。

おばあ様の新潮社の分は二月までだから、それから後は中野〔竹山謙三郎〕にたのんである故、これについては中野と聯絡してまちがいのなき様。

―――

ようやく寒さがゆるんで方々の氷がとけはじめました。こちらは土地が平らだから、とけるとなるといたるところに水があふれて中々のさわぎです。

近日のうちにイギリスからオランダに行くつもりです。

パリにて　竹山道雄

長与善郎宛（未投函）　M. Takeyama, Villa Marguerite, 6 Avenue de Verdun, Villefranche-sur-mer. Alpes Maritimes

久しく御無沙汰をいたしましたが、先生はじめ皆々様御健勝のことと存じます。私はヨーロッパ各国を気まゝに歩いておりますが、四月末から二十日ほどロンドンに滞在、またパリを出発してリオン、アルル、マルセーユと見物して、いまは南仏のニースの郊外のフランスの知人の家に泊つております。どこに行つても、ただで泊めてくれる人がいるので旅費が大助りで、思つたよりはるかに長く旅行をつゞけています。これからチューリヒにゆき、ウィーンにゆき、南独の諸市をまわつてあるく予定です。

方々で美術館を勉強して見物しましたが、やはり時勢の影響からかギリシア系統のルネサンス風のものはあまり有難く感ぜず、ロマネスク、ビザンチンが面白く思われ、アルルにはその傑作があるので、たいへん愉快でした。アルルの博物館にはゴッホの部屋があり、耳にホータイをした自画像のわきに当時の新聞の切抜きがはつてありましたが、それは地方雑報欄で、「オランダ生れの画家ヴァンゴッホなる者、娼家に入つてなじみの女に、これを大切にせよといいて渡したるものを見れば、それは彼自身の耳にてぞありし」という風な古風な報導が十行ほどしてありました。じつに気持のいゝ美しい町でしたが、ビゼーとかゴッホとかいう気分があらわれているわけではありませんでした。

地中海はうつくしく、人情はあたゝかく、生活は楽でこのあたりはまことに楽園ですが、フランスは目下内憂外患で難問題山積の有様です。昨日はマルセーユでモンテクリストの泥阜の島の牢屋を見ましたが、物凄い牢獄で、たくさんの新教徒が殺されたり革命家が幽閉されたりしていたので、ヨーロッパというところは華かな表面の裏にはつねに陰惨なものが流れていたようです。

御健康をお祈りいたします。匆々

長与先生　　竹山道雄

これは一九五六年晩春、戦後第一回のヨーロッパ滞在の終わり近く、旅先で長与に一筆したためたものの、長与の住所がわからず未投函に終ったのではあるまいか。マルセーユの島はイフの島といまは訳されるが、竹山の若いころは泥皐《ディフ》の島と訳されていたのであろう。

神奈川県鎌倉市材木座八二二　竹山護夫様　一九五六年八月一日

今晩オランダの北のフローニンゲンに来、電話でローリング判事と話をし、明日訪問するつもり。旅行も長くなつたのでいさゝか疲れもしたが、何といつても気楽にて、九月にはどうしても帰らなくてはならないのが名残り惜しくてならず。これからブレーメン、ハンブルク、ベルリンからふたたびライン地方にゆき、スイス、イタリアから帰国のつもり。それにしてもよく燃料がつゞいたものなり。竹山道雄

以上八通は戦後第一回目の一年一ヵ月続いた旅行の折に書かれたもの。
次は安倍能成のお伴をして昭和三十三年末から台湾をまわったときの葉書。

日本神奈川県鎌倉材木座八二二　竹山依子　護夫様　台中にて　一九五八年十二月

いま台中にいます。桜とツツジと柳とみな一緒に咲き、あたゝかく、パイナップル、水瓜、バナナ、そのほかいろ〳〵の果物がたくさんある。これから霧社という山の中の生蕃のいるところへ行く。それから、台南―高雄―台東―花蓮港―台北の予定。毎日ひるると晩にシナ料理のごちそうをたべて、食いきれない。台湾の方々

で『明治天皇と日露戦争』の映画をやっていて、大流行。毎日旅をし見物をしていると健康です。

次の手紙は妻保子のベルリン日本総領事館気付の竹山道雄宛てである。昭和三十五年当時、依子は上智大学フランス語科一年、護夫は栄光学園高等学校三年であった。

ドイツ Japanisches General Konsulat Berlin Kurfürstendamm 199 **竹山道雄様　鎌倉市材木座　竹山保子　一九六〇年九月三日**

御きげんよく良い旅をおつゞけの御様子にて御喜び申上げます。昨日はベルリンよりの御便り嬉しく拝見致しました。毎日ポストをのぞいてきれいな絵葉書が入つて居りますときの楽しさ三人で代る〴〵何回も読み返しています。

先年の御旅行の折より御健康状態はずつとおよろしいようで御元気の御事とは存じてもやはり御様子が判かりませんと心配でございます。旅の間は成るべく原稿は御書きにならず御旅程もあまり無理を遊ばさず御ゆるりと旅を御たのしみになつて頂きとう存じます。御自身で御出しになりました小包六個他より送つて参りましたもの四個届いて居ります。この小包を拝見して随分御勉強らしいと依子と話し合つた事でございます。今年の御誕生日はどこで御過しでいらつしゃいましたか、南ドイツの夏はいかがでいらつしゃいましたか、この夏はこちらは大変な御暑さの日がつゞき（名古屋では三十八度といふ日がございました）例年の夏のさわがしさも一入《ひとしお》でございましたのであなたがいらしたらどんなにか閉口なさいました事と御旅行中で本当によかつたと思ひました。モリオはだいぶ閉口して居りました。御蔭様で子供達は大変元気に、そして良く勉強致して居ります。依子は夏休みに日仏学院の講習会に参りドーデの風車小屋便りを勉強でき、たのしかつた由でございます。時々テープレコーダーで御父様の御声をきいて居ります。だいぶフランス語も上手になり咽喉の音等も上手に出して居ります。モリオは一学期は良い成績で御受持のヘルベック先生も大変喜んで下さいました。苦手の数学は東大に籍をおいて東京工大の講師をしておられる布川先生（終戦直後あなた様が御教えになつた方でございます）と仰有る先生程ヶ谷に居られそちらに七月より伺つて居ります。御人柄も学問も大変優れた御方とかモリオも大変な熱心振りで今迄の様に数学の事をとかく申さなくなりました。机の前に打倒十課目等と赤字で書いた紙を貼りつけたりいよ〳〵受験らしくなつて参りました。ヘルベック先生の御話ですと英語も大変センスがあるとの事でございます。八月二十九日より校長、ヘルベック先生御引率の下に東北地方の修学旅行に出かけ本日帰へつて参る予定でございます。その旅行の心得には始めから終りまで、何時いかなる時でも紳士であれ、といふ細い注意書がございました。きつとどんなにか良い旅行をして参ります事と存じます。

御留守中の事柄左に御報告申上げます。

一　六月十一日付でJohn W. Hall氏よりこの夏箱根で「日本の近代化に就いての問題」に就いての集りをするので出席して欲しいとの御手紙を頂きましたので旅行中の由御返事致しました。猶出席者は

E. O. Reischauer, Marius Jansen, Donald Shively, Ronald Dore, Henry Rosovsky, Roger Hackett, Hyman Kublin, Marion Levy, Donald Keene.

ふくたけたゞし、ふるしまとしお、ほりえやすぞう、いちきちうぞう、家やなが三郎、猪木正道、加藤周一、川島武宜、木村健康、こさかまさき、丸山真男、岡義武、おきた三郎、大内つとむ、とやましげき、辻清明

二　広島大学森戸辰男氏より広島大学ゼミナー講師の件

三　講談社早川氏より同社刊行明治初期より現代に至る大系的文学全集（編集者伊藤整、中村光夫、亀井勝一郎、山本健吉、平野謙、全一〇八巻に作品（作品名は未決定）を収録させて頂きたい由。

四　ＮＨＫ日曜名作にビルマの竪琴を放送したい由（出演者は森繁、加藤道子等）三、四は旅行中の由、けれど御受けしてよいと思ふと御返事致しました。
五　タイレさんから *Universitas* といふ御本が参りました。
六　原良一郎様と仰有る方、あなたが浜松より富士見小学校に御転校の時直ぐ後の席にいらつしやり御一緒に大正天皇御大礼の献上の絵を描いたのをお覚えか等懐しくなり手紙を書いたと仰有り時局の事についてもいろ〳〵御感想が記してございました。
文春の薄井様より拝借の支那文明史論、東洋史説苑（桑原隲蔵著）、支那及び支那人（岩波新書）以上三冊書庫をさがしましたが見当りません。おしまひおきの場所お思出しになりましたら御報せ下さいませ。
今後の旅行の御予定だいたいのところ御教え頂きませば幸でございます。ドイツをお離れになりましたらどちらに御連絡申上げましたらよろしうございませう。
ではごきげんよく良い旅をおつゞけ遊ばしますよう御身御呉々も御大切に
かしこ　九月三日　保子
道雄様　御許に

同じ封筒に　ドイツ　Japanisches General Konsulat Berlin Kurfürstendamm 199 竹山道雄様　鎌倉市材木座　竹山依子　一九六〇年九月三日

お父様　お手紙と切手を本当にありがとうございました。

今私は猛烈にいそがしいので又ゆっくりかきます。

九月五日から学校が始まるのに勉強がたまってしまって目下大変なところです。夏休みは二ヶ月もあったのですから始めからもっとおちついて勉強すればよかったのに今になってあわててしています。分らないとかむずかしいとか思っていたことは結局勉強しないからであって勉強しだすと結構おもしろいのですが私の勉強はいつも泥縄式なのでおもしろいことを感じる前にあわててしまいます。

これでは何も大成しない筈です。大成というのは大げさ。とにかくやりだせばフランス語も大分面白くなっていますので一生けん命にしようと思っています。（せめてこれからは）

ドイツの方は今冬だそうですがこっちでは勿論夏で、今年は随分暑い日が長くつづいています。

夏休みに入ってから上智の松本先生の所に伺がったら、きっと今頃神父様とお父様とお会いになっているでしょう、なんていっていらしたのにお会いになれなかったの？

今護公が修学旅行にいっています。東北方面です。

お母様と二人で家はしんとしています。

やはり四人揃わないと寂しいです。

食堂の前に生えてあるぶどうの木にぶどうの実がたくさんなりました。軒先と台所の電線にくまん蜂が巣をつくりました。随分大きい巣で普通の蜂の巣とちがって茶色と黒のしまみたいになって木目のような模様のある巣です。きれいはきれいですけれど食堂のガラスをあける度に巣の中から蜂が首をだして人間をながめるのでちょっと気持がわるいです。

それからちょっとおねがい。もし機会がありましたらいろんな地方の変った？　郷土のお人形をかって下さい。お金が足りなかったらいいです。Bon voyage!　依子

次の三通は昭和三十五年九月、竹山が私費でモスクワへ旅したときの家族あて通信である。それまでソ連圏へ

は招待客でなければ入国できなかった。私は竹山氏がモスクワ入りをしたという報せを前田陽一先生のお宅で先生から聞かされた。そのとき「おっ」という声が居合わせた人の間からあがったほど、当時それは「壮挙」であった。

神奈川県鎌倉市材木座八二二　竹山保子様　ボン　一九六〇年九月十日東京着便

ボンで武内大使に会つたところ、是非ソ連を見ておくようにと強くすゝめられ、金は貸してやるからというので、（以上の事は大使の立場上他言無用）、千載一遇の好機なれば、ソ連に入ることにしました。九月八日にボンを出発してモスクヴァとレーニングラードを主に見物するつもり。今は以前とちがつて、旅行の不便はあるけれども、心配なことは何もなく、たゞ他の国とちがつて言葉を知らないので、いささか疲れる事はやむをえぬ事と覚悟しています。帰りはストックホルムからまたボンにくる積りなれども期日は不確実。

それについて武内氏から二五〇〇マルク借金をした。一マルクが八五円七〇銭で全額二一万四千二百五十円を材木座の武内弥四郎氏武内龍次の弟（電七五九）に返却し、その旨をボンの武内大使に報告しておいてください。

神奈川県鎌倉市材木座八二二　竹山皆々様　レニングラード　一九六〇年九月

レーニングラードにきました。モスコーではホテルや案内人の具合がわるくて難渋しましたが、こゝでは非常に楽で愉快に見物しています。エレミタージュ博物館は世界有数の大きなもので、見れどもつきぬものです。今日は郊外のピョートル大帝の別荘も見物しましたが、フィンランド湾の海岸に立つて、感慨一しほでした。

竹山道雄

神奈川県鎌倉市材木座八二二　竹山皆々様　ストックホルム Palace Hotel　一九六〇年九月二十日

ロシア旅行ははじめはなかなか困難で、ことにモスコーではホテルも案内も悪くて不便でした。しかしレニングラードではたいへん楽で、普通の旅行と変りがなかつた。何分にも言葉が分らず、すべての制度がちがうし、地図といえるようなものもなく、人間も無愛相なので、ドイツ旅行のようなわけにはいかなかつた。レニングラードからヘルシンキまではロシアの飛行機で、それからはフィンランドの飛行機だつたが、ヘルシンキを出発して、一時間たらずでストックホルムについたときには、じつに気が楽になり、この国のおだやかで豊かな有様を見て、これほどどちがうものかと思いました。たゞこゝに来て、これからふたゝびドイツに帰るつもりのところが、飛行機の席がなくて、しばらくあてなく滞在をしていなくてはならないことになり、いさゝか閉口です。

できるだけ強行軍をさけて、体をいたわつて旅行したく、今度はなかなかの贅沢旅行をしてしまつたけれども、しかし千載一遇の機会故見学もつとめたので、大いに疲れ、ストックホルムのホテルにとぢこもつて寝ています。たゞし別に病気ではない。

どこに行つても見るものが多く、勉強すればきりはなく、それに原稿の種を仕入れなくてはならず、なかなかこれでいゝということにまではなりません。滞在して、こゝらで切りあげようかという終り頃になつて、はじめてあたらしいいゝ知合ができ、この人に聞けばいろいろ事情が分るという場合が多く、いつも滞在がのびてしまいます。

北欧は毎日曇つて、もうスチームを入れて、いささか陰気で、あまり気分ひきたたず。しかしドイツのように堅くるしくなく、人情まことにおだやかで親切で、のびのびとします。生活程度も高いので物価がひどく高

いが、清潔なホテルの一室で休養して、だいぶ疲れがとれました。竹山道雄

神奈川県鎌倉市材木座八二二　竹山保子様　ボン　一九六〇年九月二十七日東京着便

昨夜ストックホルムからボンについたところ、今朝早くタイレ氏が宿にやってきて、十月九日朝六時に羽田につつて、二週間ほど日本に滞在するという。この人とは非常に世話になつたので、日本にきたらうちに泊める義理もあるし、よろしく配慮してほしい。何もめんどうな事はない人で、特にむつかしい事はしなくてもいゝ。小生が帰つているといゝが、時日が行きちがいくらいになりそうである。タキシーで鎌倉に行くから、泊めることと食事をしてほしい。たゞ朝に熱い湯を薬缶に一杯出すこと。座敷に寝かすこと、なるべく純日本のよさを味わすこと。墨絵風のものを掛けること。美術史家だから、純粋の日本趣味を見せること。瑞泉寺カブき能につれてゆくこと。食事もむしろ日本風がよからん、たゞ三日に二度くらいは温い肉をだすこと。吉川さんにもたのんで、美術の人で英独仏のいづれかを話す人に世話してもらうと都合がいゝが。紹介状を同氏にわたしておくから、それを三山氏（鎌倉国宝館）にわたすこと。関西旅行のことで、寺に泊るような便宜があればはかつてやること。そういう事はないと思うが、もし金の必要があれば三万や五万は用だてること。その他適当にたのみます。

関西の美術見学のためにもつともいゝプランを立ててくれる人を見つけて、寺に泊るその他のアレンジをしてもらえるともつとも都合がよろしい。タイレ氏ははなはだ好人物で、物かりのいゝ人だが、何分にも日本語ができない。すこしも遠慮はないから、手真似でも十分に意思をたずねて、なるべく厚遇するようにたのみます。

カマクラ国宝館の三山進氏にタイレの話をしておき、タイレが来たら一緒に瑞泉寺あたりで会食するように

すると好適。竹山道雄
月九――にタイレ氏がきたら
午前八時頃――つく
片山敏彦氏きたる
片山氏と共に国宝館に三山氏をたずねて、うち合せる（片山氏にも三山氏にも手紙をかいておくが、片山氏の友人の田内氏にいろ〳〵美術見学の便宜をはかってもらい、それを三山氏につたえてもらうはず）
瑞泉寺でひるめし、心字池や洞窟や山の上の堂を見物する
それから東京にゆき、田内、河北倫明、富永惣一、高階秀爾（この人々には手紙をかく）に会つて、美術の話をしこれからの見学の予定をたてる。
右のようにしたらよからんと思う故、片山氏（杉並区清水町二五　電398―2864）三山氏と打合せておいてほしい

十月九日、竹山家では保子が片山氏以下を招き御馳走を用意してタイレ氏の到着を待った。ところが飛行機の延着で主客はついにあらわれず皆さん待ちぼうけをくらった、とのことである。
次の依子の弟宛の手紙は昭和三十六年、護夫は京都大学の一年生である。

京都　竹山護夫様　鎌倉　竹山依子　一九六一年

手紙ありがとう。案の定、用事の御命令とはおそれいる。バッテリー、又ふところが涼しくなります（八〇円）がまあ遠くからのおおせ、そのとおりにしておきましょう。カブ、玄関に飾っておくのではもったいない

ですね。免許をとってのりまわしてしまおうかとも思うのですが、運動、何とかに自信がないから今の所見あわせておきます。こんどは人間にでもぶつけたらと思うとぞっとします。第一種免許だけでよいのなら、それだけでもよいからとっておいて京都でのったら？　自動車の免許は何時のことやらでしょうから。私は自転車がよいところ。奈良は雷山《いかづち》などに行きましたか。きれいだったでしょう。興福寺の塔には見回りのおじさん、いましたか？　おとし私たちがやはりそこに登って一しょに写真をとったおじさんかしら。絵葉書忘れたのですか？　金時も宇治もよいけれどお腹をこわさないようにね。学校はどうですか、下宿の水道はどうなりましたか。その内におかあさまからおいしい水がおくられる筈ですよ。

よく栄養をとってね。

恩賜の目覚まし相変らずとめてしまっているの？　この間もってきた本かってておけばよかったと思っています。まさか又もってかえってしまうとは思わなかったから。先日おかあ様と上野の博物館に宋・元の展覧会を見に行き（行こう〳〵とひっぱりだして）ついでに上野のあたりを歩きまわりました。古い東京の名ごりを見ておこうというわけで、いわゆる下町情緒をちょっぴりあじわい面白かったです。ついでに東大の赤門を見にいったら造り直してぴかぴかしていました。上野広小路のあたりは食べもの屋の多いところです。お母様とモリはこんなお店で食べているのね、なんて同情（?）しながら歩いた次第。少しはふとりましたか。

高島さんの所へ時々伺っていますか、伺ったらよろしくね。おとうさまから――手紙をよこしたら自動車を買ってやるつもりだったのに、やめた！やめた！――いまからでも遅くない。だしたら？

では体に気をつけて、元気で、やせないように！

何かいりようなものあれば送りますよ、

à bientôt!

Bonne Santé
Bonne Chance
Travaillez bien （分るめえな）
雪のように白い者

平川祐弘と竹山依子は昭和三十七年十月七日に結婚した。

神奈川県鎌倉市材木座八二二　竹山道雄様保子様　神戸六甲山にて　平川祐弘・依子　一九六二年十月十日

好天に恵まれて京都では大原で半日を過しました。修学旅行の人影もなく、稲の穂は重く、光線は黄金色で、土手には彼岸花が赤く咲いています。梨の皮を剝くことにも幸福を覚えるような十月の午后、二人は疲れもいえて茶屋で甘酒を飲みしば漬を食べました。祐弘　これからは全ての責任我にありと思うと感慨無量です。ヨリコ

神奈川県鎌倉市材木座八二二　竹山様　Hotel Ambassador ウィーン　一九六四年十一月

モリスケのヒソミにならい、竹山様という宛名で記す。

ようやくウィーン着、デンマークからポーランド、チェコ、ハンガリーと毎日朝から晩まで日程がぎつしりとつまつて、実に忙がしく、ことに朝六時七時に起きなくてはならないのは閉口。工場の見物などはなるべく堪弁してもらつて、高名の知識人に会つて意見をきくことを続け、それが使節団にも幾分役に立つたらしく、今夜は団長と駐ウィーン大使と三人で歌劇マノン・レスコーに招待さる。早く寝たし。ここの美術館には北欧

系のすばらしきものあり、幾日は見たけれど、ウィーンの文化自由会議は目下開店休業のありさまにて、パリの本部から是非来て打合せるとて、パリは行くつもり。早起きをし、本を読まず、原稿も書かず、他の人々と共に昼食をするので、またすこし肥った傾向にて、よろしからず。前に東ベルリンに行きソ連に行つた経験から、共産圏とはじつに暗いいやなものと思っていたところが、ポーランドは貧しいが詩趣にみち、チェコのプラークやクラコウには中世以来の歴史が残つてい、ブダペストは聞きしにまさる美しい都にて、人々はどこでもよつてたかつて親切にしてくれ、東ベルリンのような暗惨味はついに感ぜず。ウィーンは昔来たときにはさびれていたが、今度は中々の繁盛にて、むかしのような狭い横町を馬車で行くのではなく、すつかり近代化せり。いささか疲れたので一二日は休養するつもり。まずこの位にて寝るつもり。明朝は六時十五分に起きて、文化省に行かざるべからず。今までの国々では手紙は検閲されるものと思わなくてはならない由にて、ワルソーにはわれ〳〵に尾行がついたという噂まであつたが、ウィーンにくると気はのびのびして、重役諸氏も遊びに興ずるらし。実業家というものの体力の強いのには感心。

神奈川県鎌倉市材木座八二二　竹山様　ローマ　一九六四年十二月二十一日

ローマに来てから『ビルマの竪琴』の翻訳者の Romano Vulpitra 氏に毎日世話になつています。それから文化会館にもよつて、呉先生にお目にかゝり御馳走になりました。先生は前より気むづかしくなくなつたようだ。

ヨーロッパ中で、すくなくとも旅行者としてはイタリアほど居心地のいいところはなく、人間の感じのいいところはなし。どうしてこれがそれほど評判がよくないかふしぎなれども、利益関係に入つたらもつとちがうならん。ドイツは重苦しく圧迫感がある。フランスはともするとヒステリックにつつけんどんなれども、イタリア人は皆愛相がいい。いまは日本文化会館の近くのパリオリ・ホテルに泊つているが、明日か明後日にはヴルピッタ氏の紹介でもっと旧式のむかしながらのローマ気分の味えるホテルに移るつもり。

日本には一月中旬に帰ることになるならん。できるなら一月末までイタリアを味いたけれども。

平川氏がローマ日本文化会館長室におさまることもあろうかと思いますが、大切な勉強ざかりのときには事務経営にわずらわされることがなるべく少い方がいいと思います。館長室に座っていてそう思いました。

ローマに着いたときはもう暮くなって雨が降っていて陰気だったが、宿に入って、大急ぎで寝て、翌朝九時頃まで熟睡。近頃こんなによく眠ったことなし。不眠症もなおりつつあるやに思わる。もっともヨーロッパに来てからは、新聞以外は読まず書かず、生活はまことに健康です。しかしむかしは隅から隅まで見て歩いたものだったが、今度はその元気なく、衰えたことははなはだし。ポーランドではワルソーから六十キロあるアウシュウィッツへ、チェコではクラカウから八十キロあるテレジアへ、いずれも独りでバスで行ったが、人々が大いに親切に世話してくれて、困ったことは何もありませんでした。しかし、チェコではりきったせいかハンガリ以後は疲れははなはだしく、腹をこわし、中々なおらず、オカユ様のものはなくて、ドイツ人にこういうときには何を食ったらいいかと聞くとハムかビフテキを食えというのには驚きました。ようやく腹具合もなおったが、まだそれほど出歩く元気はなく、カフェに坐って人々が歩くのをぼんやり眺めています。とにかく東欧経済使節団としての役はすましたのだから、あとは休暇と思ってひさしぶりにのん気にするつもり。二十年来の忙がしかったことを思うと、少しは楽にしてもよからんという気がしています。ローマにて　竹山道雄
依子は昭和四十一年七月二十三日、無事節子を出産し、母子はその夏を材木座で過ごした。

神奈川県鎌倉市材木座六―一二―二六　竹山方平川依子様　アムステルダム　一九六六年八月八日

何もかも無事完了と信じ、べつに心配もせず、気を落付けてやってもらい度。

……オランダは富国の故、土曜日曜には店は全部しまってしまう。ヴァカンスとて田舎の人が都会に来、都会の人が田舎にゆくので、生活はじつに楽な様子なり。しかもこのアムステルダムに一月ほど前に大騒動がおこり、チンピラや学生や不満インテリが暴れて、三日三夜の後に、警察では抑えきれず軍隊が出動して鎮圧した。こういうことは今の世界中の一種の流行と見えます。人々はこの話でもちきりです。

平川氏は余の二十数年前の如く、抱いて寝かしつけたり、オシメをかえたり、風呂で洗ったりしているか、いささか心許なく、あのような難事業ができるかと案じています。……

神奈川県鎌倉市材木座六―一二―二六　竹山様　リスボン　一九六六年八月二十二日

昨日アムステルダムを出発してリスボンに来ました。ポルトガルはレイラクした国だから、何も期待しないでいた処いゝところなのに一驚。オランダあたりに比して、人情が篤く、景色が美しく、食物がうまい。国が富むにしたがつて人情は冷くなるものらし。明日は汽車で三時間ほどのコインブラという町に行く予定。ここはイエスイトの本家にて、いろいろと調べればきりがなし。リスボンの下町で大きな蟹を食べたが、こんなにうまいものを食べた事なく、ポルトガルは昔の大帝国時代のものが零落して残つているので、情趣つくしがたし。アムステルダムではもう寒くてオーバーを着ていたが、こゝではまだ日本の夏の如く、またふたたびあの北国に帰らねばならぬかと思うといささか悲観。……旅先で原稿を書くのはつらいものなれ共、朝日に長いものと読売のカコミを書き、今しばらくは楽にて、これから『自由』の為に少々長いものを書く義理有。できたらリスボンかマドリッドあたりで仕事をしたいと思つています。旅行の面倒はあるが、何かのびのびとした。

身体にも別状なし。竹山道雄

鎌倉市材木座六—一二—二六　竹山道雄様　Villefranche Alpes Maritimes　**一九七二年九月七日**

ピレネー山中の洞窟をいくつか訪れ、スペインを廻って、ようやくニース郊外に帰り、休養中。ゲッチンゲンで階段を滑って、ビッコをひきながら方々を眺めて歩いたものの、これは大いな痛手なりき。それに旅行先で原稿を書くことはまことにつらく、閉口したれども、これがこの世の見納めと思えば楽しくもあった。九月末には帰国するの他なからん。竹山道雄

鎌倉市材木座六—一二—二六　竹山道雄様　渋谷区西原三—四四—二八　平川祐弘　昭和四十九年五月二十三日

拝啓

『乱世の中から』をお贈りいただき有難うございます。『最後の儒者』や『南仏紀行』ははじめてでしたのでとくに印象的でした。後者は読んでいるうちに Hofmannsthal の Südfranzösische Eindrücke を思わず連想しました。「あとがき」について異論が二つあります。一、竹山先生の *Mignon, der grüne Heinrich, Faust* などは先生が手を抜かれても断然魅力のある授業でした。二、先生の追悼文やコラムは高橋英夫氏の『竹山道雄論』にあったようにまことに名手の作で棄ててはいけないと思います。平川家は今日で恵子が二つになりました。一同元気であります。敬具

一九七五年、竹山は最後のヨーロッパ滞在をした。それは四月十四日羽田発から八月三十一日パリ発までの四ヵ

月半に及んだ。

日本神奈川県鎌倉市材木座六―一二―二六　竹山保子様　パリ　一九七五年八月二十五日

今度の旅行はたゞ疲れたばかりで、収穫はなかりき。なかんずく健康に自信がなくなつたので、八月三十一日パリ発モスコー経由の便にて、翌日十一時半には羽田につく予定。出迎えの要なし。もはや年をとつたの感あり、余生をカマクラにて送らんと思えども、蟬の囀《さえず》りも絶えたかと思うといささか心細し。セツコの踊りの写真はどこでも評判よかりき

日本神奈川県鎌倉市材木座六―一二―二六　竹山道雄様　Villefranche Alpes Maritimes　**マルグリット・ソリニャック** Marguerite Soulignac　**一九七五年十一月八日、十日**

Mon bon Mimi chéri !

Encore un mois de passé, pendant lequel j'attendais chaque jour de tes nouvelles. Ta dernière letre du 19.9. me disait que tu devais visiter ton docteur.. et depuis plus rien..? Je m'imagine beaucoup de choses? Surtout que tu semblais craindre l'automne? Ta bronchite? Et l'Asthm. Pauvre Mimi chéri, comme je voudrais te soigner.. Comme je me sens inutile si loin de toi? Où es-tu? Es-tu bien soigné? Que t'a dit ton Docteur? Que s'est-il passé depuis ton arrivée chez toi? Tu as écrit “es hat nicht gut gegangen..” war es Gesundheitlich .. oder? Ich denke, dass Du wieder im Bett bist, und dass es dir unmöglich ist wieder zu laufen..? Ich denke immer an dich mein liebchen, “si mes pensées pouvaient te guérir, tu serais guéri depuis longtemps... Malheureusement que faire, seulement patienter, pauvre chéri malade.. Tu dois lutter avec courage comme tu fais toujours .. nous devons nous revoir,.. et être encore heureux; notre bel amour doit t'aider à te soigner à te guérir...

J’ai mis un cierge pour toi, à la cathédrale Ste Réparate, dans le vieux quartier de Nice.. J’ai assisté à la messe anniversaire des 5 années du décès de notre pauvre général.. Il y avait moin de monde et une quinzaine de drapeaux (Fahne) avec les anciens combattants la belle musique, et je pensais qu’il était bien tranquille ainsi, il ne voyait pas la méchanceté et l’injustice et le peu de reconnaissance de ce monde si ingrat envers lui.. Il a bien souffert moralement les 2 dernières années de sa vie, a dit “Yvonne”.. pauvre Dame, j’espère qu’elle n’entendait pas toutes les bêtises que ces jeunes journalistes “eux”.. qui n’ont rien fait, rien connu de l’état de la France à ce moment là, et qui osent discuter sur “l’état d’esprit ou le comportement de de Gaulle,” et trouvent qu’il était un des plus grands comédiens de la télévision ..? C’est une honte.. de voir et d’entendre cela... Décidément, les générations ne s’améliorent pas, et pourquoi laisse-t-on passer de tells discussions publiques, et que personne ne relève ces jeunes “blanc-bec”.. C’est une expression difficile à traduire, mais qui exprime “un jeune sans fond” et fier malgré tout.

鎌倉市材木座六―一二―二六　竹山道雄様　渋谷区西原三―四四―二八　平川祐弘　昭和五十年十二月十四日

拝啓

寒さが厳しくなってまいりましたがいかがお過しでいらっしゃいますか。先日は病院に母をお見舞いくださされ、また過分の御香奠を頂戴し、恐縮に存じます。十二月五日の金曜日、私は東大教養学部で『神曲』の煉獄篇第一歌を教えている時、母は亡くなりました。苦しまなかったのがなによりと思っております。また竹山のお母様にもお見舞いいただき、立派なお鉢を御足がお悪いのにわざわざ逗子から届けてくださり、再三の御上京まことに恐縮にぞんじます。あつく御礼申しあげます。

いろいろな事もございましたが、初七日も過ぎて思い返しますと、依子が私の母のためにいろいろ尽してくれたことを有難く思う気持がしみじみ湧いてまいります。母が入院した翌日運よく私は羽田に帰り、翌朝三井記念病院へ見舞いに行きました時も母は「依子さんは」と申しておりました。四十八年夏病気した後は母は依子をあてにし、依子もその信頼にこたえ、この二年余毎週依子が母を風呂に入れてくれました。母は私の姉に向って「お風呂の入れ方も依子の方がよほど親切だ」と申したそうでございます。人間不思議なもので依子もいつのまにか私の母のシンパになったようでございました。一緒にした旅の数々、箱根行、京都行、渋谷への外出、みな懐しい思い出となりました。息子として依子本人に礼を申し述べるべきでありますが、依子を育ててくださいました竹山の御両親様にも一言微意の存するところを述べたく思い、御挨拶申しあげる次第でございます。敬具

竹山父上様母上様　平川祐弘

以下は途中で切れているドイツ文手紙下書きの抄訳。竹山はこのような文通をタイレなどと交わしながら、西洋のさまざまな問題について考えていたのであろう。

スイス、ベルン、私書箱八三　アルベルト・タイレ様 Albert Theile 宛　鎌倉市材木座六―一二―二六　竹山道雄　一九七八年

タイレさんの三人の御家族の皆様、

おたがいに御無沙汰するうちに歳月は過ぎてゆきます。あなたのお手紙は私を喜ばせました。孔子はその書物の初めに「朋有リ、遠方ヨリ来ル、亦楽シカラズヤ」と言ったと私たちは習いましたが、まさにその通りです。

あなたが人生の辛い闘争を経た後に現在なおも執筆活動をお続けになることが出来るというのは真に結構な

ことです。そしておだやかな家庭生活……　「止まれ、この瞬間よ、汝らはあまりに美しい……」残念ながら私はそんなに幸せではありません。二年前に私は道で転び、脚のその部分を何というのか知りませんが、骨が四つに折れました。……私はいまは本当に人生の最終段階に到達しました、静かに待て、夕闇やがて来たるべし、という感じです。

キモノについては問い合わせて見ました。以前にくらべてすべて値上がりしました。お送りいただいた額では純粋の絹のものは買うことはできません。流行の人絹の品ではお気に召さないでしょう。どうしましょうか。小切手は返送して家内に見切品でいい品が見つかるかどうか調べさせます。上質のものが見つかれば家内がそれを求めあなたにその値段でよいかお聞きします。本来は私からあなたに贈物をしたいところですが、近頃の私は収入が不如意になりました。以前はずいぶんよく読まれた私でしたが、今では流行遅れとなったらしく世間に忘れられました。気力も失せました。

気難しい老人になったのでしょうか。多分そうかもしれません。人間性の謎ですが私はペシミストになったようです。やっと近頃になって世間は「解放された」ベトナムの政治的現実を語るようになりました。身の毛のよだつ現実、ソ連の収容所、中国の労働改造所がまたまたできました。

私はナチス、国家社会主義の謎をいまだに理解し得ぬまま問題を引きずっています。どうしてあのようなことが起り得たのか。フェスト、ブラッヘ、ヘーアなどを読みました。それでも私はヒムラーの演説がどうしても理解できません。ホロコーストについては三つ歴史的背景があったのではないかと私は考えます。第一にキリスト教。キリスト教はキリスト教でない人々を「悪魔の子」として呪っている。第二に愚昧なる北方人種優越という生物学に基礎を置いた思想。第三にあの当時全体の歴史的発展、とくに第一次世界大戦以後の。

平川祐弘が一九八〇年一月末からパリ第七大学に勤めたので平川一家は半年パリで生活した。けーけは一九七二年五月二十三日生まれの三女恵子、のんちゃんは一九七〇年五月十六日生まれ。

鎌倉市材木座六―一二―二六　竹山道雄様保子様　6 Rue César Franck 75015 Paris　平川節子　一九八〇年三月二十九日

今日から四月十三日（日）までずっーとお休みです、……今週はテストもあまりなかったし宿題もなかったのでよい週でした。月曜の水泳もしんどくなかったし火曜日の詩もむずかしくないのだし水曜は Fontainebleau というところへ行きました。午後一時に学校出て本当は六時から六時半の間に家に着くことになっていたのですけれど八時に家に着きました。二時に自転車を借りるところに着いてそこから4・5 km行きも帰りも自転車でずっと行きました。9 km坂がいっぱいあって疲れました。帰りはすごい雨で坂のときなんてブレーキがきかないので恐かったです。……今週はよく手紙がきました。木曜日はけーけをいつも朝八・四五にむかえにきて下さる人を道で待っていたらいつまでたってもいらっしゃらないので仕方がなく（ママはのんちゃんを送りに行ってましたから）、私が送って行きました。帰り道がわかるかどうか心配だったんですけど無事に帰ってくることができました。あとで相良さん（むかえにきて下さる人）が全く忘れていたと知りました。おかげで大部運動したようにその日は感じました。

フランス語でおじいちゃまは「かぎ」の種類を三十種くらいおぼえさせられたといってますけど私は Sports についてというのでこの間五十くらい暗記しなくてはなりませんでした。

竹山道雄様　佐伯彰一　一九八三年十月二十六日

いかがお過しでしょうか。

平川さんあたりから、時折はお噂をうかがうのですが、ご無沙汰ばかりいたしております。

こんどは菊池寛のご受賞おめでとう存じました。心からお喜びお祝い申し上げます。

じつは、福武書店が、御著作集、毎巻送ってくれまして、あるいは先生のご配慮も加わっているのかと思いながら、これまでお礼も申し上げず失礼いたしました。毎巻手もとにとどくごとに、必ず何篇か読ませて頂いて、先生の文章の息の長さ、もちの良さに感嘆しております。古びない時論というものの難しさを小生もこの頃時事エッセイなど書かされる折があって、痛感させられるだけに竹山さんの文章の柔軟さと剛直さをかね備えたタッチが、身にしみわたる思いです。

ただ今は『ビルマの竪琴』を初めてじつに感銘深く読ませて頂いている最中です。

一層のご自愛ご健筆のほど心から念じ上げます。

竹山道雄様　　佐伯彰一

次の『死ぬ前の準備』が竹山道雄が最後に書いた文章となった。

竹山道雄『死ぬ前の支度』一九八四年五月二十六日『毎日新聞』夕刊

毎日新聞に私のインタビュー記事が載った（昭和五十九年三月七日付家庭面「お元気ですね」）。それに写真が入っていた。いろいろな人が「あの写真には君の感じがよくでている」というから、私はT記者にお願いをした。

「自分の葬式用の写真を用意しておきたいので、あなたの撮った写真のネガをしばらくお貸しいただけないでしょうか」

言葉足らずの手紙を読んで、Tさんは私が自殺でもする気かと驚かれたらしい。そんな不吉なことを――とご心配になったが、やがて誤解がとけて、ネガを送って下さった。そして、その代りに私の生死観を書けとのおいいつけ。――

私も前から人並みに、人生如何という問題にはただ困惑していた。ことに戦中戦後には、条理のたったものは何一つなく、負担過重でその日の疲れを翌日にもちこして生きていた。苦しい夢の中のようなものだった。ある晩、混んだ電車の中に立っていた。身動きもできなかった。ふと電車が停ったので瞑《つむ》っていた目をあけると、ホームの紙の字がすぐ前にあった。それが何と、

我はついに彼にあらず
また他に何時をか待たん

というので、近くの禅寺が貼りだしていたものだった。

私は禅のことなどは何も知らない。この謎のような言葉が何を意味しているのか、見当もつかなかった。だのに、これを読んで、全身に電気が走るように感じた。

前からそういう気はしていたのだったが、考えれば考えるほど、永遠の生命とか死後の命とかは、願望から生れた幻想である。この生が枯れ衰えて、やがて死ぬのはあたりまえで、自分だけがその唯一の例外で不老不死であるということは絶対にありえない。それに対する覚悟はできていた。考えた上での覚悟だから、いよいよというときにあわてふためくということはないだろう――そう思っていた。

死ぬ前には一度断末魔の苦しみをしなくてはならないものらしいが、これはやむをえない。ただ臨終の枕頭

に、人々がまわりに立って最後を見下ろしているさまを見たし、自分でもそれをやったことがあるが、あれは非常によくない。自分が死ぬときには、病院の処置室でただ医師と看護婦にみとられて、全身がきれいに拭われた後に、これより以上に簡浄にはできないという葬式をして、神火によって日本の空と土とにかえりたい。五輪の塔によって象徴されるように、大きな元素にかえって宇宙に四散したい。

近頃入院した。同じ部屋に植物人間がいて、いろいろと感想をいだいた。これについては別に記したい。かつて実存主義がはやった頃に、「東洋人はこの世界の非条理を知ると、それから逃避する。しかしわれわれ西洋人は英雄的意思をもって断乎と闘う。シシフォスの神話をやる」と書いていた。シシフォスの苦役をくりかえすのもよいが、むしろ世界を正視してその中に従容として自己の自由を守ることの方が、私にはより好ましい。戦国時代なら「心頭を滅却すれば火もまたおのずから涼し」である。

近頃南禅寺の和尚さんが自殺した。鬱病は身体的な病気で、精神修養とは別の領域のことだから、坐禅によって鬱病をなおすことはできない。新住職はいった、「前後断絶と申して、いつまでもこだわりません」こだわらなさすぎて野狐禅《やこぜん》になってはいけないが、自殺した坊さんはあまりにも日頃の支度をしなさすぎたので、人に迷惑をかけた。「我はついに彼ではなく、他に待つべき時はない」のだから、自分でできる時にすこしずつ支度をしておきたい。

竹山道雄様　本多秋五　逗子市久木九―一六二七　一九八四年五月二十八日夜

前略　この葉書、実は昨日書くつもりでしたが、今夜になってしまいました。二六日の『毎日』夕刊の随筆、透徹した文章で気持よく拝見しました、（『毎日』は夕刊のみ取っていて、その前のインタヴュー記事を読んでいないのが残念です。）　私も死ぬことは毎日考えています、それが私の唯一の気つけ薬です。私はこれまで人

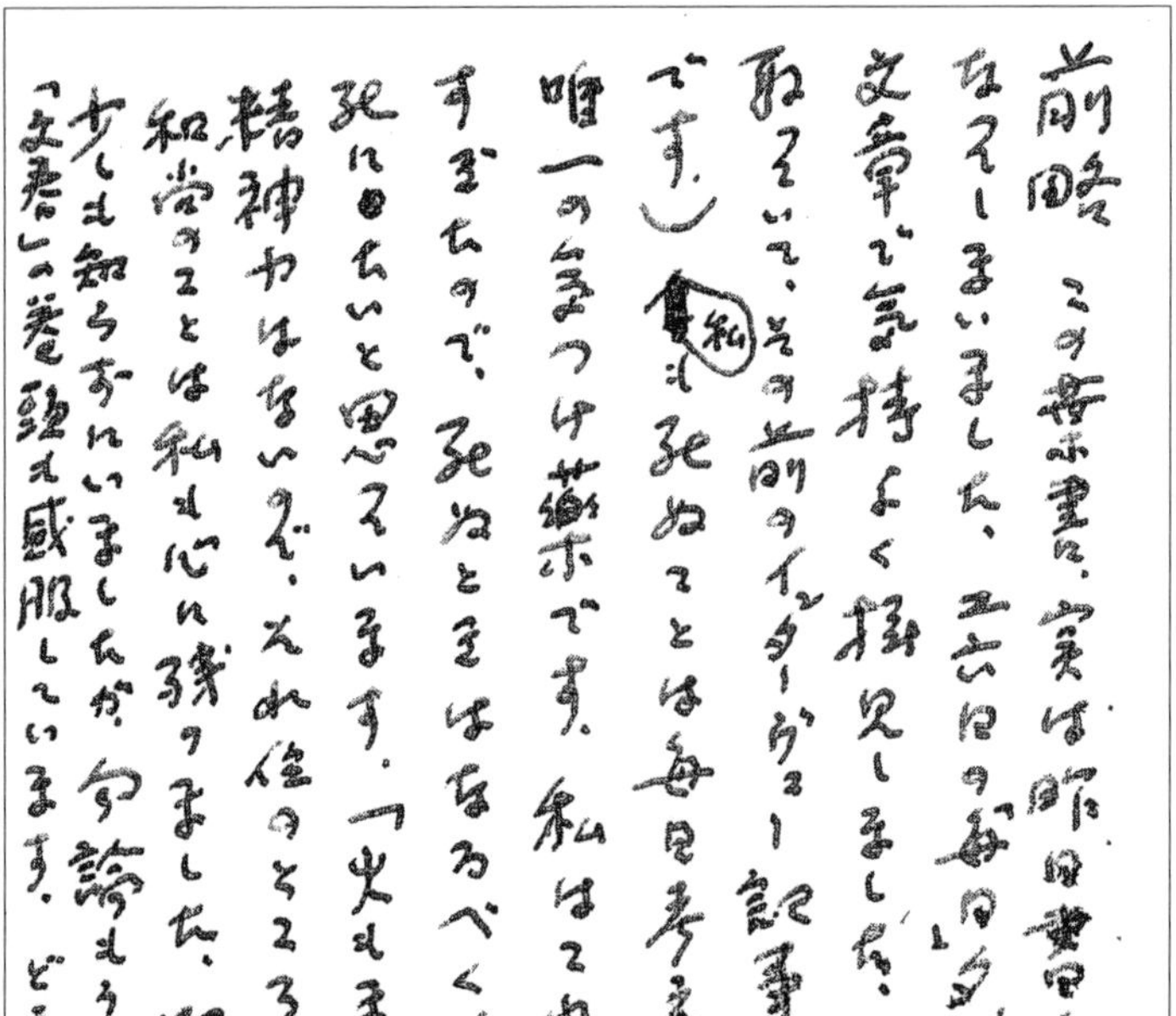
前略
この葉書は、実は昨日書くつもりでしたが、今夜になってしまいました。土曜日の毎日「夕刊」の随筆、透徹した文章で気持よく拝見しました。（「毎日」は夕刊のみ取っていて、その前のインターヴュー記事を読んでいないのが残念です。）私は死ぬことは毎日考えています。それが私の唯一の気つけ薬です。私はこれまで人に世話を焼かせすぎたので、死ぬときはなるべく人に世話をかけないように死にたいと思っています。「火もまた涼し」というほどの精神力はないので。それ位のところが私の覚悟です。南禅寺の和尚のことは私も心に残りました。御入院なさったとのことを少しも知らずにいましたが、勿論もうお元気のことと思います。「文芸」の巻頭にも感服しています。どうかくれぐれもお大事に。 秋五

本多秋五からの葉書（1984年5月28日）

の世話を焼かせすぎたので、死ぬときはなるべく人に世話をかけないように死にたいと思っています。「火もまた涼し」というほどの精神力はないので、それ位のところが私の覚悟です。南禅寺の和尚のことは私の心に残りました。御入院なさったとのこと、少しも知らずにいましたが、勿論もうお元気のことと思います。『文春』の巻頭も感服しています。どうかくれぐれもお大事に。匆々

竹山道雄は一九八四年六月十五日に亡くなった。その日、定期検査のために鎌倉材木座から東京飯田橋の厚生年金病院へハイヤーで赴いた。車中では普通であった。病院に着いて夫人保子が車から降りて車椅子を探して戻ってくると、竹山はこと切れていた。八十歳十一ヵ月の生涯であった。

補論　竹山道雄の遺したもの

足立節子

……大兄の文化生活もいつから始るか分りませんが、それでも今は少くとも人間の dignité は尊重される世の中となつたこと故、何とか少しづつ築き上げてゆくべくお互ひに勉めはげみませう。(1)

祖父竹山道雄は鎌倉材木座の家の二階で執筆した。二階の薄暗い部屋には祖父が描いた油絵や道雄の息子、護夫（一九八七年没、享年四十四歳）が中学生のころ描いた油絵が本棚の上にバラバラと重なっておかれていた。本棚の正面にはレコードがたくさんたてかけてあったし、畳や机にはもちろん、板張りが光沢を放つ薄暗い廊下の上にまで、とにかくいろいろな言葉の本や雑誌がおいてあった。ドイツ語で書かれている淡いピンク色だったかオレンジ色だったかの新聞が階段の踊り場まで溢れんばかりに積んであった。

その隣の部屋には祖母が結婚した時に持ってきた桐の簞笥がおいてあって、この部屋はすっきりとしていた。窓からは裏山がよく見えて緑豊かだった。隣り合っている部屋なのに、桐の簞笥の置いてある畳の部屋はとても明るい。十代初めの道雄の娘、依子——私の母である——はそこの窓から大胆にも屋根に出たにちがいない。依子は、依子の母、道雄の妻であり、私の祖母でもある保子の手になるワンピースを着て二階の外の屋根で微笑んで写真に納まっている。撮影者は弟の護夫だったろうか。

薄暗い部屋も、窓側の方は明るく、明るい部分と薄暗い部分は障子で仕切られていた。祖父はその明るい小部屋で執筆していた。祖父の背の棚にはどこかの国の良い香りのする蠟のようなものが入った平らな丸い小さな缶があった。材木座の家にはとにかくたくさん雨戸があって毎朝晩、雨戸を戸袋にしまったり、引っ張り出したりするのが、鎌倉の家で寝泊まりするものの日課だった。だから、私にとっても鎌倉の雨戸を開け閉めする感触は懐かしいものとして体に染みついている。「おじいちゃまが起きた」と思うのも二階の雨戸をガタガタと開ける音が階下にまで響くからだった。

薄暗い部屋の本棚には今も祖父の著書が置いてある。祖父が亡くなって三十二年後の二〇一五年、私と私の娘の杏子——彼女は面識がないが竹山道雄の曾孫になる——はその本棚に祖父の名刺を発見した。これ以上シンプルなものはない作りだった。白い紙の上に印刷されているのは「竹山道雄」と住所と電話番号だけ。縛られる所属先も、肩書もない自由人、独立人。祖父と対峙した人は所属や肩書に対する先入見で態度を決めるのでなく、人間竹山道雄と対峙しなくてはならない……

このいささか長めの補論は、三つの文章から構成されている。ひとつ目の「創作なんて神経を使ふ仕事……創作と評論——コレリの『ラ・フォリア』と『陸に上って』」は、本書4「留学時代の手紙」におさめられている片山達吉宛の手紙中にある竹山の創作作品と、後年の『陸に上って』という文章との関連を分析したものである。そのつぎの「充実——家族、多文化との関係、思い出、考える時間」では、本書11「家族や知人との手紙」におさめられた手紙が示す道雄の(2)「充実」について、道雄の孫である筆者の思い出を交えながら、その家族模様、道雄と多文化の関係、道雄とその家族たちが筆者に伝えた価値観について述べていく。最後の「未来の人々への手紙」では、現在の日本‐世界と竹山道雄の文章との関係――竹山の執筆は未来の人々への手紙として読めること、現在への警鐘ともなっていることを指摘して、この私見をまじえた「補論　竹山道雄の遺したもの」を締めくくらせていただく。

一　創作なんて神経を使ふ仕事……創作と評論――コレリの『ラ・フォリア』と『陸に上って』[3]

……私はコレリのラ・フォリアというViolin曲が大好きにて、文章を書くならあのような典麗艶美の底に情熱がこもっているものを書き度いものだと思っていましたが、ついに一つもできませんでした。[4]

竹山道雄は晩年、自分が理想とした文章表現力を右のようにコレリの音楽表現力にたとえて芳賀徹に書き送った。竹山の執筆が音楽――文章、言葉以外を媒体とする芸術作品を意識して書かれたものであることをうかがわせる一文である。留学時代（一九二七年から一九三〇年、満二十四歳から二十七歳）は、ドイツを拠点にヨーロッパのさまざまな場所を訪れ、その地での日常を手紙にしたためたが、それらの手紙には芸術を鑑賞するのも創作するのも好きで、人や社会に対して開かれている竹山が姿を見せる。そこで以下では、留学時代に片山達吉宛の手紙に軽い「創作」として書いた文章にみられる特徴――創作技巧と批評分析を組み合わせて表現する方法が、二十年後に書かれた『陸に上って』（一九四八年）により複雑な完成度をもって用いられたこと、それのみならず、コレリの『ラ・フォリア』を想起させる表現技巧を駆使して工夫して書いている点を指摘したい。

（1）創作

「創作なんて神経を使ふ仕事は今のところだめ」[5]と、留学先から日本にいる友人片山達吉に竹山は書いた。だが「だめ」と言いつつ、かつて美学を志した人らしく、ベルリン滞在のとある一日の様子を、軽い創作作品仕立てでイラストを挿入しながら書いている。

やらなきゃいけない勉強は不調で……――長い階段を下りて外に逃避行にでかけ、最後にまた階段をコソコソと上って、あーやっぱり勉強がだめ……神経衰弱で――と結ばれる。階段が小道具として巧みに使われている作品となっていて、階段のあちらとこちらの対比的な両方の竹山の「現実」世界を浮き彫りにして、竹山の複雑な心理のありようを示すしくみになっている。

竹山のイラスト――こういう空間の抽象化作業を器用にできる才覚のある人だった――と文章は相互補完的に竹山が見て感じているものを描き出す。『陸に上って』の最後にはその才があますところなく出ている。イラストをつけることはせず文章の中で行っているのが次の場面である。

晴れた日には、いつも遠くの岩にゆっくりと潮がぶつかって、その蔭に、見えない小さな手が動いて白い泡を撒きちらす。曇った日には、緑いろに黄いろい雲があたりをこめて、しめった塩の匂いがみちて、身のまわりがさながら牡蠣の殻をあけて中身を見たときのように、柔かく、つめたく、混沌としている。こうしてつねに動いてつねに静かに、新鮮にしかも荒廃した渚に立って、波が永遠によびうったえる声にききいって、その飛沫をあびながら、私はめずらしく外物と融合する生の根源的な戦慄を満身に感じる。このかぎりない大きな現象のふしぎさの中に立ちつくして、生きていることを味う……[6]。

画家、竹山の目は構図を的確にとらえつつ描き出す。竹山の視線は、天空から海底への縦の広大さ、そして水平線という横の広大さをも表現しつつ、近くにあるものも正確に、そして彩ゆたかに描写する。音楽鑑賞で肥えた耳は、さまざまな現象に断続と永遠の音を聞き取りつつ、冷たい波の飛沫が降りかかる皮膚は、ざわっとする戦慄を感じている。複数の感覚がめくるめく刺激をうけつづけて美しい調和を奏であげている。これは後述するように、友人の神西清が竹山にその魅力を教えた詩と文学の創作世界が可能にした精神の領域の表現法だった。『陸に上って』を書いた竹山はあと数年で五十歳、その二十年前、二十七歳の竹山は片山宛の短篇のなかで、芝居、オペラ、音楽会鑑賞が面白くてたまらないことを批評つきで書き、ビールを飲み、そこにいあわせた人たちや客待ちをする女性たちとおしゃべりをし、そしておしゃべりした人たちの人物像をこれまた批評つきで描き出していく。

この作品にはすでに竹山の後年の評論の傾向が表れている。それは文学、芝居、音楽、美術といった芸術が編み出した創作の手法・技法——ここでは階段——を用い、あくまでも竹山の日常の物理的現実からの観察にもとづいた事柄を、知的に訓練された思考と知識に裏打ちされた洞察と関連づけて配置していくというスタイルである。そこには気軽にいろいろな人と会話して楽しむ快活な竹山の姿がある。竹山にとって「おしゃべり」は、この時も二十年後も重要な一次情報であった。そしてその情報から、諸要素を分析・抽出・洞察するのだ。なかでも竹山は、人の枠組みを感知するのに長けていた。この創作の中にもその枠組みを看破した竹山らしい批評が散りばめられている。

竹山が得意とした人の枠組みのとらえかたがどのようなものだったか、竹山自身の枠組みをも示すいい機会なので、竹山がその枠組み把握力を遺憾なく発揮している神西清——本書8「戦時下の日本で三点測量ができた人々」の中にも触れられている竹山の友人である——を追悼する文章『亡き神西清君のこと』（一九五七年）から引用しよう。この一文は神西清の価値観の枠組みを自分との対照性でもって鮮やかに描き出し、神西君のことを語りながら竹山自身の自己の枠組みも語る一文となっている。

一高を中途退学して外語のロシア語に入ってからの彼〔神西清〕は、魚が水に帰ったようなものだった。言葉という自分の天性のエレメントの中に、思うままに泳ぐことができた。

じつに言葉は、彼の生涯の核心だった。その関心と能力の焦点だった。いかなる微妙なニュアンスも感じることができ、それを求めて骨をけずり、ついに獲た。でき上がったものは玉をころばすがごときものだった。彼は言葉によって感じ、言葉を通じて体験し、言葉にたよって考えた。おそらく限界もそこにあったのだろう。美しい言葉にならないもの、なる以前のものは、彼にとっては興味がなく感興をそそらなかった。

……

これにすべてを賭けていたから、それ以外のものは意識から排除していた。すべてメタフィジックなものはきらいだった。倫理とか社会とか文明の問題などは、俗なものと感じていた。……私がつい問題癖をもちだす、と……(7)

竹山は、神西は言葉の世界の住人でそれが神西の枠組みの限界だったと見極める。竹山が問題とする事柄は神西には全く興味のないことだった、と。神西は「思考の体系をたてるということはまるでなかった(8)」が、竹山の「エレメント」――資質は、神西とは対照的でそれは「問題癖」なのだと諧謔的に書いている。そしてその神西の限界をそのまま受け入れる竹山だった。二人はよい知的刺激仲間だった。本書に掲載されている書きかけの手紙の中でも神西からの「御叱りの手紙」が「僕のふとつてきた身体を斬りつけ」て勉強への気持ちを奮起させて

いることに触れている。(9)

では、竹山の枠組みは、といえば、彼には「倫理とか社会とか文明」とかの問題がみえたし、竹山の「エレメント」はこれらについて「メタフィジック」な営みと現実の絡みで論理的に考えることにあった。(10)だが、それが限界ではなかった。竹山は「堅い山の手の家庭に育って、文学書などはほとんど禁制だった」という中で育ったが、(11)ヨーロッパの詩と文学に熱中していた中学生の神西は「何とかして自分のよろこびを」竹山に「注ぎこもうとし」(12)成功したのである。竹山は神西の「弟子」で「師も熱心だったし、弟子も熱心だった」(13)こうして神西によって「情感とその言葉による表現ということを〔…〕手ほどきされ、あとからあとからと示される美しいものに瞠目しながら〔…〕精神の地平線がすこしずつひらけて」いくことを経験した(14)竹山は、それによって自分の枠組みを芸術や創作の域まで広げることを得たのみならず、それらを隔離することなく統合して問題癖の分析と文章表現に有効活用したのだった。

創作内で竹山は、竹山が見せているその社交的なおしゃべりをする姿があくまでも竹山の一面であって、階段をのぼればひとり自室で神経が衰弱している姿を描いてみせるが、この作品の妙はこの両面性の関係が、竹山自身の分析によって客観化されて竹山の全体としてとらえられている批評寄りの創作というか、創作的な批評というか、という文章となっていることだろう。

人や社会に対して開かれていた竹山は未知の枠組みをも留学先でも数多く体験、吸収したにちがいない。たとえばフランスにいる一木陝二郎宛の手紙のなかに、下宿のおかみさんとのやりとりが書かれているが、(15)社会的地位・人種・職種・人間観・世界観等が異なる人々との交流があった。自分の母親にだってこんなに怒られたことはない、というヘルマン婆さんの形相の描写は生き生きしていて、文字でもスケッチをする竹山の筆力が遺憾なく表れている。私はその迫力の婆さんに竹山が気持的にも言葉的にも負けていなかったらしいのに驚くし、婆さんの方が聞く耳を持っていたのにも感心する。竹山に「あなたを侮辱した」と泣いて謝り、寝込んでしまったおかみさんとの体験は、下宿のおかみさんの枠組み――人間の価値、威厳、信頼関係と対話の平等性といったものを体感させたにちがいない。

このように把握されたひとつひとつが竹山の手で、人間・文明・社会・倫理という変化しつづける全体を構成する要素としていずれは扱われていく。それらの要素は、そもそも複雑に組み合わさっていて、その複雑性を示すには、複雑な組み合わせを活用して表現を発達させた芸術、創作分野の技法を活用とすることが、論文のどちらかといえば直線性にはめ込む形式よりも竹山の示したいものと合致したにちがいなかった。さらに、踏み込んでいえば、人・文化・社会の意識の仕組みを探求するにあたって必要とされる全体と時代と個・文化・社会の関係を模索するということは、「事実」のうえに成り立つものでありながら事実のロジックどおりには働かないつねに流動的な「人間」をあつかう試みであった。その側面の人間の仕組みを考察するために「芸術」「文藝」が往々にして研究対象となるが、「芸術」「文藝」は、また一方でその仕組みをとらえるための知的行為としても有効である。竹山という知性はこうした手法を統合して知的な考察を行い、模索し、横断的に「論じ」たのだった。

ちなみに竹山はものごとの分析にあたって客観的であるということは、情感とその言葉による表現される心を無視しないことだ――「歴史をはじめすべての文化現象の中から、人間の心を抜いて考えるのが科学的であるとする一世紀前の独断は、もはやとうてい維持しがたきものである」[16]という態度をのちには確立している。

以下では、竹山の『陸に上って』という作品をコレリの『ラ・フォリア』のような文章を書きたかったという願望と重ねて読んでいきたい。そうすることで留学から二十年した竹山がいかにより大きな枠組みのテーマを、創作と批評を組み合わせる――音楽的な構成の評論のスタイルに発達させたかを楽しんでいただけると思うからである。

（2）作曲と評論

「文章を書くならあのような典麗艶美の底に情熱がこもっているものを書き度い」と竹山に言わせた『ラ・フォリア』（La Folia）は、イタリアの作曲家アルカンジェロ・コレッリ（コレルリ／Arcangelo Corelli／一六五三―一七一三［以下コレッリで表記を統一する］）の手になる。この曲が収められているのは作品5［Opus V（Sonate a Violino e Violone o cimbalo）］で一七〇〇年一月一日にローマで出版され、ボローニャ、アムステルダム、ロンドンでも時を追って出版されている。『ラ・フォリア』は十二曲の中で最後に置かれた一曲で、ニ短調十六小節の主題と二十三の変奏[17]からなっている（Violin Sonata in d minor *La Folia* Opus 5 no. 12: theme and 23 variations）[18]。フォリア（folia）はもともと「狂気」「常軌を逸した」「バカ騒ぎ」などを意味し、中世のイベリア半島では収穫を祝って踊るテンポの速いダンスの一つだったらしい[19]。それが十七世紀に入ると、スローテンポな舞曲として洗練された音楽形式に生まれ変わり、一定した低音の旋律を伴った重厚な舞曲として定着し、イタリアをはじめとするヨーロッパ諸国の音楽家たちの間で大流行した[20]。

コレッリはこの曲で国際的な名声を作曲家として確立した。この作品は今日にいたるまで人々に好まれて演奏され、聴かれている作品で、「ここまでこの曲が人を惹きつけるのは、音楽的にはほぼ完璧な対称性をもっている上に、すばらしく精緻な和音の層が構成されており、それらが人間の均衡を求める志向に適うからだ」とその創作における巧みな手法が指摘されている。ヴァイオリン奏者には、それに加えて、この曲が要求するさまざまな技巧が魅力だという[21]。

もう一方の『陸に上って』は戦後の「外」の社会がすさまじい激動をつづけている中で、自分――人はどこ位置しているのか、どこに行くのかを考察している[22]。『陸に上って』を書くときに『ラ・フォリア』を竹山が意識していたかはまったくなんとも言えない。ただ両作品とも主旋律がひたすら細かくたくさんの変奏、ライトモチーフを展開してまとめていくという構成をもっていること、それから作品中にステップを踏むという踊りとからんだイメージが効果的に使われているため、『陸に上って』は『ラ・フォリア』を思い起こさせるのだ。

そもそも評論を書く際に竹山がもちいた文章の技法は、音楽にたとえるとわかりやすい。竹山は作曲家が複数の楽器の特性を組み合わせてひとつの作品を完成させるように、複数の異なった要素を組み合わせて批評対象の像を構築する。この過程を経て、音の組み合わせは「曲」というひとつのかたまりとなるのだが、それを細かく見ていくと別々の楽器でバラバラの動きをし、かならずしも他と調和しているとは言いかねる存在だったりする。曲を鑑賞する人たちは、それまでに蓄積された知識と耳で、作曲家の配置した個別な音の働きの機微を聴きわけて味わいつつ、組み合わせが生み出す曲全体の表現を味わうことになるのだ。

作曲と文章の違う点は、はじめから複数の楽器——音の要素をもっていないところである。よって竹山の作業は、そしてこれが批評の核となる重要な作業なのだが、まず評論を構築するためのさまざまな音——諸要素を対象から知的鑑賞力、観察力、思考力を用いて分析・抽出することであった。それは倫理・社会・文明・人間性を鑑賞——観察、洞察する作業だった。竹山の知識と訓練された思考力はそれらの要素を聞き分けたのである。そしてそれらの音をあたかも作曲家が音を配置していくように竹山は組み合わせて評論を書いた。

竹山の『陸に上って』は、肯定的な生の感触が生まれにくい負の断続性のモチーフを様々な形で配置して人が空虚感に苦しんでいる状態を書き、同じモチーフが、肯定的な生のモチーフに変化して希望となって表わされる、緩急強弱のある情感豊かな作品となっている。

（3）『陸に上って』

竹山道雄は生涯いろんな陸地に何回も上がった。だが、この文章で上がる心理的な陸は格別なものがある。まずは、『陸に上って』の導入の部分を、少し端折りながら紹介し、そのあとで本作品の中のさまざまなモチーフのうちの一部と巧みなイメージの埋め込みを見ていこう。

……

終戦のあとは、揺れに揺れたあらしの中の船からおりて、はじめて陸に上ったときのようだった。ほっとして立ちながら、五官はくるめき、内臓はまだうごいて、土を踏む足もさだかではなかった。踏むごとに足の下の大地が沈んでゆくかのようだった。耳の中にはまだあらしが吼えていた。胸は眩暈でみちていた。

ひさしいあいだの閃光、爆音、怒号がやんだ。幾年来はじめての静寂だった。しかし危懼の習慣がついているので、坐っていても心の底のどこかではらはらしていた。不断の緊張が突如として中断されてみると、どこに心を集めていいか分らなかった。その空白は気味がわるかった。さながら、映写されているフィルムが中途で切れて、眩しい白い光が条をなしてながれ、そのあいだにかつて見たことのある幾駒の情景がクルクルと逆転して断片的に浮びでる――、あれに似ていた。

……

たとえば、電灯は一夜中たえず明滅した。そのたびにわれらの思考も断続した。……

こうして『陸に上って』の出だしはまず五段落[23]――引用はその一部分のみである――使って、戦後の社会と直接接している人の内なる感覚を、読者の頭と心だけでなく、五感にも訴えて、作品に映しだしている現実を読者と分かち合うべく描きだす。五つの段落はそれぞれ別の話題をとりあげる。ここに引いた三段落だけで見ていくと、一つ目が、足は地につかずふわっふわっと妙なステップを踏んでいる感じがするという存在感覚のたとえ話にはじまり、二つ目は戦闘行為のなくなったことがもたらした静寂さ、そして三つめは我が家の夜を照らす電灯のことなのだが、それらはいずれも視覚的にも聴覚的にも絶えることのない動と静の「断続」のモチーフによってつながっている。人々が不安定な現在の時間と過去の時間との「奇妙な時間のモザイク」[24]の中を心理的に生きているという現実を描き出すのだが、その不安定さは「揺れに揺れた」し、「くるめ」いたし、胸にみちる「眩暈」といった調子で、そのさまは各段落に「断続」モチーフとして散りばめられる。

これらのモチーフは先の引用から抜き出すだけでも「閃光、爆音、怒号」が目と耳を襲ったし、「眩しい白い光が条をなしてながれ」るフィルムのようで、それらは「幾駒の情景がクルクルと逆転して断片的に浮び」という具合で何重にも畳みかけられている。そしてついにその知覚は思考の状態へと結びつけられていく――電灯は「明滅」し、あたかも電灯の明滅と軌を一にするように思考は「断続」した。

この読み手の感覚的にもつらいイメージがつぎからつぎへとかぶせられることで――旋律が変奏されていくことで、秩序を求めたがる人間の感覚にとって、かなりギリギリの状態、混沌のなかに存在がおかれ、チカチカして圧迫しつづける世界という基調音を多様な題材をもちいて作り上げている。そしていよいよその明滅する基調音はそのままにしながら、その上にかぶさる旋律が転回して主題を告げる。

……混沌の中に輪郭がついてきた。窓はつくろわれ、皿はすこしずつみちてきた。耳鳴りはやみ、胸の嘔吐もおさまった。点々として軌道が見えてきた。そして、嘔吐が去ると、心の底にいままではしらなかった空虚がぽっかりと口をあけはじめた[25]――。

ぽっかりと戦後に口をあけた心の底の空虚という主題に対し、いろいろな旋律がそれぞれの物語を奏でていく。この部分にひきつづきフランス、ドイツ、イタリアという旋律が少しずつ奏でられ、もはやどこの人も「痴愚と凄惨」の幕合、「中間の一休止」という時間帯にいるのではないかという断続感、危機感を浮かび上がらせる。[26]

作曲家、竹山はこの休止を脆くもあるが、希望に満ちた力強い音も組み合わせて奏でる——ギリシャのダモクレスの剣[27]の故事を用いつつ、それでも人は肯定的な生でもって、ぽっかりと開いた空虚を充実させることができるのだとドラマチックに感嘆符を打ち鳴らす。

……ダモクレスの剣の下の「今」が何者であるかを考え、この「今」をして与えられた条件の下でできるだけ充実した純正なものたらしむべく勉めることはできる。われわれの人間建設は、まずこの認識の上に立つほかはない。この枠を認めてかかるほかはない。

われらの精神の自由にとっては、いましばらくがユートピアであるかもしれないのである。

われらの精神に何ができるであろうか？　おそらくは何もできまい。しかし、何ができるかを試みるだけでも報いるところがある。もっとも人生を生きることである——。そういう気もするほど、契機に富み、波乱にみち、そして興味のある時代である[28]！

生の束の間のクライマックスはほんの束の間のできごと——読者には余韻に浸る間を与えずに曲調は変調し、今度は正反対の暗い存在のはかなさを苛む音が——暁の潮騒がぽっかりとあいた空虚に響いて、「私」の生を脅かす旋律となって流れ出す。
以下、海・潮というモチーフに着目して竹山の評論における創作技巧の活用をみていこう。

暁にひとり目が醒める。はやい暁の色はすさまじく、おどろおどろしく、屍衣をひろげたに似ている。……暁にひとり目が醒めたとき、私の生の潮はもっとも遠く低くに退いている。さまざまの畏怖や疑念が胸の中に去来する。それらにはつねに答えはない。ただ答えるものとては、わが心臓の鼓動の音ばかりである。この生の潮の不断にうちかえす波の音である。あのききなれた、わが生と共にはじまりわが生と共におわる、なつかしい囁きである。それにじっと聞き入っていると、潮はあらびた響をまして、全身をゆるがす。[29]

生の潮がもっとも退いている時、死の感触の中で自分を揺さぶるのは生という「怪物」の悲鳴にも似た問いかけだった。そして、その問いの悲鳴が果てしなく響きわたる潮の音を切り裂く――

私は知りたい、――自分の生がこの混沌たる世界の中にあっていかなる地位を占めるかを。それがどれだけの実体と重みをもっているかを。それにはたして何らかの頼るべき意義があるか、ないかを。私が生きているというのはどのようなことであり、その運命はいかなる途を辿りつつあるのだろう？　私自身には力があるのだろうか、ないのだろうか。あるとすれば、それはどこまで及びえて、どこに終るのだろうか。……

私はこれまでこうした願いを、ときどき――あるいは、たえず――ただ漠然と感じていたが、それをはっきりと自覚することはしなかった。それはおそろしいことだった。気味のわるいものを凝視しなくてはならないことだった。とうてい解くべからざるものを解こうとすることだった。[30]

この「私」は竹山でありながら、「いまの社会にみちみちている」不安不満の情動ともに「この社会の一単位」として生きている[31]「私たち」でもあり、竹山の「凝視」はつぎつぎとぽっかりと心にあいた空虚をかかえた人間の「生」の単調な旋律の変奏を強弱長短軽重使いわけながらつづっていく。たとえば、生には生活のための金銭のための受身な部分があり、「複雑でしかも単一な力の動かすままに」単調に毎日同じ軌道を繰り返す苦役ででてきている。[32]自分——人々は目隠しをされてただグルグルと臼を挽かされている朝鮮半島でみたロバのように労働力とし使役されるのみの、でも性欲はある醜い嫌悪すべきロバの存在と類似性をもったものだと竹山はロバと人を重ね合わせて描く。そのロバの踏むステップは虚しく、この臼を挽くロバ描写のなかで自由なのは海のようにも海岸のようにも思える落ちてはつもる粉のみだった。[33]

単調さに落ち込んでいくような曲調が意外な展開をするのはロバが目隠しをとって「軌道からふと外れ」て「その広い世界を一瞥した」[34]時——ダンスホールを見学に行ったときである。そこは、それまでとは変わって、エネルギー過剰な世界であった。竹山の批評的な知力はダンスホールがぽっかりと口を開けた空虚を埋める逃避先としての「人工の楽園」[35]すなわち「宗教的道場」だと見破った。[36]

——ここ〔ダンスホール〕で、人々はある儀式化した形において性の法悦にひたっている。人々は個体であることの苦しさから脱れて、おのれを棄て他者と融合する陶酔のよろこびを味っている。そのステップのうやうやしく正確なことよ！　その肉感的接触に何という集中がされていることよ！　すべてまじめで、真剣である。

先日の朝日新聞に日本人は「うす笑いの人種である」とて、日本人の不まじめを責めた論文がでていたが、ここには「うす笑い」の影だにない[37]。

この部分はこの作品のそれまでのリズムを壊すことで驚きと新鮮さがある。竹山のとらえたダンスホールのエネルギー過剰の意味は、エネルギーのグロテスクな過剰さも、笑いも刺激的だ。ここの論文批評はピリリとしつつ、笑いを含んでいる。目隠しなしの世界は、なんと「逃避」の世界だったという皮肉……そのなかにまたはじめの上陸時のよろめくステップの旋律がふたたび脳裡のどこかでゆらゆらと聴こえはじめ、読者に問いかけてくる。大きく開いている空虚に、人工と肉体という枠組みで分断されている世界が入り込み、見なくてはいけない現実を見ずにすませようとしている。そうして思考を麻痺させることで、人は自らを貶めているのではなかろうか……

こうしていよいよ作品は終わりに向かうが、この浮き沈みの激しい断絶のモチーフに満ちた作品は、負の側面を響かせつつ、海と潮の肯定的なリズムのなかにぐんぐんと読者をひきこんでいく。

しかし、いま私がもっとも切実に生きていることの感触を味うのは、妙な話ではあるが、海の波打際を歩くひとときである。

砂面にはふしぎな紋様がかぎりなく印され、そこに、さまざまな貝殻や生物の屍がちらばっている。……ときには砂の紋様は古代ギリシアの浮彫りの衣の襞にそっくりで、そこに水がのこって雲を映していることがある。これほど美しいものも、めったには見られない。……ここでは、さまざまのものが刻々に、うちあげられ、引き入れられ、誕生し、死滅している……。

ある日、なかば砂に埋って波にあらわれている一匹の小猫の死骸を見た。……私は自分が死んだら土の中でやはりこのような形相を示していることだろうと思い、遺骸は絶対に火葬にしてもらおうと、心に誓った。(38)

このあとに結びとして既述の「(1) 創作」で引用した部分――波打ち際で立ちつくして「生きていることを味う……」竹山の姿に出会うのである。その立ち姿はあたかも大きな世界との結びつきのうちに、「現実」と「事実」に直面して格闘していく精気が充実していくようであり、生という陸地を味わっているようでもある。読者は作品が奏でる潮の満ち引きのリズムに身をまかせながら、複雑な現実に目を向けたまま、竹山と共に穏やかに生を味わうのだった。

＊　＊　＊

最後にもうふたつ。まず、竹山道雄の創作的遊び心は、『陸に上って』と連載最後の作品『はじめのおわり』の冒頭を意図的に呼応させてテーマの連続性をたもつように、『陸に上って』も上陸して足もとがおぼつかない状態から書きはじめられるが、『はじめのおわり』も足元の定かでない状態の描写でもって書きはじめられている。この二つが収められている『手帖』(新潮社、一九五〇年)という作品は、こうして円環的な時間進行の中にとらわれつつ先に生きすすんでいく人間を提示するための工夫がされている。

それから『ラ・フォリア』は竹山にとって「なつかしい曲」だったことを書き加えておきたい。幼い娘、依子の足音と思っていた足音が、音楽にもおとらないほどの感触を、ときめきを生んだことを記録したくて書きだした『あしおと』(39)の中で『ラ・フォリア』が流れるのである。竹山は「音の噴泉」のような調べを聴きながら藤沢の鵠沼《くげぬま》砂丘での散策を思い起こしている。鵠沼は安倍能成、和辻哲郎、岸田劉生ら教養人が勉強に集う地でもあった。『ラ・フォリア』の調べは四囲のすべてを忘れさせ、母を連想させる……

〔『ラ・フォリア』は〕古いイタリアの品格のたかい曲で、抒情的な旋律が浸み入るようです。重々しくしかも甘美な主題は、しだいに変奏されて、華麗にほとばしる音の噴泉が散るような調べにうつってゆきます。

往来に立ちどまって、目をつむってこのなつかしい曲にききいっているうちに、私はいつのまにか自分が鵠沼の砂丘に立っている、と思いました。あたりには灰色の斜面がひろがって、そのところどころに膚の剝げた松がななめに生えている、と思いました。小さな赤い花が咲いているむこうに、古い帆がゆっくりとうごいてゆきます。むかし私が勉強をしに鵠沼でくらしていたことがあって、毎日のように砂丘を散歩しながら、この曲を口ずさんでいたからでした。

これをきいていながら目をひらくと、前に一人の老婦人が立っていました。……

私はぼんやりとその老婦人を見つめました。そして情熱的なヴァイオリンの調べに四囲のすべてを忘れながら、「ああ、うちの母もまだこの人くらい元気だといいのだがなあ――」と思いました。これはとっさの間におこった連想でした。そして、そのほかのことは何も考えず、はげしい調べに心をゆられて、ただ見とれていました。(40)

竹山道雄が亡くなったとき、その棺に『ラ・フォリア』のＣＤを家族は納めた。

二　充実——家族、多文化との関係、思い出、考える時間

竹山道雄は家族・友人・知人と充実した時間を多く持った人であったことが本書に収められている手紙から容易にうかがい知れる。ここでは「充実」という観点から竹山家の家族模様、道雄と多文化の関係について、そして孫である筆者の目から見た竹山道雄の姿と家族たちが私に伝えた価値観をこの機会に書いてみようと思う。

（1）家族

小生はできたら明日午後二時頃に扇ヶ谷〔道雄妻、保子実家〕に行きおより〔娘、依子〕のお尻でもふいてから行く積りなれども[41]……

およりこと依子はもうあと一週間で三ヵ月になるところだった。そしてその二十数年後、母親になった依子に道雄はつぎのように旅先から書き送った。

平川氏〔依子夫〕は余の二十数年前の如く、抱いて寝かしつけたり、オシメをかえたり、風呂で洗ったりしているか、いささか心許なく、あのような難事業ができるかと案じています[42]。

道雄にとってこどものおむつを替え、寝かしつけ、お風呂にいれることは右の文面にあるようなさりげなく自慢できる充実した時だった。ちなみに私は道雄がこの手紙を書いたとき生後一ヵ月である。

道雄、保子夫妻は依子と二歳下の護夫の二人の子供に恵まれた。道雄は一九八四年に亡くなり、護夫はその三年後の一九八七年に亡くなった。「お父様と護ちゃんならどういう意見でしょうね。二人の話が聞きたいわ。楽しかったわ。あの頃」と保子は依子に夫と息子の意見交換のさまを懐かしんだ。依子も同様で、おしゃべりに花が咲き、議論が活発に交わされる食卓での光景を二〇〇二年につづっている。[43]「父とやりあっていた弟」と依子はその中で書いているが、じつはそれは口だけではなかった。道雄と護夫がいたずらっぽく「おぬしは……」「貴様は」と言葉を交えたかと思ったら、いきなり居間の白い布のソファの上で、ごろっと取り組みあい、あっという間に取り組みが終了したさまを七歳の私はソファの端っこで唖然として見た。なにしろ着流し姿で普段は杖をついて外にでかける「おじいちゃま」と、背が高くて小さいころ私がその足を滑り台として遊んでいた「もりちゃん」――私も叔父のことを母や祖母にならってそう呼んでいた――の二人がクマのようにじゃれあったのだから。祖母と母にこの「事件」を伝えたら、二人がニコニコしていて全然驚かないのにもう一回驚いた。私にはこの取組み合いが起きたのが、叔父とソファの上にテレビをのせて寝転がってみる（!）という「悪さ」（護夫叔父は母が喜ばないだろうと思われることを私にせっせとやらせてくれた）をしたあとに起きたことも、その時に見たのが黒澤明『七人の侍』だったことも鮮明に記憶に残っている。

保子―依子もとても仲がよく、ほぼ毎日電話していた。私も小さいころ「鎌倉のおばあちゃま」と電話で話すのが日課だった。そしてよく鎌倉に泊まりに行った。

この家族のなかにはエネルギーが満ちていた。

今私は猛烈にいそがしいので又ゆっくり書きます。

九月五日から学校が始まるのに勉強がたまってしまって目下大変なところです。夏休みは二ヶ月もあったのですから始めからもっとおちついて勉強すればよかったのに今になってあわててしています。

……

今護公が修学旅行にいっています。東北方面です。

お母さまと二人で家はしんとしています。

やはり四人揃わないと寂しいです。(44)


これを読んだ依子の孫たち（杏子・祥・百合子）は――依子自身は真剣に焦っているのだろうが――、若いころの依子にユーモラスで勢いのよい側面をよみとった。そして依子の父や弟宛の文面を読んでは、常日頃接している真面目で静かな祖母とのギャップを大いに楽しんだ。「バーバの文章おもしろいね」と杏子が言ったら、「もっと若い時に誰かにそれを言って欲しかったわ」と少々恨み節の返事……この恨み節の原因となったのは道雄の芸術鑑賞力―批評力で、じつはそのこどもの意欲をへし折る鑑賞力を私も一回経験している。

中学生の私はヴィヴァルディの『四季』をなんの気もなく、台所でなにかの作業ついでに口ずさんでいた。そうしたら、通りがかりに「節子、それはちがう」と背中から声をかけられ、ポカンとしている私の頭の上から降ってきたのは、かなりの迫力があるハミング（私には唸り声にしか思えなかったのだが）だった。道雄は立ったままテーブルを叩いてテンポをとり、私はイスにすわって鼻歌の強弱を直されるというミニレッスンを道雄から受けた。なるほど、これでは母たちが楽器とかをはじめてもすぐ「聞くに堪えん」とか言われて、やめるはめになるわけだと心の中で思いながら（母はおそらくそのような繰り返しで何もつづけられず、ちょっと劣等感を抱いたため、こどもたちにはいろんなことをさせてくれた。それから「お転婆」であることを奨励してくれた。家の中に鉄棒がおかれたり、オルガンがあったりした）、祖父の唸りを拝聴していた。

その様子を遠目に見ていた祖母、保子は祖父から音楽レッスンを受けた私を気の毒に思ったのか「おじいちゃまは、あなた、明治の人だから……」と言った。祖母は「大正の人だから」がこれ以上になく見事にあてはまる大正の超モダン、今の私たちよりもよほど自由の気風に富んでいた。その祖母が「明治の人だから」と免罪符のステレオタイプを植え付けることで、私の驚きを緩和してくれようとしたのだが、私には「明治の人だから」は祖父に対してまったく機能しなかった。「明治の人」という感覚が祖父に対してないのである。

護夫叔父の方は母のように祖父の芸術鑑賞―批評力のために委縮したのかは定かではない。が、祖父の繊細な耳には耐え難かっただろう大音響で、「わらべはみ（い）たーり、のなかのばーら」と朝の洗面時、頭に手拭いをまいて朗々と喉の奥から出る声を響かせてシューベルトを歌いあげていた。そして上の三人のこどもたち、桜子、桃子、花子にヴァイオリンをならわせた。下の二人、桜桃子《ゆすらこ》と太郎の二人は叔父が亡くなったとき、なにぶんにも幼かった。

道雄・保子・依子・護夫の四人はにぎやかに楽しい家族だった。もっともいつも四人鎌倉の家にそろっていたわけではない。道雄の仕事には、日本の外でのフィールドワークが必須だったから、道雄は長期家をあけた。海外旅行と書くと今日の消費活動を目的とした消費社会の行為に直結してしまい、道雄の旅の意図が誤解されてしまうのであえてフィールドワークという言葉をもちいたが、当時は「洋行」と言っていた調査旅行であった。鎌倉の家にはM.T.と白くイニシャルが書かれている道雄がつかった革のスーツケースがある。旅行用具等がうまく使いまわせるように道雄はこどもたちのイニシャルを息子は自分のMにそろえ、娘は妻と同じYにしたと聞いている。旅先から道雄は家族に手紙をたくさん書き送り、依子と護夫は海外から送られてくる封書に貼ってあるさまざまの切手を切り取って集めた。日本にいる間、道雄は自分宛てに送られてくる海外からの封筒に貼られている切手を手で破り取ってこどもたちに渡していた。そのため手紙がいつごろのものであるかを示す印字も切手ごととられてしまって、曾孫たちは二〇一五年の夏、書簡整理をしているときの日付判定に困った。

竹山道雄の洋行は、道雄という知性がヨーロッパの現実に直接ふれ、その知性感性のアンテナに引っかかってくる事柄を情報収集してくることに意義があった。道雄はなるべく長くヨーロッパに滞在、費用を浮かすために友人、知人の家を渡り歩き、切り詰められるところは切り詰めての滞在だった。こうしたヨーロッパでの旅には若いころからの非日本との交流を通じて道雄の感覚の一部になっているものの、日本では得られない感覚を動かすことの喜びもあったにちがいない。

そして、長期の洋行ができたのは、道雄宛の妻、保子からの手紙に明らかなように、保子が日本できっちりと有能な秘書業をこなしていたからである（保子は英語を学校で習っていて、かつてタイプライターを打つ練習をしたと言っていた）。そのほかにも保子の手紙は、道雄の旅が家族からしてみると、いつ帰ってくるのかもわからなければ、つぎはどこに手紙を出したらよいのかもわからない放浪のような旅だったことを伝えている。そんな旅をつづける道雄だが、手紙はまめだった。そして日本語を解さない「タイレさん」ことアルベルト・タイレ（Albert Theile）[45]が道雄不在の間に鎌倉の家に泊まりにきたときは、竹山家をあげて――海のあちら側とこちら側の竹山家の連携でタイレさんを歓迎、氏の滞在を充実させる企画はなされたのだった。

このような家族の姿は、保子の対人姿勢によるところが大きい。「楽しくみんなで生きましょうよ」と保子はよく口にした。みんなが楽しくあるようにという気持ちは、たとえばこども達の家族が夏に快適に過ごす家を建てるという具体的な形をとった。保子の「楽しくみんなで生きましょうよ」は、保子のキリスト教の信仰――保子は受洗している――が、道雄のキリスト教への関心のありかたと連動して柔軟に変化していった結果なのだと推測する。結婚する前の保子は教会学校で先生をしていたこともあり、二人は保子の意を汲んで教会で結婚式をあげている。道雄はキリスト教に惹かれた部分もあれば、批判的だった時もある。そうした環境の中で保子がたどりついた信仰は唯一神への信仰に焦点をおいた信仰ではなく、ほかの人が幸せであることを、自分の幸せとして喜ぶ形であらわれたのだと思う。保子は夫の葬儀は夫が希望したように神式で行い、息子が亡くなったときも神式、そして自分の葬儀も神式で営まれることになにも問題を感じていなかった。

さて、家族全員でにぎやかな食卓を囲む回数はなんといっても、道雄が勤め人を辞め、家で仕事をするようになって増えた。道雄は第一高等学校（一高）の教員として勤めていたが、一九四四年頃の道雄にとって、したい仕事は「朝夕の授業の他、作業の方は適当にサボレさうにて、生徒の頭が「ごゆつくり本でもお読み下さい」といつてくれる」[46]や「今日の休日は思へば何とも久しぶりにゆつくりと終日本を読み仕事をしてゐます」[47]と妻、保子に書き送っていることから部分的に知れるように本を読み、勉強し、考え、そして書くことであった。教員としての仕事に不満があったというよりも、道雄にとっての生の充実が、長時間にわたって拘束されている一高教員という仕事では満たされなくなっていたのである。ついに道雄の「知りたい」「考えたい」「書きたい」——書く時間が欲しい、という意欲の自覚は、経済的リスクをおかしても、執筆で生きるという決断をさせた。言論の自由はまもらなくてはならなかった。だが、辞表は出したもののなかなか一高―東京大学は道雄の辞職を認めず、一九五一年まで勤めた。執筆活動の方は一九四六年頃から活発化した。

こんな状況の中で、道雄は「今」の充実について一九四九年頃に執筆している。題もそのもの「今」とつけられたこの作品で、道雄は自分がニヒル（虚無感）[48]に苦しんでおり、「生の充実」を、「内心の発動」[49]を感じたいということを書く。だから、道雄にとってこのころはニヒルに苦しんだ辛い時期、充実感の希薄だった時期と解釈することはまちがってはいまい。だがそれと同時に、この作品がさまざまな時事についての評論の充実した『新潮』誌の連載の一部——この連載は『手帖』と題されて一九五〇年に出版された——だということをも忘れてはならない。さらには同じ年に道雄は『知られざるひとへの手紙』[50]、この作品はおよそニヒルとは逆のいかにも充実していたフランス留学時代の生活について書いたものを連載しているのだ。（同年は、ほかに小説『きずあと』、『きけわだつみのこえ』の読後感『生き残った人々に希う』を書いている。[51]）

道雄の苦しいという実感は、そこに拘泥する悪循環には陥っていない。むしろニヒルは執筆する道雄自身によって客観化され検討対象となっていて、道雄にとっての問題は、「われわれ」と「私」の連続性のなかで、どのように「私」、ひいては「われわれ」の「生への意志」を充実させるか、ニヒルを克服するか、だった。そして「今を大切にすればニヒルはなくなる[52]」「今の中に集中する[53]」という解決を道雄は見出したのである。

われわれは外的内的世界の崩壊を経験した、そこに自分を救い出そうとして、私は自分なりにようやくこのような手がかりを見つけた。私のような顧慮と逡巡の多い者には、このような処方が必要なのである。われながら記述も不完全に未熟に、この大問題に対してうしろめたい気もされ、またあるいは陳腐なことでもあろうが、私の内心はいまこれで支えられている。未熟なまま記しておくこととする。[54]

ここには「未熟」かもしれないが、辛い実感としてあるニヒルを客観化する道雄の強靱な姿勢がある。道雄は「今」のなかで、社会と個の関係について、歴史、文化、哲学的な検討を組み合わせていくことを通じて、新しい見方を発見して先に進もうとする。その思考は、非はニヒルに苦しんでいる個人にあるという、個にのみ責めを負わせて社会には問題がないというような安易な解決からは解放されていた。まだこどもたちは幼く、勤めは忙しく、家族が食卓をたくさん囲んでにぎやかに過ごす日々はもう少し先のことだった。

（2）多文化を生きるという充実

道雄はニヒルについて書いた同じ年に、充実感に満ち溢れた作品『知られざるひとへの手紙』を執筆している。本書1「戦前パリの青春――「知られざるひと」のこと」に詳しいが、戦後四年、新制東京大学のドイツ語主任として多忙な時に「およそ周囲の現実から離れた」フランスでの平和な充実した時代の思い出を書きつづっている道雄に父は驚いているが、[55]道雄には自分の内面の状態を複合的にとらえるというバランス感覚が、先の留学時代の創作をあつかった「創作なんて神経を使ふ仕事……創作と評論――コレリの『ラ・フォォリア』と『陸に上って』」で触れたように、あった。

道雄の強みのひとつは、自分を形成した主たる文化でも、大きくなってから接した言葉も歴史も異なる複数の文化の中でも、ポジティブな人間関係を築くことができ、それが充実した実感をともなっていたことである。多文化の中に生きるということは自分とは異なる文化思考、意識の仕組み、行動様式との出会いを意味するが、道雄にはそれらの枠組みのちがいに対する柔軟な適応力もあって、その地での人間関係を楽しんだ。複数の枠組みを応用し、それらを統合することができたのである。四歳から十歳まで現在の韓国ソウル（当時の京城）の日本人居留区に住み、朝鮮文化や人、言葉[56]と接してその街並みの中で生活していたが、その幼い時の体験が道雄に文化の多様性に開かれた感覚を培ったのかもしれない。

戦時中、道雄は一九四三年後半、あるいは一九四四年の初めにつぎのように友人、大野俊一の訳書のあとがきに書いているが、そこで道雄は文化研究についての態度をつぎのように述べている。

――他国を知るには箇々の事実の智識や鑑賞のみでやむべきではない、その民族の文化の観念、歴史の魂、人間像、心的構造、そのほかさまざまなものの全体的関聯の中に常に姿を渝えつつも一貫して生きて流れてゐるものを立体的に把へなくてはならぬ――といふ新らしい観点であつた、といってよいであらうか。西ヨーロッパについての本格的な研究はわれらの世代から――といふ抱負を君は次々と実現して行つた。[57]

「箇々の事実の智識や鑑賞」という外からの目線ではなくて、その枠組みの中にいる者の視線を研究者は把えることが必要だ、という立場である。事実、道雄は相手の築いてきた「文化の観念、歴史の魂、人間像、心的構造」をその中で生きている人たちの現実としてその中に入っていって把えようとした。『知られざるひとへの手紙』に描かれているのは、道雄のことを「息子」とよんで抱擁の挨拶をするおやじさんが、いつも自分がする妻のところにコーヒーを持っていく朝の儀式を「息子」―道雄に頼み、「息子」は茶目っ気たっぷりにそれをこなす、というものだ。

このエピソードは道雄が、自分が育った家族とは明らかに異なった家族文化のなかで、彼らの価値観を自分のものとして、言葉でも、行動でもその一員として機能していたこと、そしてそのなかで充実した時を経験していたことをよく示す。[58] 後に竹山は「奥様も鬼のゐない間に十分のんびりとして、就中も少し睡眠時間を長くしなさい。お輿入れ当時の寝ざめも最早つきたらうから」[59] と妻を思いやる心温まる文面を書いたが、こんな思いやりをしめす道雄を形成したのは、日本はもちろん、ヨーロッパの体験や朝鮮半島の体験など多文化経験が多く寄与していたのだろう。

道雄が書いたドイツ語、フランス語、英語の手紙の文面をながめると、それぞれの文化の中で充実することを得たことが伝わってくる。道雄は頻繁に日本語圏外の友人、知人と手紙で流暢に気軽にやり取りしていたが、道雄の文面は日本語から訳しているというのではなく、その言葉そのものを操っていた。これだけ言葉を自分のものにしたというのは、それだけその言葉での生活レベル、知的レベルでの実践の蓄積がされていたからであり、道雄が相手に対して開かれていて、また同時に相手が彼の前に心を開いたから獲得しえた機微をそなえている。ただし英語圏は生活しておらず、自分の感覚のうちにまで英語をものにできていないという感覚があるのであろうか、「自分は英語を良くしないのだが」と断りを書いて書くことが多い。とはいえ本人の英語に対する感覚はさておき、英語もよくした。東京裁判のオランダ人判事レーリングは竹山と英語でいろいろ話しあった。

(3) 思い出

祖父、道雄は能舞台で仕舞を踊る私の写真をもってヨーロッパ中を旅した。そして、「セツコの踊りの写真はどこでも評判よかりき[60]」と手紙に書き寄越した。私に梅若流で能の一部「仕舞」を習わせたのは祖母と母だが、この祖父の評価は祖母を有頂天にさせた。母も祖母も祖父を喜ばせたくて、私はよく鎌倉の材木座の畳の部屋で仕舞を披露させられた。当の孫の私にとってそれは若干迷惑であった。私にとって祖父は紺の着流しで「お化けだぞ」と言いながら、私が暗い廊下で腕がたくさん出ている白黒の額縁に収められている像[61]をながめている時や、六つ玉がある算盤を滑らせて遊んでいる時に背中からぬっとあらわれて私をぎょっとさせて喜んでいる「鎌倉のおじいちゃま」であった。

仕舞を披露した部屋の床の間には、本書6「安倍能成という存在」に出てくる安倍能成（一八三三—一九六六。哲学教授、教育者。京城帝国大学教授を経て戦中の第一高等学校校長、戦後文部大臣を歴任、学習院長）の掛軸がもう長らくかけられているが、私が仕舞をまっていた当時はちがうものもかけられていた。今はそのわきに祖父の遺影が叔父、護夫の遺影とともに飾ってあり、その写真の前に海岸で拾われた小石がたくさんかごに入って置いてある。そのかごは写真よりもずっと前からあって、いつのころからか私はそれが母と叔父が幼いころ祖父と散歩に行ったときに拾った明やギリシャからの陶器の破片の混ざっているものだと思ってきた（母の思い出では宋の青磁の陶器なのだが(62)。なぜ明やギリシャが私の記憶に紛れ込んだのかはさだかではない)。歩いて三分の海岸に幼い私が遊びに行くと、祖父も祖母も大きさも形も幼児のつめのような淡い桃色の桜貝をみつけたかと聞いた(63)。幼いころの母が見つけては喜んだことの投影だったろうか。歴史の悠久な物語は母と叔父たちのものであった。

鎌倉の家で過ごすお泊りの夜は、波音の響きが脳裏でだんだんゆりかごのようなリズムに感じられてくる。『シートン動物記』を読むのにはまっていた頃は、トイレの水の流れる音がオオカミの遠吠えに聞こえてきて戸惑ったりした。そんなとき目を開けて布団に寝転がっていると、天井の暗い木目とそこから吊り下がるすりガラスのランプシェードが白く闇に浮かび上がる。この白い闇は一年中いついっても変わらなかった。

祖父は、指先の器用な人で、一階で椅子に座っている時にタバコを吸う手を休めて宝船を折ってくれたことがある。タバコは火を消した後、くの字に曲げられて鳩の形をした灰皿(64)の水の中に落とされた。紺の袖に覆われていて普段は見えないが、こういう時は白い綿の長袖のシャツの袖がチラチラと表れる。鳩の灰皿には水がたっぷり入っていて、近くには青いPeaceという缶があったこともあれば、紙の箱の時もあった。エビオス錠の茶色いビンが灰皿のそばにそびえていた。

祖父の書いたもので私が最初に読んだものはヨハンナ・スピリの『ハイジ』である。居間の隣の畳の部屋で畳に寝転がって読んだ。そうしたらしばらくしてテレビでアニメの『ハイジ』を放送しはじめた。学校の図書館とかにも『ハイジ』が置かれたりしていたが、祖父の訳ではなくて、翻訳というものはいろんな人のものがあるのだということを知った。あれは口述筆記したのだと父から聞いたのは二〇一五年になってからだった。

道雄は、この孫はドイツあたりをやる気かもしれないとでも思ったのか、「節子、ドイツは一生かけてやったけど面白くなかったから、やめろ……」と唐突にやはりこれも台所で座っていたときにとおりがかりに言われた。

やるのなら面白いものをやれ、というメッセージは伝わった。だが、ちょっとはやっておけばよかった、とじつは思わないこともない。

祖父が亡くなったとき私は高校三年生だった。断末魔の苦しみを恐れていたが[65]、病院に到着したハイヤーの中で、祖母が車いすを探しに出た直後に意識を失いそのまま亡くなった。祖母は、寝ている間に安らかに最愛の娘、依子が見守っている中で最期の息を吐いた。叔父は「楽しんでらっしゃい。いってらっしゃい」と大学の秋休みを利用して京都に行く私を送り出してくれた。叔父とは、それが最後になった。病床にある叔父から「軍資金」――五千円だったと思う――を足してもらって買ったHush Puppyの紺のブーツは愛用し、今は大切にしまってある。叔父は、モルヒネは考える力を奪うからいらない、といかにも思考力があることを人間として尊んだ竹山道雄の息子らしく闘った。暁子叔母は棺が焼却炉に滑り込ませられるときに思わず手を伸ばし、体が反射的に前に出た。叔父の葬儀の合間に、若い母親に間違えられながら私と中の妹、規子は材木座の海岸に桜桃子と太郎を連れて波間で遊んだ。末の妹、恵子は叔父の一番上のこども、桜子とほぼ同い年だった。

* * *

依子―護夫はとても仲のいい姉弟でその二つの家族は、祖父母が信濃境に建てた家――私たちは「境」とよんでいる――で夏休みを私が七歳のときから共に過ごした。今はその大集団の夏に私と妹のこどもも加わっている。私はだから鎌倉の夏はあまり経験していない。東京や鎌倉ではしばしば喘息で苦しむ私の発作は境ではあまり起きずに済んだ。それでも覚えているのは鎌倉の夏、網戸から蟬「のようなもの」が飛び立って「なにこれ？」と言ったら、祖父に「節子はゴキブリを知らないのか」とこれは大問題だという口調で言われたことである。私の方は、ゴキブリは知っていたけれども東京で見知っているゴキブリとは行動がちがい過ぎた。まさかゴキブリが日中網戸に止まっているとも思わず、ましてあんなに飛行するものとは知らずびっくりした。ちなみに幼い私は、母たちが「近頃のなににでも丁寧に『お』だとか『ご』だとか語頭につけるのはおかしい風潮だ」というようなことを話しているのを耳にして以降、ゴキブリは「ゴ」をつけるに価しないと考え、「キブリ」と呼ぶことを敢行した。母は、大人の話を耳にした私のずっこけた正義感の実践が、いたく祖父の気にいったことを嬉しそうに話してくれた。こうして面白がる大人たちによって、私が「キブリ」とゴキブリを呼ぶことはながらく尊重されたのである。

（4）考える時間の充実

大学の教員である父と叔父にとって、夏の授業がない時間帯は貴重な、勉強（道雄もそうだが、研究とは言わず「勉強」を用いた）の時間で、執筆のための自分の自由になる時間帯だった。道雄はそれがしたくて東京大学を辞めた。私は鎌倉と境と自宅で、祖父、叔父、父のようにものを書く人たちは、書くリズムの自由、思考の自由の尊重、それらが邪魔されないことが大切なことなのだということを知った。勉強や執筆のよいリズムのために時間は自由に用いられた。生活が昼夜逆転することもしばしばであった。授業がある間は、会議と事務にも忙殺される。授業期間から解放されている貴重な間は、雑事などで時間を無駄にしてはいけないのだった。

鎌倉の食卓でのお喋りはにぎやかだったが、境でも負けなかった。裏を流れる小川のせせらぎが音楽のかわりに耳をよろこばし、大人たちの間では時々甲州ワインがふるまわれ、ちょっとしたシンポジウム――シンポジウムの語源はギリシャで人々が水で薄めたワインを飲みながら、音楽の奏でる中で知的な討論を親しく交わす饗宴だと聞いたことがある――の場だった。こどもである私たちはそんな思考することを使命として仕事をする人たちに囲まれて、食卓でお喋りしている間は、耳学問――どころか会話にも加わり、彼らが執筆のためにそれぞれのスペースに引きこもると、トンボとりに励んで目いっぱい愛情につつまれて夏を過ごした。

夏が終わると「下界」に戻るのであるが、従妹たちは泣いて別れを悲しがる充実した毎夏だった。叔父はカメラやバイク、自動車が大好きで運転をよくし、山登りが好きだった。油絵の道具ももちこんだ。母はハーモニカやリコーダーを持ち込んだし、それからクレヨンで簞笥やら網戸やらに絵を好きなように描かせてくれた。一般的にはいたずら書きをして、と大目玉を食らうようなことである。こどもの絵はいいと道雄が言っていたからにちがいない。護夫の妻、暁子は「散策」派で二家族のこどもたちを連れて延々と探検していた。方向感覚がよいので暁子叔母といれば道がなくなっても「迷う」ことはなかった。叔母の率いる冒険隊は境のまわりに隠れている池や遺跡などを発見してくるのだった。父はコクヨのB5サイズの四百字詰め原稿用紙の間にカーボン紙を挟んでコピーをつくりながら執筆したが、反故になった原稿用紙のサプライは切れた記憶がない。大量に書きつづけていたのである。こどもである私たちは反故になった原稿用紙の裏紙でお絵かきをした。

境の家には新潮社の『世界文學全集』（昭和五年）、同社の『新版世界文学全集』（昭和三十二年）、筑摩書房の『新撰現代日本文學全集』（昭和三十五年）、角川書店の『昭和文学全集』（昭和三十六年）といった全集やその他本がたくさんあった。そして納戸に作りつけの木の本棚には「読み終った本は、□カバー〟□付属物（ポスター、月報、しおり等）〟をきちんとまとめて元の場所に収めること。よい子のみなさんきちんと守りましょう」とおそらく筆者の妹、規子が母に頼まれて作ったイラスト付きの紙が画鋲で止めてある。

それからテレビと炊飯器、電子レンジは持ち込まないのがいつのまにかみんなの間のきまりになった。自分たちで楽しみを生み出す力をあじわうための知恵が自然にできていたのだと思う。あとは家のメンテナンス……草刈り、焚火、木を切り倒し、アリの巣と格闘し、ヤマネが米粒探しで夜中にカタカタ走るのを聞いて出入りの穴ふさぎをし、蜂の巣獲り……などなど。こうしたことをとおして依子・護夫姉弟は道雄・保子家のエッセンスを結果的には夏に濃縮して伝授してくれた。今、ふりかえると彼らから私が引き継いだ一番のエッセンスは、主体的な自由な思考のためにつかえる時間を尊重することがもたらす生の充実かもしれない。

＊　＊　＊

祖父、叔父、父の問い「人間性とはどうあるべきか」を考えることは、人間同士が直接的にも間接的にも互いを殺し合うことを止められていない以上、問いつづけられなくてはならない問題である。平和的共存と人権尊重はますます追求されなくてはならない世界になっている。そうした思考行為を尊重する態度が、経済的利益追求のうちに軽んじられることは警戒しなくてはならない。

……祖父は一九四九年に書いた『今』ですでにこんなことを思いめぐらしていた。

戦争にはならなくても、われわれはふたたび基礎人権をとりあげられる日がくるかもしれない。大勢の人々がただ近視的な関心しかもたないという厳然たる事実によって、もしいつの日かに過半数の人々が「自由はいらない」と宣言すれば、私もそれに従わなくてはならない。思考の自由を拋棄しなくてはならない。独裁は「もうおまえには決定はない。かく考え、かく語れ」と命じて、ただ一方的な報道しかゆるさないから、ながいあいだには自主的な判断の材料はなくなる。むかしの理想主義の詩人は、現世のわずらわしさをいとって「聖き内面の空間にのがれよ」とうたったのだが、現代の独裁はわれらの内面の空間までも占領せねばやまないのである。[66]

七十年近くたって状況はよくなってはいない。内面の空間の占領……日本にいる多くの人は電子機器のスクリーンの向こうの快感に逃避している。そしてその逃避がもたらす快感に気を紛らわし、問題を感知する主体的な思考を放棄してしまっている。人間らしさを考える主体的な思考の自由を放棄することは――こどもたちをそのような価値観で育ててしまったら、人間相互に平等な平和な世界を作るという問題に対応できない(67)。そんなことを孫は祖父の文章を読みながら思っている次第である。

三　未来の人々への手紙

竹山道雄の手紙が示す世界は、文化の制約をこえ、観察し、思考し、批評し、人間性を模索している人々の世界である。竹山の思考力――多文化世界を生活の場として経験し、ドイツ語フランス語英語を生きた言語として自分のものにしていたことから生まれる視野の広さ――が、国籍や民族、文化といった人間の分類を越えて交流することを可能にした。

竹山は、戦後一九四六年頃から堰を切ったように日本語で日本文化の中で育った人々に向かって文章を発表した。そのさまは、時間があれば書いていたいという確たる衝動があって、それまでに醸成されてきた思考が次々とあふれ出てきている感がある。もっとも本人に言わせると「編集者に責められたし、何分当時は貧乏で毎月原稿料をかせがなくてはならないということもあつたし(68)」ということになるのだが、とにかく自分が生きている時代を日本という枠組みを越えて検証する文章をつぎからつぎへと発表した。

亡くなったときには日本社会の中で存在感のある知識人として一般的に認知されていた。亡くなるまで健筆、すなわち考えることを止めなかった。筆でもって読者に考え方、見識を披瀝し、共に考え検討し、その過程のなかでその時の最善の選択をするための努力を竹山と共にすることをうながした。そうした意味合いにおいて、竹山は人々と共にあろうとする執筆者であった。それは亡くなるまで変わらなかった。竹山道雄は『文藝春秋』の巻頭随筆を書き溜めてあって、竹山没後にそれらが巻頭随筆を飾った。最後のものは、原爆と敗戦の月——八月号らしく『浦上とゴッドの怒り』と題されていた。

そのような竹山であったが、没後わずか二〇年の二〇〇四年、「その人も作品も忘却」されたと断定したがる人が現れたほどであった。[69] 竹山道雄を研究する人が出てこない、と父は不思議がっていた。そして二〇一五年の夏、祖父の手紙を私は娘と、ごくたまに息子と姪も加わって整理しながら——その前年の秋に亡くなった祖母は大切に祖父が書いた手紙を風呂敷に包んでとってあった。銀行の金庫には結婚式の時のふたりの写真が大切にしまわれていた——私はこの忘却、あるいは無関心は竹山道雄の書いたものが古くなり、時代遅れになったということだけに起因するのではない、もっと深刻な今日の時代に日本の文化のなかで育ってきている人々の意識を反映しているのではないかと思うようになった。

竹山の執筆には文章そのものの内容のほかに、多くの読者にあまり認識されなくなっているもの——竹山の執筆行為そのものが、「人間性を滅ぼさない」国づくり、思考の自由を築きつづけるための執筆だったのではないか、と思うようになったのである。戦後約四〇年、竹山は「独立した」自由、思考の自由が積極的に支持される拠点を期待している。亡くなる一年少し前の一九八三年二月七日に芳賀徹宛につぎのように書き送った。

駒場の教養学部[70]は何といっても懐かしく、ここから新らしい学風が生れて、西洋の大学にあるような駒場学派といったような、独立した自由な精神拠点ができるといゝが、と思っています。[71]

こうした見方をすると竹山道雄の執筆活動自体が「未来の人々への手紙」だったととらえられる。思考の自由を維持するためには、公の場でさまざまな思考が恐怖をともなわずに語ることができなくてはいけない。それが、人間性を高める思考をつづけていくという仕組みを維持しつづけることになる。公の場から特定の考え方を消してしまうという仕組み――排他性は絶対的な一思想支配につながっていくのだから、という考えである。

竹山道雄(一九〇三―一九八四)のヨーロッパでの同時代人にはハンナ・アーレント(一九〇六―一九七五)、ジャン＝ポール・サルトル(一九〇五―一九八〇)やベルトルト・ブレヒト(一八九八―一九五六)らがあげられる。立場はさまざまであり、見解もいろいろ分かれるが、いずれも思考停止におちいることに警鐘をならしつづけた人たちである。その中で竹山自身が同時代人として意識していたのは哲学者、社会学者、政治学者、そして新聞にコラムをもって時事評論を多く書いたレイモン・アロン(Raymond Claude Ferdinand Aron 一九〇五―一九八三)なのだと父に教わった。アロンと竹山の共通点は、生涯にわたって左翼思想‐右翼思想という分類にとらわれず、それらを縦横無尽に検討し批評したというところにあるのだろうか。それはどのような立場であろうと、歴史や社会、政治を理想的な神話(思想・理論・イデオロギー)でもって、複雑な事実を複雑なまま見ることをやめてしまうことで、すべてが解明されたかのように錯覚してしまう欺瞞が、知的明晰さを要求するアロンにとっても竹山にとっても問題だったからだ。二人とも自由主義の価値観を重要視する立場からものごとを考えた。[72]アロンも二〇〇七年に「アメリカ合衆国ではあまり知られていないとはいえ、レイモン・アロンは二十世紀の大半にわたってフランスを代表する知識人であった[73]」と言われる存在になっているところも、なぜアロンがアメリカで知られていないのかは不勉強だが、現象は似通っている。

さて、竹山の思考力の形成は、ここでは触れないが竹山が訳出してきたものをたどると見えてくる。それらはゲーテであり、ニーチェであり、シュヴァイツァーの系譜につらなるものだった。これらの人々を竹山はドイツのパンゲルマニズム的な思いあがった風潮が起こる素地となるドイツ気質を激しく批判した人たちだと書いた。[74]

時代の思想統一の力がうねる中で「思考の自由」は英仏側が勝てばあるけれど、ドイツが勝ったら「根底的に奪われる」[75]というナチス・ドイツ批判を一九四〇年四月という微妙な時期に『思想』上に述べ得た分析力は、こうした考える人たちの系譜につらなっていたからでもある。

つぎにとりあげる竹山の戦後初期の作品『はじめのおわり』(一九四九年)[76][77]は、先に述べた竹山の「思考の自由」を絶対的な一思想支配から守るための執筆という認識が、戦争からの反省として鮮明に描かれたもののひとつである。その際の問題のひとつは「自由」を与えられた日本の人の思考の型が戦後も戦中と同じで、「思考の自由」の意味を解していないことにあると竹山は考えるのだった。そして日本の今後は「思考の前進と共にある」と竹山は考えた。

(1)「はじめ」——あるべき姿

戦争がすんで、自由があたえられた。あのときの気持はふたたび忘れることはあるまい。それは闇の中から光の中に足を踏みだしたようなもので、目もくらみ足もともさだかではなかった。[78]

『はじめのおわり』と題した一文を竹山はこのように書きだした。あたかも洞窟の暗闇に閉じ込められていたがごとく、衰弱した体は明るい自由な光に順応できず、足はフラフラし、目はまぶしさにクラクラしている。「しんから疲れていた」[79]が、その疲れを上回る高い幸せの予感を竹山はいだいている。

……一つの期待があった。荒廃しきってどこから手をつけてよいか分らない生活の中にも、この期待ばかりはたのしかった。それは、やがて多彩な自由な思想が迸りでて、この乾いて萎えた胸を医してくれるだろう、と思うからだった。私は戦時中に『きけ、わだつみのこえ』[80]に記してあるような気持にかなり近く接していた。あの表面にはもはや何の異分子もなくなったと思われた時代に、なお消すことができない声が聞えないところで囁かれているのを、しっていた。それは悲痛な真実な声だった。あのような思考が解放されたら、こんど来る時代こそは浮わついたものではない誠実な時代だろう、と思った。[81]

「多彩な自由な思想が迸」り「誠実な時代」がもたらされる。幸せな時代の鍵を「誠実な」という言葉で竹山はつかまえようとした。そして竹山の「誠実な」の対極におかれるのは「浮わついたもの」――「痴呆に近い精神主義[82]」、理知を無視した感情[83]で、それらは戦争中つぎのような「誠実な」――「悲痛な真実な」声と知性を「悪」として公の場から抹殺したのだった。

私はかぎりなく祖国を愛する
けれど
愛すべき祖国を私はもたない
深淵をのぞいた魂にとっては[84]

竹山は期待する。このような思考が解放されたら、こうした祖国のあり方は間違っていると見通すような深い思考が世の中をにぎわせたら、「多彩な自由な思想」が公に活気を帯びてあらわれれば「人間性」を核にした「誠実な」時代になるだろう。一つの思想による支配という自由のない事態が生じることがこれでふせげる。同時期の別文の中で、祖国の否定について具体的に書いている。

一般の国民が国家の命令をききそれを甘受したことが、多くの罪の因となったということは、ずいぶんつらいことですが、それは結局は次のことに帰着すると思います。——「祖国はその真の精神を失ったときにはもはや祖国ではない。国はそれ自体が窮極の目的ではなく、それがなんじの人間性を破壊するときには否定されるべきものである」ということを、日本人はさとることができなかった。……たとえ国を亡ぼしても人間性を救うということを考えなかった。そして、あらゆる方法をもって一方的にふきこまれる思想に対して、ただしい判断をもってその正体を看破せず、……反抗の勇気をもたなかった。(85)

竹山の言う人がもつべき誠実さは「国を亡ぼしても人間性を救う」誠実さだった。

ところが、この期待は実現しなかった。日がたつにつれて私は怪訝の念にとらわれた。こうした真実なひびきは消えてしまって、まったく別な声がかまびすしくきこえてきた。それはいきおいよく倨傲《きょごう》に、みなおなじ型にはまっていた。誰もかれも千篇一律にくりかえして「日本人には個性がない」というようなことを罵っていた。そのかたくこわばって高ぶった調子は、自由のなかった時代とべつに変らず、(86)……

戦後も戦中と同じだった。ただ一律に繰り返される内容が置き換えられただけで、「真実なひびき」をもつ深い思考の結果としての「多彩な自由な思想」は表現の場を持たなかったのである。こうして、いまや日本には自由があるにもかかわらず、その自由を人間性への「誠実」を実現するために活かすための能力が担い手である人の方にない現状への気づきが示され、また同時に、さまざまな人による多彩な思考が人間性を追求しつづけていることで非人間性におちいる愚をおかさずにすむ、という竹山の認識が示される。

そして竹山は自身がもっていた期待、日本の人々が思考の束縛からの解放された時代の「はじめ」が到来したという期待に「おわり」をつげた。

(2)「意識の領域」の問題

そして竹山は、なにが自由な思考から人々を妨げ束縛しているのか。どのように解消できるのか、を考察していく。竹山が指摘した問題は二つ。ひとつは人々の「意識の領域」の問題であった。それは「代表的な声」と「世の中一般の人々との関係」で、「少数の人間」が「しだいに他を自分の色で染め」て「公の気分」を形づくるしくみが意識の領域内につくられており、いったん「少数の人間」が「代表的な声」として力を持つと、関わりたくない人々は「黙って道を避け」ることを選ぶしくみに意識がなっている、と。その結果「その単調なおなじ声をきくと、感性的にはこれほど複雑をきわめて微妙な陰影の変化をつくしている日本人が一たび意識の領域に入ると〔…〕一色にぬりつぶされてしまう」という問題だった。[87]

もうひとつの問題はその「代表的な声」の「質」、すなわち日本が育成している知識層―「インテリ」の意識の問題で[88]、竹山は知識階層の人間も、自分たちで考えるということをまだしていない、と言う。

われわれは生れながらのコンフォルミストであるらしい。一切をわりきる抽象的な定型があって、それには発展もなく展開もない。……はじめから結論のきまっている思考と体験とのあいだには関聯はない。すべて文化に関する論議は、もしそれが現実感覚によって裏づけられていなければ、空疎な恣意にながれてしまうが、この点がわれわれにはもっとも不足しているように思われる。そして、もし体験に即して語られなければ、それはもはやほとんど公共性のある思考ではなくなり[89]……

外から輸入した学術的知識を、日本の現実的な事柄に即して検討することをしない知的態度が障害となっているからだ。「……われわれの周囲にはまだ本当の知的活動ははじまってはいないのではないか、行われているのはただ道具としてまた装飾としての附加物だけではないか……」——知的アイデンティティが必要としている知的な力とはつぎのような力だ。

自分で考え、自分で体験し、自分で判断し、これを自己の生命としてまもる、ということはまだはじまっていない。レーヴィットが『ヨーロッパのニヒリズム』の中で次のように簡潔に要約したヨーロッパ風の知的精神は、われわれのものになっていない。——ギリシア人のみが、最初に生れたヨーロッパ人として「四方八方を眺めまわすことのできる」「パノラマ式」の眼、世界と自分自身を観る客観的な即物的な眼差し、比較し区別することができ、自分を他において認識する眼差しを有していた。ギリシア人の探検家や学者がはじめて、見知らぬものといわず自分自身といわず、ありとあらゆるものに関心をもっていて、他物の特性に対するするどくあかるい認識を自分自身に対する認識と共に行っていた[90]。

この眼に対する予感とあくがれは、はげしくわれわれの心を揺っている。われわれはこれをねがいながら、なお手に入ることができないで、いらいらしている。

……われわれはいままでこれを願いながらもそれができないので、やむをえず外からの借り物で満足するか、または完成はしているがもはや創造的命数はつきた過去の遺産の中に逃避していたが、いつもっと視野をひろめて、こうした堅固な足場を世界の中にふみしめることができるのだろう[91]!

（3）人間の威厳——「知的みはらし」という要塞

竹山は言う。人間性の発展には「自分で考え、自分で体験し、自分で判断し、これを自己の生命としてまもる」知的な力が不可欠だ。日本といわず、どこの人たちもさらに人として発展していくためには、この知的活動によってさらなる文化的倫理的高み——誠実さを獲得していく道をあゆむ。そのように歩を進めていけることが「人間の威厳を示す」ことなのだ。だが、これは今の世の中の状況では、そもそも難しいことだ——「政治の命令やジャーナリズムそのほかのありとあらゆる近代的な方法による劃一化の時代に、この人口過剰で個性の独立のむつかしい国で、もうヨーロッパでもおぼつかなくなっているという道を〔日本人は〕行かなくてはならない(92)」。日本はますます熾烈な生存競争を戦わなくてはならない——だのに、と悲壮な切迫感をもって竹山は記す、前進していくためには人間の威厳を示し、実践できるだけの知性とみはらしをもった思考力が——そしてこの力こそが生存競争の荒波の中で自分たちをまもる——それを竹山は要塞にたとえた——要塞となるのだが、これが日本文化のなかには飾りのようなものしかなく、肝心な中身がない。

私はこれこそが人間の威厳を示すものだと信ずるし、またこのような時代のこのような国であればこそ、もしこの一事がうまく行われなかったら、いよいよあやういと思う。近代国民の仲間入りをした以上、知的みはらしと精錬がますます必要であるのに、われわれ日本人はこの点においてもっとも不備であり、この大切な要塞が空である。この中枢をおかされるが故に、せっかく感性にも恵まれ、徳性にも乏しくない国民がみにくい舞踏病の症状を呈することになる(93)。

一九四六年の春にすでに「人間の dignité」が「尊重される世の中となつた」と大野俊一宛（冒頭に引用）に心躍らせて書いた竹山だった。だが残念ながら人間の威厳を実践すべき知力の方が脆弱なのが日本の現状だった。竹山の使命は執筆をとおして知力という要塞を築いていくことであり、「自由」を活用して知的みはらしを精錬することで維持しつつ、一方でよりあるべき姿にすすめていくことであったにちがいない。

私のよろこびの一つは、いまわれわれは自分が肯うことができないものを真理として認めよと強制はされていない、意欲と認識をついには合致させるべくつとめることをゆるされてある、ということである。……私はこの枠を尊重し、満足する。この枠から外に脱出したいとはけっして思わない、むしろこの枠の中にとどまって、その充実につとめたい、と思う。この枠の中の多くの不満や悲惨や欠陥をよく認識して、それをできるだけ除去して、この枠のあるべき姿へとすすめたい、とねがう。(94)

竹山の二重三重の問題との闘いはこうしてはじまった。知的要塞を脆弱なままにしないための闘いは、まず人間の威厳を保ち人間性をより高みに推し進める知性による思考が活動的でなくてはならなかったから、その次元での執筆が必要だった。同時に多くの知性が束縛されている「借り物」、「抽象的な定型」でわりきる思考、それらが非現実的で空疎なうえ恣意的なことを論破し、自由な人間性への思考をうながす必要があった。さらには少数の意見に染まる多数という人々の心理的仕組みに警鐘をならして、考えることを人任せにする従順という状態から、ひとりひとりが思考し判断する知性を個人個人が有するように啓蒙することも大切だった。その論争の態度は「論敵の主張を逐一検討してその論拠の矛盾を明らかにされる先生〔＝竹山〕の態度を、私は曾て現代のソクラテスと評した」と言わしめるようなものだった。(95) ソクラテスは対話を通して相手自身に気づきをもたらす名導師であった。

（4）未来へのおもい

『はじめのおわり』の竹山の思考の旅は、人間性の前進は考えることを生命とするという主張にふさわしく、考えなくてはならない課題をつぎからつぎへと投げかけ、最後は読者に開かれている人の繊細な機微が示されてしめくくられる。

かくまでわれわれを圧迫しつづけている西洋とは何だろうか？　近代とは何だろうか？　進歩とは？　いったい東洋とは何だったのだろうか？　われわれの文化と倫理はこれからどういう形をとるのだろうか？――疑問はそれからそれと念裡を揺曳してつきることがない。その昏迷のさなかにあって、プランもなくはじめたこのささやかなノートを読みかえすとその稚さにみずからもときどき頬を染めるのであるが、ここで一まずおわろうと思うのである。(96)

戦後の竹山の執筆は『はじめのおわり』にあらわれているような複合した危機意識を下地にしていた。それらを下地にして竹山は「倫理・社会・文明」(97)の諸現象について論じ、その視野と関心の広さは「小生の非体系性」(98)と自らが一九八三年に書いているほど多岐におよんでいる。(99)

竹山が取り組んだ使命はなかなか難しかった。知的みはらしに到達していない人々に理解させることの難しさをも竹山は書いている。

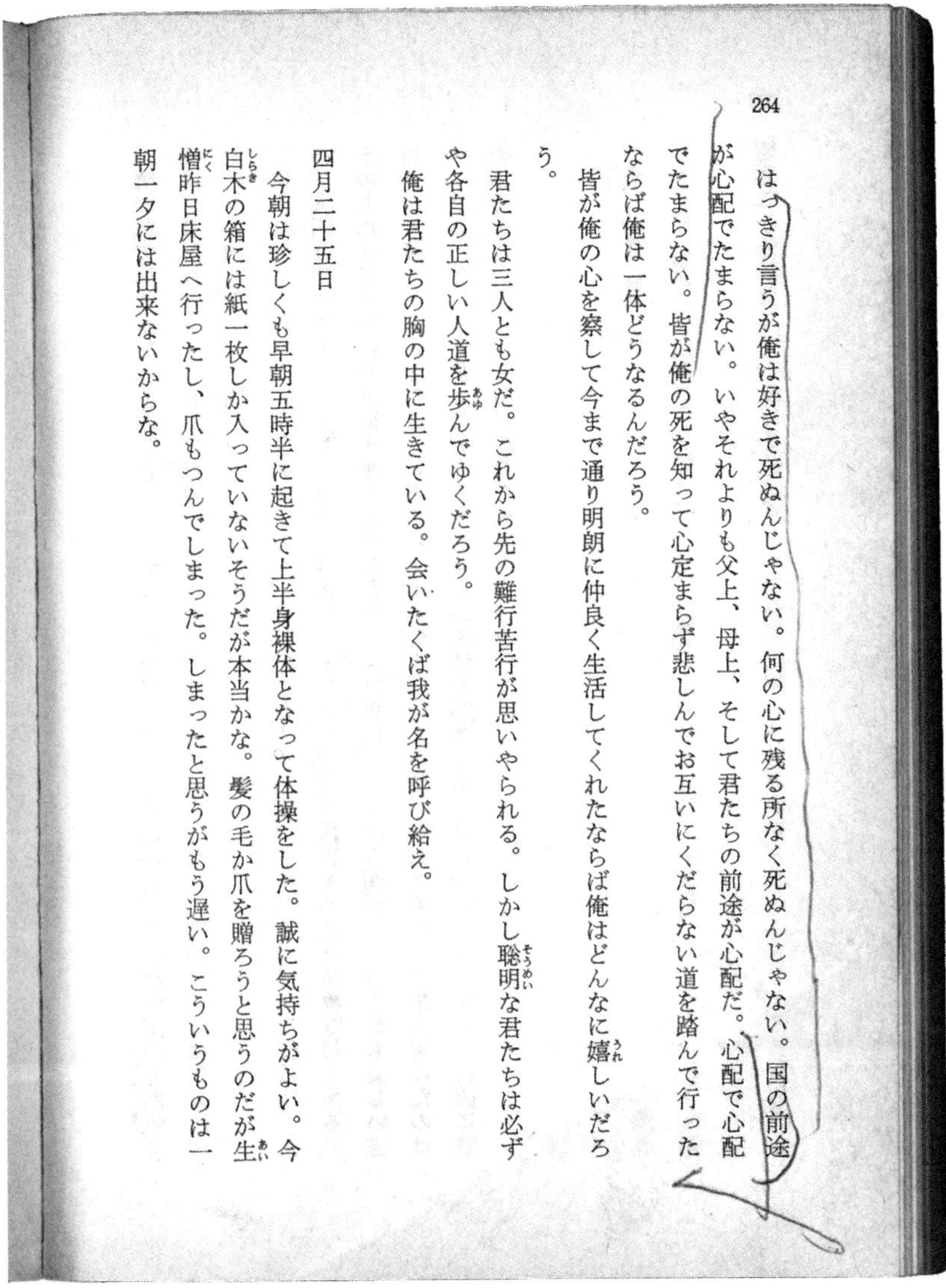

264

はっきり言うが俺は好きで死ぬんじゃない。何の心に残る所なく死ぬんじゃない。国の前途が心配でたまらない。いやそれよりも父上、母上、そして君たちの前途が心配だ。心配で心配でたまらない。皆が俺の死を知って心定まらず悲しんでお互いにくだらない道を踏んで行ったならば俺は一体どうなるんだろう。

皆が俺の心を察して今まで通り明朗に仲良く生活してくれたならば俺はどんなに嬉《うれ》しいだろう。

君たちは三人とも女だ。これから先の難行苦行が思いやられる。しかし聡明《そうめい》な君たちは必ずや各自の正しい人道を歩《あゆ》んでゆくだろう。

俺は君たちの胸の中に生きている。会いたくば我が名を呼び給え。

四月二十五日

今朝は珍しくも早朝五時半に起きて上半身裸体となって体操をした。誠に気持ちがよい。今白木《しらき》の箱には紙一枚しか入っていないそうだが本当かな。髪の毛か爪を贈ろうと思うのだが生《あい》憎《にく》昨日床屋へ行ったし、爪もつんでしまった。しまったと思うがもう遅い。こういうものは一朝一夕には出来ないからな。

『きけ　わだつみのこえ』への竹山の書き込み

……認識は、それを見方を異にする人に強制することはできない。修練度を異にし成長度を異にする人に、立証して納得させる極め手はない。自然科学とちがって普遍妥当性が保証されてはいない。そういうことはできない領域のことであり、芸術品に対する評価とおなじく、歴史上の人物や事件についての意見は、人によって洞察の度がちがいうる。ただ相手が自分のところまで成熟してくるのを待つ他はない。(100)

そうした認識を一方でいだきつつも、竹山が筆をとりつづけ、考えつづけたのは未来への思いが強く働いていたからにちがいない。竹山の蔵書の一冊――娘の依子が大切にしている――には岩波文庫の『きけ わだつみのこえ――日本戦没学生の手記』がある。それは一九八二年七月、竹山が亡くなる二年前に出版されたものだが、竹山は大塚晟夫《あきお》（一九四五年四月二十八日、二十三歳で沖縄嘉手納沖にて戦死、中央大学学生）が書き残したつぎの箇所に赤線を引きながら読んでいた。

> はっきり言うが俺は好きで死ぬんじゃない。何の心に残る所なく死ぬんじゃない。国の前途が心配でたまらない。いやそれよりも父上、母上、そして君たちの前途が心配だ。心配で心配でたまらない。(101)

註

（1）大野俊一宛書簡一九四六年春。本書8、二五二頁参照。
（2）家族を扱った「充実――家族、多文化との関係、思い出、考える時間」では、「竹山」ではなく「道雄」を用いる。
（3）竹山道雄『陸に上って』（『新潮』一九四八年十二月掲載、『手帖』一九五〇年六月所収）『昭和の精神史』講談社、一九九五年再所収［以下、『陸に上って』］。一七〇―一八六頁。
（4）芳賀徹宛、一九八三年二月七日。本書10、二六九、二七五頁参照。

(5) 片山達吉宛、一九二八年四月二十一日。本書4、九〇頁参照。
(6)『陸に上って』一八五頁。
(7)『亡き神西清君のこと』『竹山道雄著作集4』福武書店、一九八三年、〔以下、『亡き神西清君のこと』〕二五六—二五七頁。
(8)『亡き神西清君のこと』二五一頁。
(9) 片山達吉宛の書きかけか。本書4、九九、一〇〇頁。
(10)『亡き神西清君のこと』二五六—二五七頁。
(11)『亡き神西清君のこと』二四九頁。
(12)『亡き神西清君のこと』二四八頁。
(13)『亡き神西清君のこと』二四九頁。
(14)『亡き神西清君のこと』二四九頁。
(15) 一木隩二郎宛。本書4、一〇二—一〇四頁。
(16) 竹山道雄『昭和の精神史』(『心』一九五五年八月—十二月号掲載)『昭和の精神史』講談社、一九九五年所収、六四—六五頁。『竹山道雄セレクションI』六七頁。
(17)『ラ・フォリア』op. 5-12、(A・コレッリ) クラシック名曲解説。http://blog.livedoor.jp/hjp0/archives/30834966.html 二〇一五年十一月二十八日参照。
(18) "Corelli, Arcangelo," La Folia: a musical cathedral, http://www.folia.tk/ Viewed on Oct.12, 2015.
(19) "What is so special about this tune?," La Folia: a musical cathedral. http://www.folia.tk/ Viewed on Oct.12, 2015.
(20)「ラ・フォリア La Folia」世界の民謡・童謡 http://www.worldfolksong.com/classical/famous/folia-corelli.html 二〇一五年十一月二十八日参照。
(21) "Corelli, Arcangelo," La Folia: a musical cathedral, http://www.folia.tk/ Viewed on Oct.12, 2015.
(22)『陸に上って』一八六頁参照。
(23) 一マス下げてあれば、一文でも一段落と数えてある。
(24)『陸に上って』一七一頁。
(25)『陸に上って』一七一—一七二頁。
(26)『陸に上って』一七二頁。

（27）栄華の中にも危険が迫っていること。シラクサの王ディオニシオスの廷臣ダモクレス（Damocles）が王位の幸福をほめそやしたところ、王が彼を天井から髪の毛一本で剣をつるした王座に座らせて、王者の身辺には常に危険があることを悟らせたという故事による。
（28）『陸に上って』一七四頁。
（29）『陸に上って』一七五頁。
（30）『陸に上って』一七五―一七六頁。
（31）『陸に上って』一七七頁。
（32）『陸に上って』一七七頁。
（33）『陸に上って』一七八頁。
（34）『陸に上って』一七九頁。
（35）『陸に上って』一八〇頁。
（36）『陸に上って』一八二頁。
（37）『陸に上って』一八二頁。
（38）『陸に上って』一八四―一八五頁。
（39）竹山道雄『あしおと』『精神のあとをたずねて』一九五五年〔以下、『あしおと』〕、一〇―一一頁。『竹山道雄セレクションⅣ』七〇―八三頁。
（40）『あしおと』一二―一三頁。『竹山道雄セレクションⅣ』七七―七八頁。
（41）本書11、二七九頁参照。
（42）本書11、三〇四頁参照。
（43）平川依子『父の封筒』『文藝春秋　家族の絆』二〇〇二年臨時増刊号初出、平川祐弘『竹山道雄と昭和の時代』藤原書店、二〇一三年、一〇―一三頁所収。
（44）本書11、二九四―二九五頁参照。
（45）アルベルト・タイレについては平川祐弘『竹山道雄と昭和の時代』藤原書店、二〇一三年、一五二―四頁参照。
（46）本書11、二八〇頁参照。
（47）本書11、二八一頁参照。
（48）竹山道雄『今』（『新潮』一九四九年掲載、『手帖』一九五〇年六月所収）『昭和の精神史』講談社、一九九五年再所収、〔以下、『今』〕二〇九―二一〇頁。
(49)『今』(『新潮』二二二頁)。
(50)本書1参照。
(51)「年譜」、平川祐弘『竹山道雄と昭和の時代』藤原書店、二〇一三年、四九七頁。
(52)『今』二〇九頁。
(53)『今』二二四頁。
(54)『今』二二二―二二三頁。
(55)本書1、四一、四六頁参照。
(56)『ソウルを訪れて』にその当時の思い出が少し出てくる。その中で幼い竹山を「可愛い」といって、地元の人々がお金をくれたことを思い起こしている。竹山はその「可愛い」というのを「チョンゴシ」と記憶していたのだが、その発音がだいぶちがっていたことをもここに書いていて、言葉も生活の中で耳にしていた居留地体験だったことがうかがわれる(竹山道雄『ソウルを訪れて』『自由』一九六五年十一月掲載、『人間について――私の見聞と反省』新潮社、一九六六年所収、二一九頁)。
(57)本書8、二三九―二四〇頁参照。
(58)本書1、五〇―五一頁参照。
(59)本書11、二八〇頁参照。
(60)本書11、三〇六頁参照。
(61)興福寺の阿修羅像。
(62)平川祐弘『竹山道雄と昭和の時代』藤原書店、二〇一三年、一〇頁。
(63)鎌倉で桜貝を拾うというのは私の娘にまで伝わり、杏子は鎌倉の海でひろった桜貝をいっぱいとってある。
(64)実際は鶴なのだが、私はその鶴をずっと鳩だと思ってきた。
(65)竹山道雄『生と死』『サンケイ新聞夕刊』一九八四年一月二十三日。
(66)『今』二一七頁。
(67)祖父も叔父も父も研究が「金」を生むか生まないかという価値観を一番重要なことと考えなかった人々であったことを幸せに思う。大学運営が、教員と学生の主体的な時間の確保を尊重しなくなったら、人間性とは何かを考えることをやめ、いかに金をうみださせるかを前面に押し出したらば、それはもはやUniversity――大学ではない。

(68) 芳賀徹宛書簡。本書10、二七五頁参照。

(69) のみならず「逆風に晒されている」と馬場公彦氏は書く。『ビルマの竪琴』は「アジアを舞台とした近代小説としても、日本の戦争に題材をとった戦争文学としても、取り扱い注意品目に指定されつつある」という。この点はまた別の機会に論じようと思う。馬場公彦『『ビルマの竪琴』をめぐる戦後史』法政大学出版局、二〇〇四年、五頁。

(70) 東京大学教養学部のこと。

(71) 芳賀徹宛書簡。本書10、二七五頁参照。

(72) Stanley Hoffmann, "Raymond Aron (1905–1983)," *The New York Review of Books*, December 8, 1983. http://www.nybooks.com/articles/1983/12/08/raymond-aron-19051983/

(73) James R. Garland, "Raymond Aron And the Intellectuals: Arguments Supportive of Libertarianism," *Journal of Libertarian Studies*, Vol. 21, No. 3 (Fall 2007), p. 65.

(74) 竹山道雄『人間性の普遍的基準』(『正論』一九八三年六月所収)『歴史的認識について』講談社、一九八九年、一八九頁。

(75) 竹山道雄『独逸・新しき中世?』(『思想』昭和十五(一九四〇)年四月号)『昭和の精神史』中央公論新社、二〇一一年所収、一九九頁。『竹山道雄セレクションI』三三七頁。

(76) 竹山道雄『はじめのおわり』(『手帖』一九五〇年六月所収)『昭和の精神史』講談社、一九九五年再所収〔以下、『はじめのおわり』〕三三〇―三四一頁。

(77) このタイトルにはどこかに一九四二年十一月十日、ドイツ軍がエジプトで完敗を喫した戦いのあとに英国首相チャーチルがしたスピーチが響いている気がするのだが、それは深読みのしすぎだろうか。チャーチルのスピーチは"This is not the end. It is not the beginning. But it is the end of the beginning"(「これは終わりではない。そしてはじまりでもない。そうではなくて、はじまりの終わりである。」)である。

(78)『はじめのおわり』三三〇―三三一頁。

(79)『はじめのおわり』三三一頁。

(80) 太平洋戦争における日本戦没学生の手記。

(81)『はじめのおわり』三三一頁。

(82)竹山道雄『ローリング判事への手紙』(『手帖』一九五〇年六月所収)『昭和の精神史』講談社、一九九五年再所収、二七三頁。

(83)竹山道雄『若い世代』(一九四五年七月二十二日第一高等学校寄宿寮全寮晩餐会にて)『昭和の精神史』中央公論新社、二〇一一年所収、二二二頁。『竹山道雄セレクションⅠ』二七五頁。

(84)これを書きつけていたのはニューギニアで戦死した二十一歳の中村勇、東京物理学校学生だった。この詩は『きけ わだつみのこえ――日本戦没学生の手記』(日本戦没学生記念会編)岩波文庫、一九八二年、一五九頁に所収されている。『はじめのおわり』三三一頁。

(85)竹山道雄『ローリング判事への手紙』(『手帖』一九五〇年六月所収)『昭和の精神史』講談社一九九五年再所収、二七二―二七三頁。

(86)『はじめのおわり』三三一―三三二頁。

(87)『はじめのおわり』三三二―三三三頁。

(88)『はじめのおわり』三三三頁。

(89)『はじめのおわり』三三三頁。

(90)Karl Löwith, *European Nihilism: Reflections on the Spiritual and the Historical Background of the European War*, Columbia University: New York, 1995, p. 232、参照。

(91)『はじめのおわり』三三七―三三八頁。

(92)『はじめのおわり』三三九頁。

(93)『はじめのおわり』三三九頁。

(94)『はじめのおわり』三四〇頁。

(95)林健太郎(一九一三―二〇〇四、歴史学者)の言葉。平川祐弘『竹山道雄 年譜』『竹山道雄と昭和の時代』藤原書店、二〇一三年、四八五頁。

(96)『はじめのおわり』三四一頁。

(97)『亡き神西清君のこと』二五七頁。

(98)芳賀徹宛書簡。本書10、二七五頁参照。

(99)ただしこの「小生の非体系性」という本人のユーモラスな言葉に騙されてはいけない。ものごとを小さい枠組みで見る者には非体系にみえるが「倫理・社会・文明」そして「人間」という枠組みを立ててみれば、そこには体系があるのである。また「プランもなくはじめた……」と竹山は書くが、この連載シリーズをまとめた『手帖』という本をながめてみると、そこにはテーマ的な統一性があるだけでなく、「はじめのおわり」という『手帖』シリーズの最終回と、初回『陸に上って』のはじまりを呼応させ、円環的な進行感をうむ工夫がされていることは「創作なんて神経を使ふ仕事……創作と評論――コレリの『ラ・フォリア』と『陸に上って』」で触れたとおりである。

(100) 竹山道雄『ものの考え方について』(『自由』一九六六年七月)『人間について――私の見聞と反省』新潮社、一九六六年所収、二一一頁。『竹山道雄セレクションⅣ』四六六頁。

(101) 日本戦没学生記念会編『きけ　わだつみのこえ――日本戦没学生の手記』岩波文庫、一九八二年、二六四頁。

竹山道雄　年譜

一九〇三（明治三十六）年
七月十七日、第一銀行大阪支店勤務の竹山純平の次男として生まれる。祖父岡田良一郎は静岡県倉真《くらみ》の庄屋で明治二十二年帝国議会開設当時に二期代議士を勤めた。良一郎の妻えいは浜松銀行創立者竹山謙三の姉である。良一郎の長男が岡田良平、次男が一木喜徳郎、三男純平が叔父にあたる竹山謙三の養子となった。純平は明治三十一年に東京帝国大学政治学科を卒業、第一銀行に勤め、田代逸《いつ》と結婚し五男二女の父となった。逸の里田代家は椎脇神社のある天竜鹿島の庄屋である。

一九〇七（明治四十）年　四歳（誕生日に満四歳という数え方をする。以下同じ）
父が第一銀行の京城支店副支配人ついで支配人となった赴任先京城（ソウル）へ家族も同伴し朝日町、ついで大和町に住んだ。

一九一〇（明治四十三）年　七歳
京城日の出小学校に入学した。

一九一三（大正二）年　十歳
前年一家は内地に引揚げ、純平が家督相続をし、道雄は浜松市外天王村で一年間与進小学校四年へ通った。

一九一四（大正三）年　十一歳
竹山家は東京牛込区南町五番地に家を建て純平一家はそこに昭和十一年まで住んだ。道雄は麹町の富士見小学校へ五年六年と通った。

一九一六（大正五）年　十三歳
府立四中（現戸山高校）に入学。友人に神西《じんざい》清、大野俊一などがいた。道雄は英会話の時間を好んだ。英会話担当のアメリカ婦人（北島リリアン）が優しかったからである。

一九二〇（大正九）年　十七歳
前年度から飛び級が認められるようになり、中学四年修了で第一高等学校文科乙類に入学した。

一九二三（大正十二）年　二十歳
東京大学文学部に入学、はじめ美学科に在籍、二ヵ月後に独文科へ移った。

一九二六（大正十五）年　二十三歳
東京大学卒業。第一高等学校に職を得た。

一九二七（昭和二）年　二十四歳
箱崎丸で渡欧。

一九三〇（昭和五）年　二十七歳
ギリシャに寄りフランス郵船で帰国した。第一高等学校教授に昇格。
一九三一（昭和六）年　二十八歳
夏休み一高の同僚長沢規矩也と舟山列島、寧波、杭州、蘇州、青島、北京へ旅した。
一九三五（昭和十）年　三十二歳
第一高等学校が本郷から駒場へ移転した。そのころ竹山は親元を出て牛込から渋谷区代々木大山町へ移った。
一九三六（昭和十一）年　三十三歳
二・二六事件が起り、現場を見に行った。ドイツから文化使節としてシュプランガー教授が来日し、約一年各地で講演を行なった。ゲーテの詩を改造社『ゲーテ全集』のために訳し始めた。
一九三七（昭和十二）年　三十四歳
岩波の『思想』に『将軍たちと「理性の詭計」』を寄稿しゲラは出たが没になった。
一九三八（昭和十三）年　三十五歳
夏休み北京へ旅した。雲崗《うんこう》の石仏を訪ねた。ヒトラー・ユーゲントが来日して一高を訪ねた。
一九三九（昭和十四）年　三十六歳
南保子と結婚した。シュヴァイツァー『わが生活と思想より』（白水社）を訳出した。
一九四〇（昭和十五）年　三十七歳
『独逸・新しき中世？』を『思想』四月号に発表した。一高校長橋田邦彦が文部大臣に就任し、後任に京城大学から安倍能成が着任した。
一九四一（昭和十六）年　三十八歳
五月長女依子が生まれた。
一九四三（昭和十八）年　四十歳
二月長男護夫が生まれた。ニーチェ『ツアラトウストラ斯く語りき』（弘文堂）を訳出した。
一九四四（昭和十九）年　四十一歳
鎌倉市扇谷八一番地へ移った。八月から一高幹事として駒場寮中寮に住んだ。
一九四五（昭和二十）年　四十二歳
春、家族を秩父に疎開させた。
一九四六（昭和二十一）年　四十三歳
『失はれた青春』を『新潮』三月号に発表した。同名の単行本は昭和二十二年白日書院から出たが、これが本格的な文筆活動の始まりとなった。
一九四七（昭和二十二）年　四十四歳
この前後、弟竹山謙三郎千代宅の音楽会でオランダから来日した極東国際軍事法廷のレーリング判事に会い、後に鎌倉の海岸で再会するに及んで親しく話を交わすようになった。『ビルマの竪琴』を『赤とんぼ』三月号から連載を始めようとして進駐軍の検閲に引っかかったが、全文昭和二十三年三月中央公論社からともだち文庫の一冊として猪熊弦一郎の挿絵で出版された。

一九四八（昭和二十三）年　四十五歳

『北方の心情――ドイツ文化への省察』（養徳社）を出した。

一九四九（昭和二十四）年　四十六歳

鎌倉扇谷から材木座に引越した。『心』三月号に小説『きずあと』を掲載した。『希臘にて』（早川書房）、『憑かれた人々』（新潮社）を出した。『知られざるひとへの手紙』を『新女苑』八月号から九回掲載した。日本戦没学生の遺書『きけわだつみのこえ』の読後感『生き残った人々に希う』を『日本読書新聞』昭和二十四年十月十二日に寄せた。長女の依子が大きくなったときに読むことを薦めた本の一冊である。

一九五〇（昭和二十五）年　四十七歳

第一高等学校が学制改革で廃止となった。東大教養学部の矢内原忠雄学部長が辞職を許さず、東大教授としてなお一年勤めた。十月、東大教養学部でレッド・パージ反対の学生ストライキが起った。『手帖』（新潮社）を出した。

一九五一（昭和二十六）年　四十八歳

『樅の木と薔薇』（新潮社）を出した。『若きウェルテルの悩み』（岩波文庫）を訳出した。

一九五二（昭和二十七）年　四十九歳

昭和二十年代半ばから三十年に渡欧するまで『藝術新潮』『新潮』『新女苑』『婦人公論』『心』などに寄稿した。

一九五三（昭和二十八）年　五十歳

『見て・感じて・考える』（創文社）を出した。

一九五四（昭和二十九）年　五十一歳

『古都遍歴――奈良』（新潮社）を出した。

一九五五（昭和三十）年　五十二歳

ペンクラブとアジア知識人会議出席のため二月、ビルマ、東パキスタンへ行き、インドにも寄った。戦後最初の外国行きであった。そのときラングーンでCommunism and the intellectual in Japanという話をした。九月、ヨーロッパへ出発した。

一九五六（昭和三十一）年　五十三歳

パリでは四半世紀前に泊った下宿を再訪した。マルグリット・ソリニャック夫人とはその後文通がずっと続きパリへ行くたびに会っていた。高階秀爾、芳賀徹、平川祐弘とパリで会った。最後の一高生で最初の東大教養学科卒業生である。市川崑監督の手で映画化された『ビルマの竪琴』が一九五六年九月ヴェネツィア映画祭でサンジョルジョ賞を授けられた。十月帰国した。滞欧中に『白磁の杯』（実業之日本社）、『精神のあとをたずねて』（実業之日本社）、『昭和の精神史』（新潮社）が出た。いずれも著者渡欧以前に雑誌に発表されたものである。ヨーロッパではフランス、ドイツ、イタリア、スイス、オランダなどに滞在した。共産圏では入国可能なユーゴスラビアを訪れた。

一九五七（昭和三十二）年　五十四歳

母逸が亡くなった。レーリング判事を訪ねた『オランダの訪問』を含む『ヨーロッパの旅』（新潮社）を出した。『文藝春秋』二月号以後『東ドイツの難民たち』など全体主義社会の様相を具体的に報じた。そのころから論壇左翼の側から攻撃されることが多くなった。

一九五八（昭和三十三）年　五十五歳

安倍能成に随って台湾へ行き『台湾から見た中共』を『心』に四回連載した。

一九五九（昭和三十四）年　五十六歳

昭和二十六年に東大教授を辞してからも日本にいる間は非常勤講師として教養学部の前期と後期課程の学生を教えていたが、この年の給料の月額は七千三百四十円であった。『妄想とその犠牲』『ラスコー洞窟の壁画』を含む『続ヨーロッパの旅』（新潮社）を出した。なお一般に竹山の単行本と後に文庫に収められた同名の書物には内容に異同がある場合がある。『新潮』六月号に『ペンクラブの問題』、七月号に『竹山道雄の非論理』を書いて論戦した。十二月『自由』を創刊し、平林たい子、木村健康、林健太郎、関嘉彦らの諸氏とともに編集委員として昭和五十一年まで関係した。創刊号の『暗示芸術』はじめ数多く寄稿しまた多くの若手評論家を論壇へ登場させた。

一九六〇（昭和三十五）年　五十七歳

六月ヨーロッパの旅に出て、九月モスコーに短期滞在した。翌年一月帰国した。

一九六一（昭和三十六）年　五十八歳

この年「海外紀行文一般」で読売文学賞を受けた。

一九六二（昭和三十七）年　五十九歳

『まぼろしと真実——私のソビエト見聞記』（新潮社）を出した。十月長女依子が平川祐弘と結婚した。

一九六三（昭和三十八）年　六十歳

『剣と十字架』（文藝春秋）を出した。『自由』七月号から四回にわたり『聖書とガス室』を連載、ローマ法王の責任を論じた。その抄訳は上智大学が出している独文誌 *Kagami* にも掲載された。それに対し多津木慎との間に論争が『自由』や『心』誌上に昭和四十年まで続いた。『藝術新潮』三月号から『京都の一級品』の連載を二十一回にわたって行ない毎月一回の東山遍歴を楽しんだ。

一九六四（昭和三十九）年　六十一歳

この年もまたヨーロッパを訪ねた。

一九六五（昭和四十）年　六十二歳

山田宗睦に「危険な思想家」の一人として攻撃され、『朝日新聞』紙上で四月五日以降「明治百年と戦後二十年」をめぐる論争があった。韓国にわたり『ソウルを訪ねて』を『自由』十一月号に発表した。

一九六六（昭和四十一）年　六十三歳
文化自由会議主催の会議出席のためにマレーシアへ行き、フィリピン、香港へも旅した。またポルトガル、スペインに旅し『リスボンの城と寺院』を『自由』十二月号に書いた。安倍能成が亡くなり『心』八月号に『安倍先生随聞記』を書いた。『人間について――私の見聞と反省』（新潮社）を出した。

一九六八（昭和四十三）年　六十五歳
米国の航空母艦エンタープライズの佐世保寄港をめぐって『朝日新聞』紙上で騒ぎが起った。すなわち電話のアンケートで寄港賛成を述べた竹山に対し、一月二十三日同紙「声」欄に『ビルマの竪琴』の著者の「変心」を詰る投書が載り、竹山も二月四日「感情論では解決できぬ」の投書を寄せた。「声」欄の「今週の声から」という総括記事の記者は覆面のまま竹山を非難したが、竹山が寄せた再反論はついに掲載されなかった。竹山はその経緯の一端を『自由』四月号に『ビルマのたわごと』（後『昼間のたわごと』に改題）と題して発表した。『藝術新潮』に一月号以降『日本人と美』を連載した。文藝春秋の「人と思想」シリーズで竹山道雄一冊選集の形で『時流に反して』が出版された。

一九六九（昭和四十四）年　六十六歳
またヨーロッパに旅しトルコまで足をのばした。『自由』十一月号から四回にわたり『エーゲ海のほとり』を連載した。

一九七一（昭和四十六）年　六十八歳
長男の護夫が黒澤暁子と結婚した。

一九七二（昭和四十七）年　六十九歳
ピレネーの壁画洞窟やヴァンス、グラス、ニースなどへまた遊んだ。『ジェット・トラベル』誌九月号から四回にわたり『南仏紀行』を連載した。『新潮』新年号から『みじかい命』の連載をはじめ昭和四十九年十月号まで二十八回に及んだ。

一九七四（昭和四十九）年　七十一歳
『乱世の中から』が読売新聞社から出版された。

一九七五（昭和五十）年　七十二歳
ヨーロッパへ長い旅に出たが、それが最後の国外旅行となった。

一九七六（昭和五十一）年　七十三歳
脚を折り三ヵ月近く入院。南仏でソリニャック夫人が死んだ。一九五七年以来関係し、高柳賢三の後をついで代表も勤めた日本文化フォーラムも解散した。

一九八三（昭和五十八）年　八十歳
『竹山道雄著作集』全八巻が福武書店から刊行された。秋、夫人保子、娘依子と婿平川と一緒に京都へ二泊三日の旅をした。日本芸術院会員に選ばれた。菊池寛賞を受賞した。

一九八四（昭和五十九）年
三月七日『毎日新聞』に高野記者のインタービュー記事『お

元気ですね』が出た。同月末肝硬変で東京厚生年金病院に入院し、四月半ば退院した。五月二十六日の『毎日新聞』夕刊に『死ぬ前の支度』を書いた。六月十五日、定期検診のため鎌倉から車で病院に赴き、到着直後保子夫人が車椅子を探しに行っている間に意識を失い、夜七時五十二分に亡くなった。肝臓癌なども生じていた。六月三十日、葬儀は神道により信濃町千日会堂で行なわれた。墓は鎌倉霊園三区一〇側にある。

ワ　行

マ　行

ヤ　行

ラ　行

ナ行

ハ　行

サ 行

タ 行

カ　行

人名索引

本文から実在の人名を拾い、註からも主要な人名を加えた。姓→名の五十音順で配列した。

ア 行

編著者紹介

平川祐弘（ひらかわ・すけひろ）

1931年東京生。比較文学比較文化。東京大学名誉教授。竹山道雄の女婿にあたる。著書に『和魂洋才の系譜』『西欧の衝撃と日本』『マッテオ・リッチ伝』『小泉八雲』（サントリー学芸賞）『ラフカディオ・ハーン――植民地化・キリスト教化・文明開化』（和辻哲郎文化賞）『天ハ自ラ助クルモノヲ助ク――中村正直と〈西国立志編〉』『アーサー・ウェイリー『源氏物語』の翻訳者』（エッセイスト・クラブ賞）『ダンテ『神曲』講義』『内と外からの夏目漱石』『竹山道雄と昭和の時代』など、訳書にダンテ『神曲』、ボッカッチョ『デカメロン』、マンゾーニ『いいなづけ』（読売文学賞）他多数。
2016年より『平川祐弘決定版著作集』全34巻（勉誠出版）刊行中。

手紙《てがみ》を通《とお》して読《よ》む竹山道雄《たけやまみちお》の世界《せかい》

2017年12月10日　初版第1刷発行 ©

編著者　平川祐弘

発行者　藤原良雄

発行所　株式会社　藤原書店

〒162-0041　東京都新宿区早稲田鶴巻町523
電　話　03（5272）0301
ＦＡＸ　03（5272）0450
振　替　00160-4-17013
info@fujiwara-shoten.co.jp

印刷・製本　中央精版印刷

落丁本・乱丁本はお取替えいたします
定価はカバーに表示してあります

Printed in Japan
ISBN978-4-86578-151-9

竹山道雄セレクション（全4巻）

平川祐弘編

四六上製　各巻600頁平均／口絵2〜4頁　各本体4800〜5800円

Ⅰ 昭和の精神史
（2016年10月刊）

●自分の眼で見、自分の頭で判断した、「昭和の戦争」への切実な探索

Ⅰ 昭和の精神史／将軍達と「理性の詭計」／ハイド氏の裁判／天皇制について／国体とは／昭和史と東京裁判　Ⅱ 昭和十九年の一高／若い世代／春望　Ⅲ 独逸・新しき中世？／失われた青春／幻影／国籍　Ⅳ 台湾から見た中共（抄）／ペンクラブの問題／時流のファナチズム

◉解説　**秦郁彦**　◉竹山道雄を読む　**牛村圭**

ISBN978-4-86578-094-9　576頁　本体4800円＋税

Ⅱ 西洋一神教の世界
（2016年12月刊）

●ナチズム・全体主義社会を招来した「力の世界」を根底から批判

Ⅰ 妄想とその犠牲／『ツァラトストラかく語りき』訳者あとがき　Ⅱ 聖書とガス室／ユダヤ人焚殺とキリスト教／バテレンに対する日本側の反駁／一神教だけが高級宗教ではない　Ⅲ ソ連地区からの難民／剣と十字架──ドイツの旅より（抄）　Ⅳ ソビエト見聞（抄）

◉解説　**佐瀬昌盛**　◉竹山道雄を読む　**苅部直**

ISBN978-4-86578-106-9　592頁　本体4800円＋税

Ⅲ 美の旅人
（2017年5月刊）

●美しいものを見わける術を心得た、旅の達人の足跡

Ⅰ スペインの贋金／希臘にて／北京日記　Ⅱ 蓮池のほとりにて／フランス滞在（抄）／たそがれのパリ女たち／若いゲーテの転向／ソウルを訪れて／高野山にて／西の果ての島／タイレのこと　Ⅲ 暗示芸術／構成芸術／六波羅蜜寺／海北友松／賀茂神社の方へ／神魂神社　Ⅳ 日本文化の位置 他

〔附〕索引・年譜・著作一覧　◉解説　**芳賀徹**　◉竹山道雄を読む　**稲賀繁美**

ISBN978-4-86578-122-9　616頁　本体5800円＋税

Ⅳ 主役としての近代
（2017年2月刊）

●近代の功罪を見通した単行本未収録の貴重なコラムを集成

Ⅰ 知られざるひとへの手紙／思い出／あしおと／磯／砧／亡き母を憶う／寄寓／きずあと／樅の木と薔薇／主役としての近代／焼跡の審問官　Ⅱ むかしの合理主義／ビルマから東パキスタンへ／キリスト教への提言／人権のための人権侵害／片山敏彦さんのこと／亡き三谷先生のこと／私の八月十五日／戦野に捨てられた遺骨へのとむらい／オランダ通信／鎌倉・人工の浸食／アメリカからの「招待」／新聞コラム（毎日・東京・サンケイ・読売）他　Ⅲ ものの考え方について／死について／突然の死／死ぬ前の支度　**〈附〉竹山道雄を語る** 本多秋五／富士川英郎／本間長世／高橋英夫

◉解説　**平川祐弘**　◉竹山道雄を読む　**大石和欣**

ISBN978-4-86578-113-7　616頁　本体5800円＋税